한 권으로 끝내는
만만한 자소서

취업왕 이쌤(이송민)

· 온/오프라인 클래스 누적 평점 4.9/5.0
· 온/오프라인 클래스 누적 수강생 5천 명 이상
· 누적 매출 5억 달성, 취업 올인원 VOD〈취업의 본질〉론칭
· 교육기관&공공기관 협력 취업 컨설턴트 활동
· 대한상공회의소〈인재개발TV〉취업 컨설턴트 출연
· 인크루트 라이브 직무 토크쇼〈마케팅 편〉출연

✉ 이메일 jobking.lee@gmail.com
◎ 인스타그램 @jobking.lee
▶ 유튜브 youtube.com/@jobking_lee

한 권으로 끝내는
만만한 자소서

초판 1쇄 발행 2025년 3월 4일

지은이 취업왕 이쌤(이송민) / **펴낸이** 전태호
펴낸곳 한빛미디어(주) / **주소** 서울시 서대문구 연희로2길 62 한빛미디어(주) IT출판1부
전화 02-325-5544 / **팩스** 02-336-7124
등록 1999년 6월 24일 제25100-2017-000058호 / **ISBN** 979-11-6921-336-3   13000

총괄 배윤미 / **책임편집** 장용희 / **기획·편집** 오희라
디자인 표지 이선영 내지 이아란 / **전산편집** 박찬희
영업마케팅 송경석, 김형진, 장경환, 조유미, 한종진, 이행은, 김선아, 고광일, 성화정, 김한솔 / **제작** 박성우, 김정우

이 책에 대한 의견이나 오탈자 및 잘못된 내용은 출판사 홈페이지나 아래 이메일로 알려주십시오.
파본은 구매처에서 교환하실 수 있습니다. 책값은 뒤표지에 표시되어 있습니다.
한빛미디어 홈페이지 www.hanbit.co.kr / 이메일 ask@hanbit.co.kr

Published by HANBIT Media, Inc. Printed in Korea
Copyright © 2025 취업왕 이쌤(이송민) & HANBIT Media, Inc.
이 책의 저작권은 취업왕 이쌤(이송민)과 한빛미디어(주)에 있습니다.
저작권법에 의해 보호를 받는 저작물이므로 무단 복제 및 무단 전재를 금합니다.

지금 하지 않으면 할 수 없는 일이 있습니다.
책으로 펴내고 싶은 아이디어나 원고를 이메일(writer@hanbit.co.kr)로 보내주세요.
한빛미디어(주)는 여러분의 소중한 경험과 지식을 기다리고 있습니다.

한 권으로 끝내는 만만한 자소서

1,000명 이상의 합격자를 배출한 취업 준비 로드맵!

취업왕 이쌤 지음

- 항목별 자소서 작성법 & 챗GPT 활용법
- 빈출 면접 질문 & 합격 답변 스크립트
- 취준 템플릿 6가지 제공
- 면접 대비 영상 강의 수록

한빛미디어

작가의 말

오늘도 열심히 달리고 있을 취준생 여러분에게

대학교 4학년 막학기, 면접일 아침. 눈을 뜨자마자 몰려오는 중압감에 오열을 했던 한 대학생이 있었어요. 1년 넘게 취업 준비를 하고 있던 상황에서 하반기의 마지막 남은 면접이었고, 이번에도 떨어지면 어쩌나 하는 불안감에 눈앞이 캄캄했죠.

이 대학생은 다름 아닌 10년 전 저의 모습입니다. 저 역시 여러분과 같은 취준 시기를 경험하였고, 커리어를 쌓는 동안에는 총 다섯 번의 이직을 했던 만큼 취준 과정이 얼마나 큰 노력과 인내를 요하는지 잘 알고 있어요.

수능과 취업의 가장 큰 차이는 기회의 수(Number of opportunities)와 평가 방법이라고 생각해요. 한 번의 시험으로 당락이 결정되는 수능과는 다르게 취업은 넘어져도 다시 도전할 수 있는 다양한 기회가 열려 있습니다. 수능은 객관식 시험을 통해 내 실력을 증명해야 한다면, 취업은 전공, 대외활동, 자격증, 경험 자산 등의 폭넓은 요소를 종합적으로 평가한다는 차이점이 있죠. 즉, 취업 과정에서는 스스로를 다양한 방법으로 어필할 수 있다는 매력이 있습니다. 달리 말하면 한 번 실수하더라도 만회할 수 있는 충분한 기회가 있다는 의미이기도 해요. 물론 하나의 시험으로 평가되는 대학 입시와는 다르게 취업까지의 여정은 훨씬 길고 복잡합니다. 서류 전형 - 인적성 전형 - 1차 면접 - 2차 면접까지,

좋은 기업일수록 넘어야 할 산은 훨씬 높아지죠. 저는 약 8년 정도 직장생활을 했는데요. 그 과정에서 몇 번의 이직을 거친 후에 제가 원하던 꿈의 기업에 입사하는 결실을 맺기도 했습니다. 이처럼 취업은 개인의 의지와 노력에 비례해 어드벤처가 펼쳐지는 무궁무진한 기회의 세계와도 같습니다. 취업 준비는 언제 끝날지 모르는 두려움으로 항상 우리를 엄습합니다. 누군가는 "언젠간 취업할 수 있을 거다.", "나도 겪어봤다." 라고 말하지만, 막상 내 상황이 되면 언제 끝이 올지 두렵기만 하죠.

이 책은 그러한 취준생 여러분들의 두려움을 자신감으로 바꿔주기 위해 만들어졌습니다. 그동안 취업 컨설턴트로서 쌓아온 노하우와 취업 시장에서 스스로를 열심히 세일즈하며 다섯 번이나 이직에 성공한 전략을 취준생분들에게 나눠준다면 도움이 되리라는 아이디어로부터 시작되었죠. 여러분이 취업 준비 과정에서 길을 잃을 때 친근한 선배처럼 토닥여주고, 시행착오는 최소화할 수 있는 명확한 가이드를 제시해줄 것입니다.

이 책을 읽고 있는 여러분은 취업 준비에 많은 노력을 기울이고 있는 취준생일 것이라 생각하는데요. 제가 알려드리는 노하우를 차근차근 따라 하며 여러분들이 과소평가하고 있던 스스로의 강점을 끌어올리면, 누구나 더 좋은 곳에 취업할 수 있을 것이라 저는 확신합니다.

자 그럼 저와 함께, 후회없는 커리어 여정을 시작해볼까요?

프롤로그

우리가 불합격하는 네 가지 이유

"아쉽게도 금번 채용에는 귀하를 모시지 못하게 되었습니다."

수많은 기업에 지원서를 내보지만, 위로인 듯 위로되지 않는 불합격 통보를 다들 한 번쯤은 받아보았을 거예요. 나를 떨어트린 이유라도 안다면 고칠 기회라도 있을 텐데, 도대체 뭐가 문제인지 모르겠는 이 상황이 괜히 야속하게 느껴지기만 합니다.

그런데 여러분은 혹시 기업에서 알려주지 않는 불합격 이유, 궁금하지 않았나요?

저는 4년이 넘는 시간 동안 수많은 취준생분들을 컨설팅해오는 과정에서, 불합격하는 분들의 공통점을 발견했습니다. 물론 학벌, 정량적 스펙과 같은 요소도 있지만 단기간의 노력을 통해 바꿀 수 있는 부분은 아니니, 여기서는 우리가 바꿀 수 있는 요소를 위주로 이야기해볼게요.

> **우리가 불합격하는 네 가지 이유**
> 1. 스스로에 대한 이해가 부족해서
> 2. 공고를 제대로 분석하지 않아서
> 3. 자소서가 불친절하고 가독성이 떨어져서
> 4. 모의 면접 준비를 제대로 하지 않아서

다들 어디선가 한 번쯤 들어봤던 내용들이죠? 가장 기본적인 요소들이지만, 취업 준비 과정에서 의외로 취준생분들이 가장 많이 놓치고 있는 것들이기도 합니다. 만약 위의 네 가지 이유 중 하나 이상에 해당된다면, 지금부터 주목해주세요.

이 책은 구체적 사례와 액션 가이드를 통해 앞서 언급한 네 가지 불합격 요소를 개선할 수 있도록 구성되어 있습니다. 책 속 커리큘럼을 차근차근 따라 하는 것만으로도 불합격 요소를 하나씩 제거해나갈 수 있을 거예요.

여러분이 이 책을 다 읽었을 때 기존에 가지고 있던 불합격 요소가 모두 제거되었다면 저의 집필 목표 역시 달성된 것이라 생각합니다.

취업 실패, 성공, 실망과 희열의 전 과정을 먼저 겪어본 선배이자 컨설턴트로서 여러분의 취준 과정이 조금 더 수월할 수 있도록 제가 옆에서 도와드릴게요!

취업왕 이쌤

수강생 후기

취업왕 이쌤 덕분에 취업했어요!

이쌤과 함께 자소서를 작성하며, 나의 경험을 읽는 사람 관점에서 '쉽게', 그리고 '몰입도 있게' 작성하는 방법을 배웠습니다. 이제 하나둘 합격 소식이 들려오기 시작했어요. 취준이 어려워 방황했는데, 쌤과 함께 기준점을 세워가며 무사히 마무리할 수 있었어요. 저와 비슷한 고민이 있는 분들에게 추천합니다!

중고 신입 / GS 인턴 합격

이쌤과 취업 준비를 하며 단순히 일회성 합격 목표를 넘어 앞으로의 커리어 여정에 유용하게 활용될 '취업의 본질'을 익힐 수 있었습니다. 이외에도 처음 써보는 이력서, 자소서의 사소한 디테일 하나하나 잡아주셔서 면접 때 칭찬도 받을 수 있었습니다! 면접 전에도 어떤 부분을 어필해야 하는지 가이드라인을 잡아주셔서 덕분에 합격이란 결실을 맺을 수 있었고요.^^ 저를 합격으로 이끌어주신 이쌤의 노하우가 집약된 이 책을, 취업 기본기가 부족한 신입 취준생분들께 강력 추천합니다!

신입 / 대학내일 합격

혼자 취업 준비를 할 때 공고가 나오면 무작정 지원하기 바빴는데, 이쌤과는 강점 정리와 공고 분석부터 꼼꼼히 시작했어요. 그 덕분에 기업이 원하는 인재상과 제가 가진 강점을 연결할 수 있게 되었고, 제가 꿈꾸던 대기업에 합격하는 짜릿함을 맛볼 수 있었습니다. 이 책을 통해 여러분들도 원하는 취업 목표를 이루고, 더 나아가 인생의 터닝 포인트를 맞이하셨으면 좋겠습니다.

중고 신입 / LG화학 합격

첫 경력직 지원이라 걱정이 많았었는데 이쌤의 수많은 컨설팅 노하우를 바탕으로 방향성을 명확히 잡을 수 있었습니다. 그리고 제가 가진 강점을 기업과 연결해 어필하는 노하우를 배울 수 있었어요! 서류에 합격한 후에는 이쌤이 알려주신 방법대로 면접 연습을 진행했는데, 모의 면접에서 준비한 질문들이 실제 질문에서도 많이 나와 큰 도움이 되었습니다! 첫 이직을 준비하는 경력직분들께 이 책을 추천하고 싶습니다.

경력직 / 제일기획 합격

이직 과정에 어려움을 겪고 있는 경력직에게 이 책을 강력 추천하고 싶어요. 기업에서 보면 뽑을 수 밖에 없는 자소서/포트폴리오! 제 강점과 지원 공고를 분석해 맞춤형으로 컨설팅해주시는 이쌤. 혼자 두 번이나 도전해 모두 불합격한 지마켓 경력직 공고에 이쌤의 첨삭을 받고 세 번째 도전 만에 바로 합격했습니다. 합격하고 안 사실인데, 제가 유일한 서류 합격자였더라고 하더라고요. 덕분에 지금은 지마켓 빅스마일데이 프로모션팀에서 근무하고 있습니다.

경력직 / 지마켓 합격

템플릿 다운로드

취업왕 이쌤의 취준 노하우가 녹아 있는 다양한 템플릿은 홈페이지에서 다운로드할 수 있습니다. 한빛출판네트워크 홈페이지는 검색 사이트에서 **한빛출판네트워크**로 검색하거나 **www.hanbit.co.kr**로 접속합니다.

01 한빛출판네트워크 홈페이지에 접속하고 [자료실]을 클릭합니다.

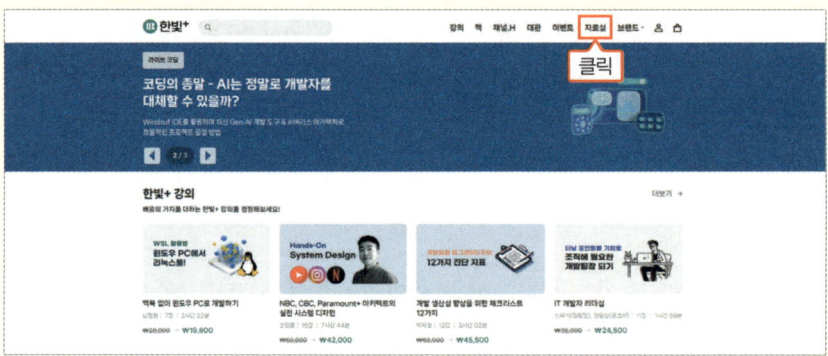

02 ❶ 검색란에 **만만한 자소서**를 입력하고 검색 버튼을 클릭합니다. ❷ 《만만한 자소서》가 나타나면 [예제소스]를 클릭합니다. ❸ 예제소스를 다운로드한 후 파일의 압축을 해제해 사용합니다.

빠르게 다운로드하기▶ 단축 주소 www.hanbit.co.kr/src/11336로 접속하면 바로 템플릿 파일 다운로드 페이지로 이동합니다.

목차

작가의 말 ·· 4
프롤로그 ·· 6
수강생 후기 ·· 8
템플릿 다운로드 ·· 10

PART 01 지피지기면 백전백승, 나를 이해하기

CHAPTER 01 나에 대한 이해, 왜 중요할까?
우리는 취업 시장에서 스스로를 판매하는 세일즈맨 ········ 25

CHAPTER 02 경험을 정리하는 시간 갖기
인생 그래프, 어떤 의미가 있을까? ·· 28
그래프의 구성 요소 알아보기 ·· 29
내 인생 그래프 분석하기 ·· 30
데이터베이스(DB)로 정리하기 ·· 34
SWOT 분석으로 나를 파악하자 ·· 35

CHAPTER 03 업(業)에 대한 내 가치관 정의하기
내게 맞는 일을 찾는 과정은 왜 중요할까? ·························· 40
업을 선택할 때 고려해야 할 가치관 일곱 가지 ·················· 41

목차 11

내게 맞는 직무 고르는 방법 ·· 45

주요 직무별 특징과 강점 키워드 ·· 47

CHAPTER 04 나의 직무 필살기 찾기

지원 직무에서 요구하는 역량 찾기 ··· 50

나만의 직무 필살기를 완성하자 ··· 55

CHAPTER 05 자존감 끌어올리기 : 마인드셋

취준 과정에서 자존감이 중요한 이유 ······································ 59

자존감을 높이는 여섯 가지 꿀팁 ·· 59

PART 02 지피지기면 백전백승, 지원 기업 이해하기

CHAPTER 01 기업에 대한 이해, 왜 중요할까?

기업을 분석하면 따라오는 이점 ··· 67

CHAPTER 02 지원 기업 꼼꼼하게 분석하기

회사의 사업 개요를 파악하는 세 가지 방법 ······························ 71

조직 문화와 복지 제도 알아보기 ·· 76

회사가 속한 산업 트렌드와 경쟁사 분석하기 ···························· 78

기업과 관련된 다양한 영상 콘텐츠 살펴보기 ···························· 80

CHAPTER 03 공고 분석 템플릿으로 '기업과 나' 연결하기

채용 공고, 왜 중요할까? ·· 84

채용 공고의 3요소 파헤치기 ·· 85

합격으로 직행하는 채용 공고 분석법(feat. 템플릿) ······················· 88

채용 공고를 활용한 네 가지 면접 팁 ··· 94

PART 03 한 번 익히면 평생 써먹는, 취업 서류의 특징과 작성법

CHAPTER 01 잘 갖춰진 취업 서류가 중요한 이유

잘 갖춰진 서류의 장점 ··· 101

CHAPTER 02 이력서 : 이력 전반을 요약하는 서류

이력서 작성 시 흔히 하는 실수 네 가지 ··· 103

합격률 높이는 이력서 작성 꿀팁 ··· 108

CHAPTER 03 경력기술서 : 실무 역량을 증명하는 서류

경력기술서의 기본 구성 요소 ·· 111

경력기술서 실제 작성 예시 ·· 112

경력기술서 작성 시 유의 사항 ·· 114

CHAPTER 04 자기소개서 : 보유 경험을 스토리로 풀어낸 서류

다양한 자기소개서 유형 알아보기 ········· 118
자소서 지원 경로 ········· 120

CHAPTER 05 포트폴리오 : 주요 업무 이력을 시각화한 서류

포트폴리오가 필요한 직군은? ········· 123
포트폴리오의 핵심 구성 요소 ········· 124

PART 04 워밍업! 자소서 작성의 기본기 다지기

CHAPTER 01 글의 가독성 높이기

두괄식으로 글쓰기 ········· 133
문단 구성, 이렇게 나누자 ········· 133

CHAPTER 02 맞춤법과 비문 제대로 체크하기

맞춤법/띄어쓰기 검사 툴 활용법 ········· 136
비문을 점검하는 네 가지 방법 ········· 139

CHAPTER 03 자소서 항목 꼼꼼히 분석하기

자소서 항목, 왜 분석해야 할까? ········· 143
자소서 항목, 똑똑하게 해석하는 방법 ········· 146

CHAPTER 04 글의 일관성 점검하기

자소서 방향성 점검하는 방법 ·· 152

CHAPTER 05 설득력을 높이는 글쓰기 노하우

숲 전략과 나무 전략을 적절히 활용하자 ·· 156

PART 05 실전! 자소서 7대 주요 항목 마스터하기

CHAPTER 01 지원 동기

지원 동기 작성 시 유의사항 ·· 164
지원 동기, 어떻게 작성해야 할까? ·· 166
자소서 작성 예시 1 ·· 168
자소서 작성 예시 2 ·· 169

CHAPTER 02 핵심 보유 역량

핵심 역량 작성 시 유의사항 ·· 172
핵심 보유 역량, 어떻게 작성해야 할까? ·· 174
자소서 작성 예시 1 ·· 175
자소서 작성 예시 2 ·· 176

CHAPTER 03 목표 달성 경험

목표 달성 경험 작성 시 유의사항 ·· 178

목표 달성 경험, 어떻게 작성해야 할까? ·· 179

자소서 작성 예시 ·· 181

CHAPTER 04 협업 경험

협업 경험 작성 시 유의 사항 ··· 183

협업 경험, 어떻게 작성해야 할까? ·· 185

자소서 작성 예시 ·· 186

CHAPTER 05 성장 과정

성장 과정 작성 시 유의 사항 ··· 188

성장 과정, 어떻게 작성해야 할까? ·· 190

자소서 작성 예시 ·· 191

CHAPTER 06 입사 후 포부

입사 후 포부 작성 시 유의사항 ·· 194

입사 후 포부, 어떻게 작성해야 할까? ·· 196

자소서 작성 예시 ·· 197

CHAPTER 07 문제 해결 경험

문제 해결 경험 작성 시 유의 사항 ··· 201

문제 해결 경험, 어떻게 작성해야 할까? ·· 202

자소서 작성 예시 1 ·· 203

자소서 작성 예시 2 ·· 204

BONUS CHAPTER 자유 양식 자소서 쓰는 법

자유 양식 자소서의 함정 ································· 205

기업 맞춤형 자소서로 합격률 높이기 ············· 206

자유 양식 자소서 추천 항목 ····························· 208

자소서 작성 예시 1 ··· 209

자소서 작성 예시 2 ··· 211

PART 06 챗GPT를 활용한 자소서 작성법

CHAPTER 01 챗GPT 이해하기

챗GPT란? ·· 219

챗GPT 화면 구성과 기능 알아보기 ················· 219

챗GPT 활용 시 유의사항 ································· 221

챗GPT를 더 알차게 활용하는 노하우 ············· 223

CHAPTER 02 챗GPT로 똑똑하게 취업 준비하기

STEP 1. 서류 전형 ·· 226

STEP 2. 면접 전형 ·· 232

STEP 3. 처우 협상 ·· 236

CHAPTER 03 챗GPT로 자소서 초안 작성하기

자소서 프롬프트 구성하기 ································ 239

프롬프트에 정보 추가하기 …………………………………… 242
챗GPT 결괏값 점검하기 …………………………………… 245

PART 07 면접의 기본기 확실하게 다지기

CHAPTER 01 취업의 마지막 관문, 면접 이해하기

면접 불합격, 타격감이 더 큰 이유 …………………………………… 255
면접의 유형 다섯 가지 …………………………………… 256
어떤 복장으로 가는 게 좋을까? …………………………………… 260

CHAPTER 02 면접이 쉬워지는 3-STEP 연습법

3-STEP 연습법이란? …………………………………… 264
STEP 1. 셀프 모의 면접 진행하기 …………………………………… 265
STEP 2. 모의 면접으로 알아본 약점 보완하기 …………………………………… 267
STEP 3. 연습 무한 반복하기 …………………………………… 268

CHAPTER 03 합격률 높이는 답변 노하우

기업과 나를 연결하기 …………………………………… 270
두괄식으로 말하기 …………………………………… 272
추상적 단어의 정의 내려보기 …………………………………… 274

CHAPTER 04 압박 면접에 대처하는 법

압박 면접, 기억해야 할 두 가지 질문 ········· **276**

CHAPTER 05 면접 관련 주요 Q&A

Q1. 신입 면접과 경력직 면접의 차이는 무엇인가요? ········· **281**
Q2. 실무진 면접과 임원 면접의 차이는 무엇인가요? ········· **282**
Q3. 이미 답변한 소재를 또 활용해도 되나요? ········· **284**
Q4. 1 : 1 / 1 : 多 / 多 : 多 면접은 전략이 다른가요? ········· **285**
Q5. 대면 면접과 비대면 면접의 전략은 다른가요? ········· **288**

PART 08 주요 면접 질문 마스터하기

CHAPTER 01 면접의 첫인상, 1분 자기소개

1분 자기소개가 중요한 이유 세 가지 ········· **292**
1분 자기소개, 피해야 할 세 가지 사항 ········· **295**
신입 지원자 1분 자기소개 예시 ········· **297**
경력 지원자 1분 자기소개 예시 ········· **298**

CHAPTER 02 자주 나오는 면접 질문 15가지

Q1. 우리 회사에 왜 지원했어요? ········· **303**
Q2. 회사를 고르는 기준이 어떻게 되세요? ········· **304**
Q3. 우리가 왜 본인을 뽑아야 하나요? ········· **305**

Q4. 공백 기간엔 뭐하셨어요? ···································· 306
Q5. 본인의 성격 장단점에 대해 말해주세요 ···················· 307
Q6. 가장 큰 성공 경험은 무엇인가요? ···························· 308
Q7. 좌절 혹은 실패 경험을 말해주세요 ·························· 309
Q8. 함께 일하고 싶은 동료 VS 반대의 동료 타입은? ··········· 310
Q9. 가장 크게 도전했던 경험이 무엇인가요? ···················· 311
Q10. 주변에서 본인을 뭐라고 하나요? ···························· 312
Q11. 조직 내 트러블이 난 경험이 있나요? ······················ 313
Q12. 다른 직무로 배치 받으면 어떻게 할 건가요? ············· 314
Q13. 3, 5, 10년 후 커리어 목표가 어떻게 되나요? ············· 315
Q14. 우리 회사에 궁금한 점 있어요? ···························· 316
Q15. 마지막으로 하고 싶은 말이 있나요? ························ 318

CHAPTER 03 경력직 공격 질문 완벽 대비하기

Q1. 왜 퇴사하려고 하나요? ·· 320
Q2. 왜 이렇게 이직이 잦나요? ······································ 324
Q3. 우리 회사에서도 금방 퇴사하는거 아니에요? ············· 325
Q4. 이직이 잦은데, 직무 전문성이 있다고 볼 수 있나요? ···· 326
Q5. 구조조정으로 인해 퇴사한 건가요? ·························· 327

PART 09 취준의 끝, 처우 협상 잘하는 법

CHAPTER 01 처우 협상에 대한 이해
처우 협상 프로세스 ··· **333**

CHAPTER 02 손해보지 않는 연봉 협상 전략
연봉 협상, 모르면 손해보는 이유 ··· **337**
협상 전 알아두면 좋은 다섯 가지 팁 ··· **338**
신입 VS 경력직 연봉 협상 차이점 ·· **343**
백전백승 연봉 협상 가이드 ·· **343**

CHAPTER 03 협상 관련 주요 Q&A
Q1. 높은 연봉을 제시하면 채용이 취소될까 걱정돼요 ······························ **354**
Q2. 현재 연봉이 낮은 편인데, 이직할 회사의 연봉 테이블 기준으로 협상을 시작해도 될까요? ··· **355**
Q3. 대기업 경력직 연봉 테이블이 정해져 있나요? ·································· **355**
Q4. 경력 이직 시 어느 정도 올리면 잘 올린 건가요? ······························· **356**
Q5. 연봉 협상 결과를 가지고 현재 회사와 카운터 오퍼를 해봐도 될까요? **358**

마치며 ·· **360**

PART 01

지피지기면 백전백승, 나를 이해하기

CHAPTER 01. 나에 대한 이해, 왜 중요할까?

CHAPTER 02. 경험을 정리하는 시간 갖기

CHAPTER 03. 업(業)에 대한 내 가치관 정의하기

CHAPTER 04. 나의 직무 필살기 찾기

CHAPTER 05. 자존감 끌어올리기 : 마인드셋

CHAPTER 01

나에 대한 이해, 왜 중요할까?

취업 컨설팅을 하다 보면 "제 강점이 안 떠올라요.", "제가 뭘 하고 싶은지 잘 모르겠어요."라는 이야기를 많이 듣습니다. 저는 그 이유가, 많은 취준생분들이 그동안 '나'에 대해 생각해보는 시간을 충분히 가져보지 않았기 때문이라고 생각합니다. 우리나라 교육 시스템의 특성상, 어릴 적부터 스스로의 장점을 들여다보기보다는 잘 짜인 커리큘럼과 과정에 맞게 공부하고 점수를 받는 것에 익숙해져 있거든요.

연장선상으로, 취업 준비 과정에서도 가장 먼저 자신에 대해 이해하는 시간을 갖기보다는 취업 스킬을 기르는 것 자체에 더 집중하는 경우가 많습니다. 그렇다 보니 내가 뭘 잘하고, 어떤 것을 좋아하고, 평생 어떤 일을 하면서 살아야 행복할지 생각해볼 기회가 상대적으로 적은 것이죠. 여러분도 만약 "우리 기업에서 왜 본인을 뽑아야 하나요?"라는 질문에 마땅한 답이 바로 떠오르지 않는다면, 스스로에 대한 이해도가 낮은 상황일 가능성이 큽니다.

우리는 취업 시장에서 스스로를 판매하는 세일즈맨

취업 준비 과정에서 '나' 자신에 대한 이해가 중요한 이유는, 취업은 결국 나의 역량과 자질을 시장(기업)에 세일즈하는 것과도 같기 때문입니다. 그 첫 번째 관문이 나를 문서로 어필하는 서류 전형이고, 그다음이 대면 커뮤니케이션을 통해 나를 보여줘야 하는 면접 전형입니다. 마지막 전형은 나의 시장 가치를 책정하는 연봉 협상이고요.

기업의 영업 사원에겐 보통 판매할 상품 및 판매 전략이 어느 정도 주어지지만, 취업 시장에서 자신을 세일즈하는 환경은 조금 다릅니다. '나'라는 사람의 강점을 정의하는 것부터 산업군과 기업을 분석해 세일즈 전략을 짜는 것까지 모두 스스로 해내야 하기 때문입니다.

제가 취준생분들에게 가장 많이 하는 말 중 하나가 "지피지기면 백전백승이다."인데요. 이때 항상 함께 이야기하는 예시가 바로, 여러분 스스로가 상품을 판매하는 영업 사원이라고 가정해보자는 것입니다. 여러분이 만약 상품에 대한 이해도 없이 고객에게 물건을 판다면 어떤 일이 일어날까요? 한두 번은 운으로 실적이 나올지 몰라도, 단언컨대 장기적 관점에서 영업왕이 되기는 어렵겠죠. 취업 시장도 이와 비슷합니다. 자기 이해도가 부족한 취준생일수록 원하는 기업에 자신을 효과적으로 세일즈하는 과정이 더 어렵게 느껴질 거예요.

구분	자기 이해도가 낮은 취준생	자기 이해도가 높은 취준생
자신감	자기 강점과 약점을 모호하게 인식하고 있어, 면접이나 서류 작성 시 자신감이 부족함	자신의 강점과 약점을 명확히 알고 있어, 면접이나 서류 작성 시 자신감이 높음
설득력	기업이 자신을 뽑아야 하는 이유를 설득력 있게 제시하지 못함	자신의 핵심 강점과 채용 공고 내용을 연결해, 기업이 자신을 뽑아야 하는 이유를 설득력 있게 제시함
합격률	서류 및 면접 전형 합격률 저조한 편	서류 및 면접 전형 합격률 높은 편

앞의 표는 자기 이해도가 낮은 취준생과 높은 취준생의 차이를 한눈에 보여주는데요. 자기 이해도가 낮으면 자신을 어필하는 과정에서 어려움을 느끼며 취업 과정에서 자신감을 잃고 합격률도 낮아집니다. 반면, 자기 이해도가 높으면 서류나 면접 전형에서 자신감과 설득력을 발휘해 합격률을 높일 수 있죠.

여러분, 이제 나 자신에 대해 잘 알아야 하는 이유가 더 명확해졌나요? 다음 챕터에선 자기 이해도를 높이기 위한 첫걸음을 시작해볼게요.

취업 준비는 결국 나 자신을 세일즈해야 하는 영업사원이 되는 과정입니다. 자기 이해도가 선행되면 서류 전형이나 면접 전형에서 본인의 장점에 대해 훨씬 자신감 있게 어필할 수 있게 됩니다. 자, 그럼 지금부터 우리 모두 취업 시장에서 영업왕이 되어볼까요?

CHAPTER 02

경험을 정리하는 시간 갖기

자기 이해도를 높이는 첫 스텝으로 '인생 그래프'를 활용해 경험 정리를 해볼 텐데요. 경험 정리는 왜 중요할까요? 그 이유는 우리가 그동안 쌓아온 수많은 경험들을 정리하는 과정에서 자신의 강점과 역량을 효과적으로 파악할 수 있기 때문입니다.

취업 컨설팅을 하다 보면 생각보다 많은 취준생분들이 본인의 사소한 경험으로부터 직무 필살기를 발견하는 것을 볼 수 있는데요. 여기서 말하는 '경험'은 반드시 지원 직무와 직접적인 관련이 있는 것만을 의미하지 않습니다. 학창 시절부터 해온 동아리 활동이나 아르바이트처럼 성패와 상관없이 노력했거나 배운 점이 있는 경험이라면 일단 모두 적어보세요. 이 과정에서 잊고 있던 과거 경험을 기억해낼 수도 있고, 작은 경험이 모여 강점 키워드로 발전될 수도 있으니까요.

인생 그래프, 어떤 의미가 있을까?

인생 그래프 작성은 인생에서 중요한 경험들을 시간 순서대로 시각화하는 작업입니다. 이 과정을 통해 내가 그동안 어떤 경험을 쌓아왔는지 한눈에 파악할 수 있다는 장점이 있어요. 다음 이미지와 같이 긍정적 경험과 부정적 경험으로 나누어 시간의 흐름에 따라 그래프를 하나 둘 채우다 보면 자신의 강점, 성취, 좌절, 그리고 성장한 점 등을 종합적으로 정리할 수 있습니다.(템플릿 다운로드하는 방법은 10페이지를 참고해주세요).

Q 저는 여태까지 한 게 하나도 없는 것 같아요. 그래서 인생 그래프에 쓸 내용이 없는데 어떻게 해야 할까요?

A 많은 분들이 "저는 한 게 없어요."라는 생각을 가지고 경험 그래프를 채우기 시작하는데요. 경험 정리를 거창한 스펙을 적는 과정으로 오해해서 생기는 일 같아요.

> 과거의 사소한 경험(스포츠, 여행, 아르바이트)부터 하나씩 작성하다 보면 그 안에서 강점을 찾기도 하고, 유사한 경험끼리 묶어보며 강점을 더 효과적으로 어필할 근거를 발견할 수 있을 거예요.

그래프의 구성 요소 알아보기

인생 그래프는 크게 가로 축(나이/시간)과 세로 축(긍정 경험/부정 경험)으로 구성되어 있어요.

가로 축(나이/시간)

가로 축은 시간을 의미하며, 연간 단위로 중요한 경험들을 나열합니다. 특정 시기에 작성할 경험 내용이 많다면 1개월 단위로 정리해보는 것도 하나의 방법입니다.

세로 축(긍정/부정 경험)

그래프의 세로 축은 긍정과 부정 경험으로 나뉘며, 상단은 긍정적 경험(성취, 배움, 시야의 확장 등)을 표시하고 하단은 부정적 경험(실패, 좌절 등)을 기록합니다. 긍정 경험과 부정 경험을 나눌 때는 해당 경험이 여러분의 감정이나 결과 측면에서 긍정적이었는지, 부정적이었는지를 기준으로 판단하면 됩니다.

좌절 경험을 정리하는 것은 어떤 의미가 있을까요? 취업 준비를 하다 보면 서류 및 면접 전형에서 '실패 경험'이나 '좌절을 극복한 경험'과 같이 어려움을 겪었던 일에 대해서도 이야기할 기회가 종종 있습니다. 긍정 경험뿐만 아니라 좌절 경험 역시 중요한 배움의 기회로 연결할 수 있으니 모두 기록해보는 것이 좋습니다.

내 인생 그래프 분석하기

인생 그래프를 작성한 후에는 가장 최근의 경험이 무엇인지, 그리고 오랜 기간 동안 어떤 경험과 역량을 일관되게 쌓아왔는지를 스스로 분석해주세요. 이를 통해 나의 현 상황을 보다 객관적으로 들여다볼 수 있을 뿐 아니라 내가 어필해야 할 필살기가 무엇인지 파악할 수 있게 됩니다.

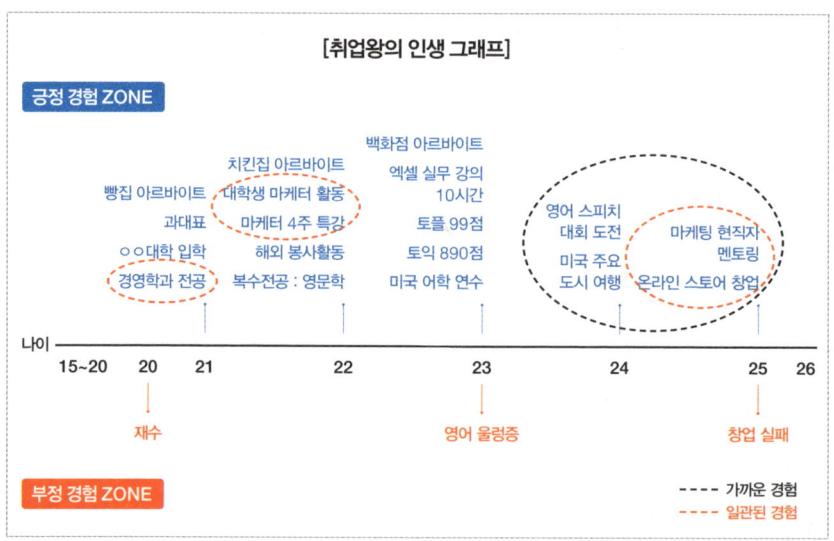

시간 축 의미 분석

인생 그래프에서 시간 축은 두 가지 관점으로 해석할 수 있는데, 바로 근래의 경험과 장기간 해온 경험입니다. 우선, 좀 더 최근에 경험한 일일수록 지원자가 현재 보유한 실질적인 역량으로 평가받습니다. 예를 들어, 같은 토익 점수라고 해도 지난 주에 받은 성적표와 3년 전에 받은 성적표는 평가하는 관점에서 그 의미가 다르겠죠? 즉, 최근의 경험 혹은 성과일수록 기업에서 더 좋은 점수를 줄 가능성이 크다는 의미입니다.

다음으로 장기간 해온 경험인데요. 여러분의 경험 가운데 일회성이 아닌, 비교적 오랜 기간 지속해온 경험이 있는지 파악해보세요. 오랜 기간 해왔다는 것은 분야에 대한 꾸준한 '관심'과 '애정'을 의미하기 때문에 강점 키워드로 활용하기에 유리합니다.

> **Q** 신입으로 지원할 때와 경력으로 지원할 때 동일한 소재를 활용해도 될까요?
>
> **A** 되도록 서로 다른 소재를 활용하기를 추천합니다. 신입 지원자의 경우, 경험의 대부분이 대학 시절에 집중되어 있을 가능성이 큽니다. 인턴십, 대외활동, 전공 프로젝트, 부트캠프 등을 통해 무엇을 배웠고, 어떻게 진로를 결정했는지에 초점을 맞춰주세요. 실무 경험이 부족하더라도 이 과정을 통해 성장한 점을 어필하면 됩니다.
> 반면, 경력직(3년 차 이상)의 경우 대학 시절의 경험은 이미 오래된 이야기로 평가될 수 있어, 최근의 실무 경험을 우선적으로 강조할 것을 추천합니다. 다만, 예외적으로 대학 시절부터 일관성을 가지고 쌓아온 경험이 있다면 해당 분야에서의 로열티와 전문성을 어필하는 데 도움이 될 수 있습니다.

경험 간 유사성 찾기

인생 그래프에 그동안의 경험들을 잘 펼쳤다면 다음 단계는 유사한 경험끼리 묶어보는 것입니다. 이때 유사성이란 경험 카테고리가 될 수도 있고 습득한 역량일 수도 있습니다. 유사한 경험을 묶는 이유는 같은 경험들이 모일수록 영향력이 더 커지기 때문입니다. 따라서 수많은 경험 중에서 동일한 카테고리로 묶을 수 있는 경험을 파악하는 것이 굉장히 중요합니다.

여러분이 10군데에서의 아르바이트 경험이 있다고 가정해볼게요. 먼저 해당 경험들은 모두 '아르바이트'라는 공통점으로 묶일 수 있습니다. 그런데 아르바이트 중에서도 다섯 군데가 식품 분야이고, 본인의 전공 역시 식품공학이라면 어떨까요? 이 경우, 흩어져 있던 개별 경험이 '식품

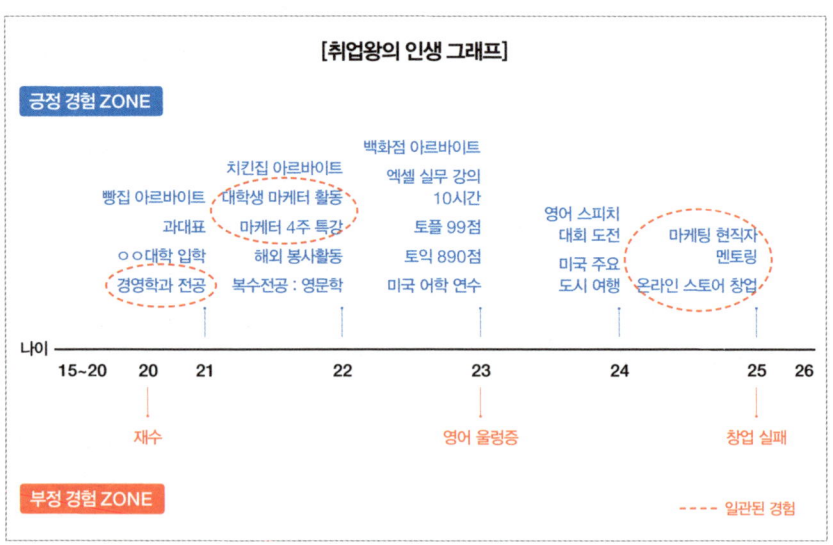

산업'이라는 공통 분모로 묶일 수 있겠죠. 그렇게 되면 지원 분야에 대한 일관성 및 전문성 측면에서 더 큰 설득력을 얻게 됩니다.

일관되면서도 오랜 기간 지속한 경험

한편, 오랜 기간 일관성 있게 쌓아온 경험은 취업 준비 과정에서 강력한 무기가 될 수 있는데요. 예를 들어, 데이터 분석 직군에 지원한 A와 B를 비교해볼게요. A는 지난주에 처음으로 데이터 공부를 시작한 지원자이고, B는 5년 전부터 데이터 관련 전공, 자격증 취득, 공모전 입상 등 데이터 분야에서 일관된 경험을 지속적으로 쌓아온 지원자라고 가정해봅시다. 이 경우, 누가 더 해당 분야에 대한 전문성과 로열티를 인정받을 가능성이 클까요? 당연히 B일 것입니다.

> **Q** 저는 직무/산업 분야를 계속 바꿔서 유사성 있는 경험이 별로 없는 편이에요. 이러한 경우엔 지원 분야에 대한 로열티를 보여줄 수 있는 방법이 아예 없는 걸까요?
>
> **A** 지원 분야와 관련 있는 경험이 적다면 로열티 측면에선 점수를 얻기 어려울 수 있어요. 하지만 서류 평가 요소에 분야 로열티만 있는 것은 아니니 너무 낙담하진 마세요. 다양한 경험을 통해 오히려 적성을 발견하게 되었다거나 시야를 넓혔다는 식으로 차별화되는 포인트를 어필해보는 것도 대안이 될 수 있습니다.

데이터베이스(DB)로 정리하기

경험 정리의 궁극적 목적은 서류 작성 단계나 면접 전형에서 역량과 연결되는 다양한 소재를 적재적소에 활용하기 위함입니다. 이때 중요한 점은 단순히 정보를 기록해두는 것을 넘어 향후 자소서 작성이나 면접 전형에서 효율적으로 활용할 수 있도록 가공하는 것인데요. 다음과 같이 주요 경험을 정리해두면 취준 과정에서 시간을 많이 절약할 수 있을 거예요(템플릿 다운로드하는 방법은 10페이지를 참고해주세요).

경험	편의점 아르바이트
기간	2022.01~2023.12
설명	아침 시간을 더 값지게 쓰고 싶다는 생각에 약 2년 동안 새벽 6시부터 11시까지 오전에만 편의점에서 아르바이트 함
내 역할	• 매장 청소 • 상품 입고 지원 • 고객 응대
배운 점	• 시간을 값지게 쓰는 법 : 평소 같으면 새벽 6시는 자고 있을 시간이지만, 일찍 일어났더니 하루를 훨씬 더 값지게 쓸 수 있었음 • 어디서 무슨 일을 하든 마음만 먹는다면 배울 것이 무궁무진하다는 점을 깨닫게 됨 ex) 편의점 알바생의 경우, 자신의 역할을 결제만 해주는 캐셔라고 생각하지 않고 편의점 비즈니스에 관심이 있어 미리 업무 경험 및 노하우를 쌓는다고 생각하면 보이는 것이 달라짐. 편의점 비즈니스의 유통 구조부터 연령대별 구매 패턴 파악, 각 브랜드사에서 어떤 프로모션을 하는지 등 관심을 갖는 만큼 배울 수 있다는 것을 깨달음
강점 키워드	• 적극성 • 습득력 • 관찰력
지원 직무와의 연결	• B2B 영업 직무는 끊임없이 새로운 고객사를 발굴하고 고객사의 비즈니스에 대한 관심을 가져야 함 • 어떤 일을 맡든 부지런히 학습하는 태도는 자사 상품과 고객사 비즈니스를 모두 잘 이해해야 하는 영업 직무에서 강점이 될 것이라 생각함

SWOT 분석으로 나를 파악하자

인생 그래프 경험 나열을 통해 주요 경험을 텍스트 DB로 정리했다면 마지막으로 SWOT 분석을 진행해볼 차례인데요. 아마 SWOT이라는 표현을 들어봤을 수도 있고, 생소한 개념으로 다가올 수도 있을 것 같아요. SWOT 분석이란 본래 경영 전략을 수립하기 위한 분석 도구로, 크게 Strength(강점), Weaknesses(약점), Opportunities(기회), Threats(위협) 네 가지 요소로 구성됩니다.

취업 준비 과정에 SWOT 적용하기

1 Strengths (강점)

여러분이 가진 이력, 경험, 역량 가운데 지원 직무에서 강점이 될 만한 요소를 의미합니다. 특히 다른 지원자와 비교했을 때 경쟁 우위가 있을 만한 경험이나 역량이 무엇인지 고민해보는 것이 중요한데요. 경쟁자들 역시 공고와 관련된 직간접적인 실무 경험을 가지고 있을 확률이 높습니다. 따라서 남들과 차별화된 경험 혹은 내가 가진 역량들을 조합했을 때 색다른 시너지가 나는 영역이 있다면 적극적으로 어필해주세요.

한 가지 팁을 드리자면 강점 키워드를 고를 때 신입~주니어(1~5년 차) 연차일수록 지원 직무를 수행하는 데 도움이 되는 '기본기'에 집중하는 것을 추천합니다. 반면 시니어(6년 차 이상) 직급은 분야 전문성, 프로젝트에서의 성과, 리더십 등을 강조하는 것이 좋습니다.

2 Weaknesses (약점)

현재 내게 부족한 스킬이나 경험을 파악합니다. 만약 지원 직무를 수행하는 데 필요한 특정 기술이 부족하다면 관련 교육을 받거나 자격증 등을 통해 보완할 수 있습니다. 반면, 단기간에 보완할 수 있는 스킬이나 경험이 아니라면, 면접에서 예상되는 공격에 어떻게 방어할 것인지 사전 대책을 세워주세요.

하나의 예시로, 취준생 A에게 2년 이상의 공백기가 있다고 가정한다면, 이는 개인의 노력으로 바꿀 수 없는 약점일 텐데요. 이러한 상황에서는 2년 동안 어떤 일들을 해왔고 그 과정에서 어떤 성장을 이뤄왔는지 나름대로의 시나리오를 미리 짜봐야 합니다.

아직 실무 경험이 부족한 신입~주니어의 경우엔 본인의 약점을 스스로 파악하기 어려울 수 있습니다. 이럴 땐 주변의 멘토나 취업 컨설턴트에게 조언을 구해 자신의 약점을 객관적으로 인식하는 것도 하나의 방법입니다.

3 Opportunities (기회)

현재의 취업 트렌드나 성장 산업을 파악해 취준 과정에서의 기회 요인을 찾는 단계입니다. 예를 들어, 전기차 시장이 커질 것이라는 분석이 나오자마자 2차 전지를 포함한 자동차 관련 산업의 주가가 상승함은 물론, 채용 규모가 확대되었던 적이 있습니다. 이처럼 특정 분야 자체가 신기술 발전 등의 이유로 성장할 때 인력 수요 증가로 채용 규모가 확대

될 수 있습니다.

이외에, 선배와의 네트워킹이나 채용 박람회에 참여하는 것도 최신 채용 정보를 얻을 수 있다는 점에서 기회 요인이 될 수 있습니다.

4 **Threats (위협)**

취업 준비 과정에서 내가 컨트롤할 수 없는 외부 환경 가운데 직접적인 위협이 되는 요소를 의미합니다. 공채의 종말, 수시 채용의 증가 등 시시각각 변화하는 채용 트렌드가 그 예인데요. 만약 직전 해 공채로만 1만 명을 채용하던 기업이 공채 제도를 없앤다면 어떨까요? 채용 인원의 감소는 우리의 취업 문이 좁아진다는 것을 의미하기 때문에 위협 요소가 될 수 있겠죠. 따라서 경제적 변화나 산업 트렌드에 늘 관심을 가지며, 이러한 외부 상황이 우리의 취업 준비 과정에 미치는 영향을 고려하여 취업 전략과 목표를 유연하게 조정할 필요가 있습니다.

다음 페이지의 예시를 참고해, 실습 표에 여러분의 SWOT을 분석해보세요.

예시

MD 직무의 주요 역할	MD 직무의 핵심 역량
1. 매출관리, 판매분석	1. 시장 트렌드 이해도 및 상품에 대한 안목
2. 시즌별 상품기획 유통 채널 관리	2. 데이터를 효과적으로 분석할 수 있는 능력
3. 프로모션, 기획전 기획 및 운영	3. 커뮤니케이션 역량
Strengths (강점)	**Weaknesses (약점)**
1. 인턴 경험 보유 = 실무 경험	1. 면접 역량 부족, 긴장 많이 함 > 모의 면접 많이 보고 스터디도 하기!
2. 직무에 대한 높은 이해도 및 로열티 보유	2. 데이터 역량 부족 > 자격증으로 보완하려고 함
3. 커뮤니케이션 역량 뛰어남	3. 현재 공백기가 긴 편
Opportunities (기회)	**Threats (위협)**
1. 인턴, 현장 실습, 부트캠프 등의 실무 경험을 가진 지원자를 선호하는 추세	1. 신입의 채용 규모 축소 및 상시 채용 증가
2. 신입 지원자들이 대기업으로 몰려, 스타트업의 경우 더 많은 기회 존재	2. 중고 신입과 경쟁해야 하는 상황
3. 뷰티, 헬스케어 산업의 성장으로, 해당 분야의 채용 규모 확대 예상	3. 하반기 채용 규모 감소 예상

실습

지원 직무의 주요 역할	지원 직무의 핵심 역량
1.	1.
2.	2.
3.	3.
Strengths (강점)	**Weaknesses (약점)**
1.	1.
2.	2.
3.	3.
Opportunities (기회)	**Threats (위협)**
1.	1.
2.	2.
3.	3.

CHAPTER 03

업(業)에 대한 내 가치관 정의하기

이번 챕터에서는 여러분의 '업(業)'에 대한 가치관을 정의해보도록 할 텐데요. 나와 잘 맞는 직무와 기업을 찾기 위해선, 내가 일을 할 때 어떤 가치를 중요하게 여기는지 아는 것이 중요합니다. 평소 업에 대한 가치관에 대해 진지하게 생각해본 적이 없다면, 이번 기회에 함께 고민하는 시간을 가져볼까요?

내게 맞는 일을 찾는 과정은 왜 중요할까?

내게 맞는 일을 찾는 과정은 성공적인 커리어는 물론 개인의 행복과도 직결되는 일이에요.

내게 맞는 일을 찾는 것이 중요한 이유는 크게 두 가지로 나눠볼 수 있는데요. 첫째, 나에게 맞는 일은 내 능력을 최대한 발휘할 수 있는 환경을 만들어주고, 둘째, 업에 대한 나의 가치관과 일치하는 일을 해야 장기적 관점에서 더 큰 만족감과 성취감을 느낄 수 있기 때문이에요.

예를 들어, 창의적인 업무 환경을 선호하는 사람은 고정된 규칙에 얽매이지 않는 유연한 직무가 더 잘 맞을 수 있고, 분석적이고 계획적인 사람은 체계적으로 진행되는 일이 적합할 수 있어요. 이렇게 나와 잘 맞는 직무를 선택하면 일을 하면서 자연스럽게 능력을 발휘할 수 있고 더 높은 성과를 낼 수 있죠.

또한 100%는 아니더라도 내가 가지고 있는 업에 대한 가치관에 부합하는 기업을 찾는 것도 중요한데요. 우리는 하루 중 많은 시간을 일터에서 보내게 됩니다. 내가 일하는 환경이 나의 가치관과 맞지 않으면 어떨까요? 예를 들어, 사회적 책임을 중요하게 생각하는 사람은 환경 문제나 지속 가능성을 중시하는 기업에서 일할 때 더 큰 성취감을 느낄 수 있을 거예요. 반대로, 자신의 가치관과 상반되는 환경에서 일하면 스트레스가 쌓이고 불만이 생기기 쉽겠죠?

따라서 취준 과정에서는 가장 먼저 자신의 성향, 가치관, 그리고 보유 역량을 명확히 이해한 다음, 나와 잘 맞을 만한 직무와 기업을 찾는 것이 중요합니다.

업을 선택할 때 고려해야 할 가치관 일곱 가지

그렇다면 나에게 맞는 기업, 직무, 산업을 찾기 위해선 어떤 노력이 필요할까요? 가장 먼저 업을 선택함에 있어 기준이 되는 가치관의 우선순위를 정해보는 것이 좋습니다.

아래의 일곱 가지 가치관을 읽어본 후, 여러분에게 중요한 우선순위 세 가지 가치를 골라 그 이유를 작성해보세요.

1. 자기 성장

자신의 발전과 배움을 중시하는 가치관으로, 지속적으로 새로운 기술이나 전문성을 기를 수 있는 근무 환경을 중요하게 생각합니다.

2. 일과 삶의 균형

일과 개인 생활의 균형을 중요하게 여기는 가치관으로 일할 땐 열심히 일하지만 개인의 행복을 위한 여가 생활, 자기개발에도 투자를 아끼지 않습니다.

3. 사회적 책임

기업이 사회에 미치는 영향에 대해 책임을 느끼며, 지속 가능한 발전이나 사회적 책임을 다하는 기업에서 일하고자 합니다.

4. 팀워크 및 협업

협업을 중시하는 가치관으로, 개인주의보다는 동료들과의 협업과 팀워크가 중시되는 업무 및 조직 문화를 선호합니다.

5. 창의성과 혁신

주어진 방식대로 일하기보단, 새로운 아이디어와 창의적 접근 방식을 중요시합니다. 변화를 즐기며, 주도적으로 혁신을 만들어나가는 것에 큰 만족을 느낍니다.

6. 보상

개인의 노력과 성과에 대한 보상을 중시하는 가치관으로, 높은 연봉 체계를 갖춘 조직을 선호합니다. 자신의 기여가 명확하게 평가되고 보상받는 환경에서 더 높은 동기 부여를 느낍니다.

7. 안정성

직업의 안정성과 지속 가능성을 중요시하는 가치관으로, 안정적인 근무 환경과 고용을 제공하는 기업에서 일하는 것을 선호합니다.

> **실습**
>
> 여러분이 업을 선택할 때 중요시하는 가치관 TOP3와 그 이유를 적어보세요.
>
> **1순위 :**
> **이유 :**
>
>
>
> **2순위 :**
> **이유 :**
>
>
>
> **3순위 :**
> **이유 :**

실습을 완료했다면 여러분이 관심을 가지고 있는 직무, 산업, 기업이 내 가치관에 얼마나 부합한지 비교해보세요. 예를 들어, 일과 삶의 균형, 사회적 책임, 안정성을 중요시한다면 공무원, 공기업과 같은 근무 환경이 잘 맞을 수 있겠고요. 자기 성장, 창의성과 혁신, 보상을 중요시 여기는 성향이라면 스타트업 환경, IT 산업 등이 잘 맞을 수 있겠죠. 이처럼 내가 어떠한 가치관을 중요하게 여기느냐에 따라, 만족감을 느낄 수 있는 업무 환경 역시 달라질 수 있습니다. 물론 내 가치관과 100% 일치하는 환경을 찾는 것은 쉽지 않겠지만, 다양한 선택지가 주어진 상황이라면 합리적인 선택의 기준이 될 수 있을 것입니다.

내게 맞는 직무 고르는 방법

다음 단계는 내게 맞는 직무를 고르는 것인데요. 셰프가 한 번 본인의 전문 분야(한식/양식/중식/일식)를 정하면 쉽게 바꾸지 않는 것처럼, 여러분도 커리어를 쌓는 동안 직무를 바꾸는 일은 아마 흔치 않을 가능성이 큽니다. 그렇기 때문에 첫 커리어를 시작할 때 자신의 성향 및 적성과 잘 맞는 직무 분야를 선택하는 것이 굉장히 중요합니다. 그럼 지금부터 내게 맞는 업을 탐색하는 방법에 대해 알려드릴게요.

1. 자기 분석

내게 맞는 직무를 탐색하기 위해서 자신에 대해 명확히 이해하는 것이 중요한데요. 앞서 소개드린 '인생 그래프'를 통해 내가 그동안 어떤 경험을 쌓아왔는지 분석해보는 것이 좋습니다. 이를 통해 어떤 업무에서 즐거움을 느끼고, 어떤 분야에 경쟁력을 가지고 있는지 효과적으로 파악할 수 있습니다. 또한 단순히 '잘할 수 있는 일'을 넘어 내가 진짜 '하고 싶은 일'이 무엇인지 한번쯤 고민해보세요. 잘할 수는 있지만 하고 싶은 일이 아니라면, 장기적 관점에서는 시간을 투자해서라도 하고 싶은 일에 필요한 역량을 기르는 것이 더 현명한 선택일 수 있답니다.

2. 직무 및 산업 조사

내게 맞는 일을 찾기 위해선 다양한 직무 및 산업에 대한 기본적인 이해가 선행되어야 하는데요. 먼저, 본인의 전공 분야와 관련해 어떤 직무들이 있는지, 각 직무가 요구하는 역량과 필요한 기술은 무엇인지 알아보며, 관심 분야를 좁히는 것이 중요합니다.

산업과 직무에 대한 정보는 검색 엔진, 채용 플랫폼, 기업 홈페이지, 직무 교육 프로그램 등 다양한 방법으로 얻을 수 있습니다.

3. 네트워킹

취업 설명회, 커리어 멘토링 프로그램, 또는 링크드인 같이 실무자와 네트워킹할 수 있는 기회를 적극 활용해 다양한 직무에 대해 탐구하는 방법도 있습니다.

특히, 관심 산업이나 직무에서 일하는 선배나 전문가들과의 대화는 내게 맞는 일을 찾는 데 큰 도움이 될 수 있는데요. 현업에 있는 실무자야말로 내가 관심 있는 직무의 실제 모습, 회사 문화, 성장 가능성 등 구체적인 경험담을 들려줄 수 있는 사람이기 때문입니다. 역으로 여러분에게 잘 맞을 만한 직무 및 산업, 조직 문화에 대한 조언을 구하는 것도 하나의 방법이겠죠?

4. 인턴십 경험

관심 있는 분야와 직무에서 실무를 경험해보는 것은 가장 효과적인 적성 파악 수단입니다. 이 과정에서 내가 진짜 좋아하는 일과 맞지 않는 일을 더 명확하게 구분할 수 있죠. 예를 들어, 회계 직무를 꿈꾸던 사람이라면 인턴십을 통해 본인이 숫자를 다루는 일에 잘 맞는지 판단해볼 수 있을 거예요.

실무 경험은 직무 적합성을 판단하는 중요한 기준이 될 뿐 아니라 서류 평가에서도 추가 점수로 연결될 수 있습니다. 또한, 이 과정에서 구축한 네트워크는 취업 후에도 유용한 자산이 될 수 있기 때문에 기회가 된다면 관심 분야에서 대외활동, 현장학습, 인턴 등의 다양한 경험을 쌓아두길 적극 추천합니다.

주요 직무별 특징과 강점 키워드

이번에는 주요 직무별 특징과 강점 키워드를 살펴보며 각 직무가 어떤 성향과 능력을 요구하는지 알아볼 텐데요. 이 가운데 여러분에게 가장 잘 맞을 것 같은 직무 혹은 호기심이 가는 직무가 있다면 검색 엔진에 검색해보거나 실무자를 인터뷰하는 등의 추가적인 노력을 통해 해당 직무를 더욱 깊이 있게 탐구해보기를 추천합니다.

추가로, 실무 환경에서는 하나의 직무가 여러 세부 분야로 나뉘기도 합니다. 예를 들어 마케팅 직무는 크게 퍼포먼스 마케팅, 브랜드 마케팅,

CRM으로 나뉘고, 영업 역시 B2C, B2B, 기술 영업 등으로 나눌 수 있죠. 따라서 직무의 세부 분야를 파악해 지원 직무를 최종 선택하는 것이 좋습니다.

직무	설명	강점 키워드
영업	제품이나 서비스를 고객에게 전략적으로 판매하고, 고객과의 장기적인 관계를 구축하여 매출 목표를 달성합니다.	#커뮤니케이션 #목표지향적인 #문제해결능력
인사	조직의 인적 자원을 효율적으로 관리하고 개발하며, 채용, 교육, 조직 문화, 복지 제도 등 다양한 인사 관련 정책을 수립하고 실행합니다.	#사람에대한관심 #커뮤니케이션 #꼼꼼함
마케팅	시장 조사와 소비자 분석을 통해 제품이나 서비스를 효과적으로 홍보하고, 브랜드 인지도를 높이며, 판매 촉진을 위한 전략을 수립합니다.	#창의적인 #트렌드감각 #기획력
재무회계	기업의 재무 계획과 세무 관리를 통해 경영진의 의사 결정을 지원합니다.	#재무회계이해도 #꼼꼼함 #사업이해도
MD	소비자 트렌드를 분석하여 상품을 소싱 및 기획하며 판매 전략을 통해 매출을 극대화합니다.	#시장분석능력 #트렌드감각 #데이터활용능력
CS/CX	고객의 요구와 문제를 신속하게 해결하고, 긍정적인 고객 경험을 제공하기 위해 서비스 품질을 지속적으로 개선합니다.	#커뮤니케이션 #문제해결능력 #데이터활용능력
데이터 분석	다양한 데이터를 수집하고 분석하며, 비즈니스 인사이트를 도출하여 전략적 의사 결정을 지원합니다.	#분석력 #문제해결능력 #시각화능력
UXUI 디자이너	사용자의 편의성과 만족도를 높이기 위해 직관적이고 효율적인 인터페이스를 디자인합니다.	#사용자리서치 #문제해결능력 #정보구조설계
개발자	소프트웨어, 애플리케이션, 시스템을 설계, 개발, 테스트하며, 사용자 요구에 맞는 기능을 구현하고 유지보수합니다.	#문제해결능력 #코드관리능력 #협업역량

CHAPTER 04

나의 직무 필살기 찾기

앞서 우리는 경험 그래프를 작성하고, 이를 바탕으로 경험 DB 정리를 완료했는데요. 이번에는 여러분이 정리한 경험들을 직무 필살기로 연결해보겠습니다.

취업 준비를 시작한 분들이라면 '직무 필살기'나 '핵심 강점'을 정의하는 것이 취업 준비의 첫 단계라는 말에 익숙할 텐데요. 첫 챕터에서 '우리는 취업 시장에서 나 자신을 세일즈해야 하는 영업사원'이라고 했던 거 기억하나요? 직무 필살기란 기업에 스스로를 세일즈하는 과정에서 가장 강조해야 할 '셀링 포인트'라고 이해하면 쉽습니다. "저는 직무 필살기가 없어요."라며 지레 겁을 먹는 취준생분들이 많은데, 지금부터 직무 필살기를 쉽게 정리할 수 있는 방법에 대해 알려드릴게요.

지원 직무에서 요구하는 역량 찾기

직무 필살기를 정의하는 첫 단계는, 지원 직무에서 요구하는 역량을 먼저 파악하는 것인데요. 그다음 그중 본인에게 해당되는 역량을 추려보면 훨씬 빠르게 직무 필살기를 정할 수 있습니다. 그럼 지금부터 지원 직무의 핵심 강점 키워드를 찾는 주요 방법에 대해 알아볼게요.

보유 네트워크 활용

지원 직무에 대해 가장 깊이 있는 정보를 얻을 수 있는 방법으로 여러분의 지인도 좋고, 건너 건너의 지인도 좋습니다. 현업에서 이미 일하고 있는 실무자들이야말로 직무 트렌드와 필요 역량을 가장 잘 알고 있는 사람들이기 때문입니다.

네트워크를 활용해 실무자에게 질문할 때는 막연한 질문보다는 구체적인 질문을 던지는 것이 핵심입니다. "어떤 구체적 역량이나 경험을 가진 후배를 뽑고 싶은가요?" 같은 질문이 좋은 예인데요. 이 외에도 지원 직무에서 성과를 내는 직원들의 공통점, 혹은 업계의 최신 트렌드나 산업의 성장 방향성에 대해 질문하는 것도 좋습니다.

[유의사항]

지인을 통해 정보를 얻었다면, 상대방의 노력과 시간을 당연히 여기지 않고, 어떠한 방법으로든 감사 표현을 해주세요. 간단한 메시지나 기프티콘도 좋습니다.

실무자들도 저마다 의견이 다를 수 있는 만큼 특정 의견을 절대적으로 따르거나 정답으로 확신하는 것은 유의할 필요가 있어요.

결국 결정에 대한 책임은 나 자신에게 있기 때문에, 다양한 정보들 수집하되 여러분 나름대로의 기준으로 취업 준비 방향성을 정하는 것이 중요합니다.

현직자 플랫폼 활용

1 링크드인(linkedin.com)

링크드인은 비즈니스 중심의 소셜 네트워킹 플랫폼입니다. 요즘은 본인의 전문 분야를 SNS에 적극 노출하므로 조금만 손품을 팔면 실무자와 컨택할 수 있는 다양한 기회를 얻을 수 있습니다.

제 수강생의 예시를 한번 들어보도록 할게요. 이분은 관심 공고가 생기면 기업명을 링크드인에 검색해, 재직 중인 실무자를 찾아 "취업을 준비하며 궁금한 점이 있는데 여쭤볼 수 있을까요?"라고 메시지를 보내곤 했어요. 현직자로부터 답변이 오면 면접 전 채팅이나 온라인 미팅을 통해 기업 정보 및 인재상을 물어보는 형태로 링크드인을 적극적으로 활용했습니다.

이렇게 링크드인을 적극적으로 활용하면 회사의 생생한 상황, 예를 들어 왜 이 자리를 뽑으려고 하는지, 어떤 성향이나 강점을 가진 지원자를 선호하는지, 지원 과정에서 유의해야 할 사항이 있는지, 최근 회사에서 어떤 비즈니스에 관심이 있는지, 혹은 어떤 고민거리가 있는지 등에 대한 답변을 얻을 수 있으니 한 번쯤 활용해보는 것을 추천합니다.

[유의사항]

링크드인은 실무자들이 비즈니스 정보를 얻고 네트워킹하는 지극히 개인적인 공간인 만큼 현직자 입장에서는 사실 상담을 해줄 의무가 없습니다. 따라서 현직자에게 컨택할 때는 무작정 정보를 얻으려는 뉘앙스로 접근하기보다는 지원 기업과 직무에 대한 순수한 관심사와 호기심, 고민을 가지고 선배님의 조언을 들으려고 한다는 느낌을 주는 것이 좋습니다.

2 커피챗 (Coffee Chat)

커피챗은 내가 원하는 직무나 산업군, 나아가 특정 기업의 실무자를 선택해 1:1 상담을 받을 수 있는 유료 서비스입니다. '커피챗'이란 표현은 서비스 이름이기도 하지만 서구권에서는 간단하게 커피 한 잔 마시는 만남을 통해 궁금한 정보를 주고받는 미팅을 의미합니다.

커피챗에는 대기업, 외국계, IT 업계 실무자들이 굉장히 많고 익명을 기반으로 운영되고 있어 궁금한 점을 부담 없이 질문할 수 있습니다. 이는 커피챗의 가장 큰 차별점이자 장점이죠.

[유의사항]

유료 서비스인 만큼 예정된 시간이 지나면 대화 서비스가 종료됩니다.

만약 30분짜리 커피챗을 신청했다면 30분 후 바로 서비스가 종료되죠. 이 시간을 효율적으로 활용하려면 미리 궁금한 점을 잘 정리해두어야 합니다. 또한 답변 받은 내용을 실시간으로 기록해야 빠뜨리는 부분 없이 모든 꿀팁을 여러분의 것으로 만들 수 있다는 사실을 기억해주세요.

검색 엔진(네이버/유튜브 등) 활용

직무에 대한 정보가 부족한 상황에서 가장 쉽고 빠르게 활용할 수 있는 방법인데요. 인터넷에 본인이 지원하는 직무명+강점을 검색하면 다양한 정보를 얻을 수 있습니다. 이때 현직자 혹은 취업 전문가가 쓴 콘텐츠를 참고하면, 정보의 전문성 및 신뢰도 차원에서 더 큰 도움이 될 수 있겠죠?

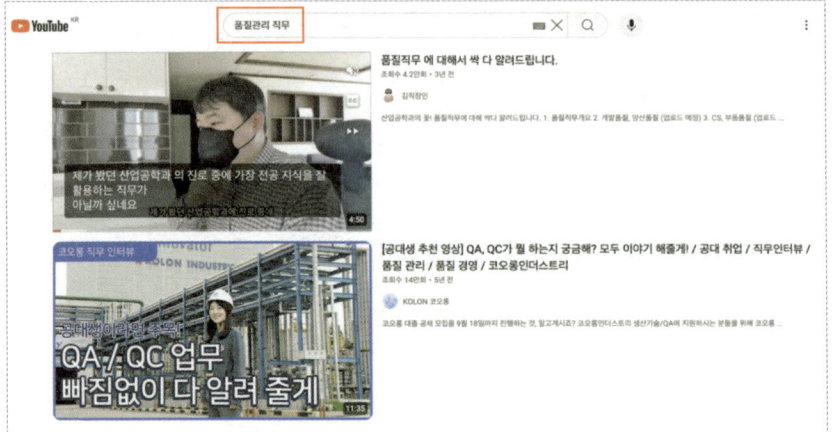

채용 공고를 통한 강점 찾기

채용 공고 분석을 통해서도 여러분이 지원하는 직무에 대한 양질의 정보를 얻을 수 있는데요. 기업에서 사람을 뽑을 때, 지원자로부터 기대하는 명확한 역할이나 보유 역량을 채용 공고(Job description)상에 구체적으로 제시하는 것이 일반적입니다. 따라서 채용 공고를 제대로 읽어보는 것만으로도, 지원 직무에서 필요로 하는 핵심 역량 키워드를 어느 정도 파악할 수 있습니다.

추가적인 팁으로, 지원할 기업이 아니더라도 관심 직무의 채용 공고를 최소 5~10개 정도 동시에 분석해볼 것을 추천합니다. 이를 통해 지원 직무에서 요구하는 역량의 평균치를 유추할 수 있어, 핵심 강점 키워드를 선정하는 데 도움이 될 수 있습니다.

나만의 직무 필살기를 완성하자

지금까지 지원 직무에서 요구하는 역량 키워드를 파악하는 방법에 대해 알아봤는데요. 지금부터 해야 할 일은 이 가운데 여러분의 직무 필살기 키워드를 선택하는 것입니다. 그리고 선택을 완료했다면 해당 키워드를 여러분의 직무 필살기로 활용할 수 있는 형태로 가공해보도록 할게요.

직무 필살기 정리 방법

마케팅 직군 지원 예정인 취준생 A는 본인의 핵심 역량 키워드로 '콘텐츠 제작 역량'을 선택했다고 가정해볼게요. A는 대학교 재학 동안 경영학 전공, 마케팅 대외활동 3회, 마케팅 인턴 1회의 이력을 쌓아왔어요.

이 정보를 기반으로 직무 필살기를 정리해보도록 할게요. 다음 표는 제가 경험을 강점으로 연결시킬 때 가장 많이 활용하는 템플릿인데요.

핵심 역량 (=필살기)	콘텐츠 제작
정의	마케팅 목적에 따라 다양한 콘텐츠를 기획 및 제작할 수 있는 역량
왜 중요한지?	• 지원 직무의 경우 SNS 콘텐츠 기획, 온라인 이벤트 운영 등 '콘텐츠'를 만들 일이 잦음 • 다양한 목적의 콘텐츠 과제가 주어질 텐데, 이때 콘텐츠에 대한 높은 이해도와 제작 역량이 곧 성과로 직결될 것이라 생각함
숲 형태로 정리 (전반적 나열/요약)	마케팅 대외활동 3회, 마케팅 인턴 1회 경험을 통해 주로 맡았던 역할은 콘텐츠 제작이었음. 이를 통해 콘텐츠에 대한 전반적 이해뿐 아니라 실제 제작 역량을 고루 기를 수 있었음. 최근엔 SNS 트렌드를 빠르게 파악하기 위해 마케팅을 주제로 한 SNS 채널도 운영하고 있음

나무 형태로 정리 (구체적 경험)	대학생 때 약 4개월간 참여했던 B사의 대학생 마케터 활동을 통해 SNS 콘텐츠를 직접 기획하고 제작해본 경험이 있습니다. 당시 매주 새로운 코스메틱 트렌드를 선택하고, 이를 콘텐츠화하는 과제가 주어졌습니다. 이 과정에서 경쟁사의 콘텐츠를 파악하기도 하고 SNS 콘텐츠의 전반적인 트렌드를 반영하며 더 많은 유저 인게이지먼트를 얻기 위해 노력했습니다. 이후 스스로 콘텐츠 기획부터 디자인까지 모두 할 수 있는 마케터가 되고 싶다는 생각으로 약 6개월간 포토샵을 배우기도 했습니다. (중략)
숲+나무 함께 정리	마케팅 분야에 대한 높은 관심으로, 그동안 총 3회의 마케팅 대외활동에 참여해왔고 작년 6월엔 A사 마케팅 인턴을 수행하였습니다. 다양한 경험을 쌓으며 제가 공통으로 맡았던 업무는 콘텐츠 기획 및 제작이었습니다. 이를 통해 콘텐츠 역량을 기를 수 있었습니다. 현재도 SNS 트렌드에 대한 흥미를 가지고 마케팅을 주제로 한 개인 SNS 채널을 운영하고 있습니다. 콘텐츠 제작 역량을 기른 구체적 예시로, B사에서 약 4개월간 대학생 마케터 활동하며 SNS 콘텐츠를 직접 기획 및 제작한 경험이 있습니다. 당시 매주 새로운 코스메틱 트렌드를 선택하고, 이를 콘텐츠화하는 과제가 주어졌습니다. 이 과정에서 경쟁사의 콘텐츠를 파악하기도 하고 SNS 콘텐츠의 전반적인 트렌드를 반영하며 더 많은 유저 인게이지먼트를 얻기 위해 노력했습니다. 이후 스스로 콘텐츠 기획부터 디자인까지 다 할 수 있는 마케터가 되고 싶다는 생각으로 약 6개월간 포토샵을 배우기도 했습니다. (중략)

이 템플릿은 크게 여섯 가지 내용을 정리하도록 구성되어 있어요.

- **핵심 역량** : 핵심 역량의 키워드를 입력합니다.

- **정의** : 해당 역량의 사전적 정의도 좋지만, 내가 생각하는 정의를 작성해주면 더 좋습니다.

- **왜 중요한지?** : 해당 역량이 지원 직무에 중요한 이유를 적어주면 내가 가진 필살기의 설득력을 높일 수 있습니다.

- **숲 형태로 정리** : 해당 역량을 기르기 위해 노력한 내용을 거시적으로 요약 정리합니다.

- **나무 형태로 정리** : 해당 역량을 증명할 수 있는 구체적 사례를 제시합니다. 성과가 있을 경우 함께 기재해주면 더 좋습니다.

- **숲+나무 함께 정리** : 앞서 정리한 숲과 나무를 합해 하나의 글 소재로 정리합니다.

이렇게 각 항목에 대한 정리가 마무리되면, 위의 내용을 모두 연결해 아래 예시와 같은 '핵심 강점' 글 소재로 정리해보세요(템플릿 다운로드하는 방법은 10페이지를 참고해주세요).

> **예시**
>
> 제 핵심 강점은 '콘텐츠 제작 역량'입니다. 특히 풍부한 콘텐츠 실무 경험을 기반으로, 마케팅 목적에 따라 다양한 콘텐츠를 직접 기획 및 제작할 수 있습니다. 지원 직무에 해당 역량이 중요하다고 생각하는 이유는 첫째, 입사 후 콘텐츠를 만드는 업무가 주를 이룬다는 점과, 둘째, 이때 콘텐츠에 대한 높은 이해도와 제작 역량이 곧 성과로 직결된다고 믿기 때문입니다.
>
> 저는 마케팅 분야에 대한 높은 관심으로, 그동안 총 3회의 마케팅 대외활동에 참여해왔고, 작년 6월엔 A사 마케팅 인턴을 수행하였습니다. 다양한 경험을 쌓으며 제가 공통으로 맡았던 업무는 콘텐츠 기획 및 제작이었습니다. 이를 통해 콘텐츠 역량을 기를 수 있었습니다. 현재도 SNS 트렌드에 대한 흥미를 가지고 마케팅을 주제로 한 개인 SNS 채널을 운영하고 있습니다. (이후 중략)

앞의 표 예시처럼, 핵심 역량 키워드 당 여섯 가지 항목을 하나의 세트로 정리해두면 이후 면접뿐 아니라 자소서 작성 시 효과적으로 활용할 수 있습니다.

CHAPTER 05

자존감 끌어올리기 : 마인드셋

저 역시 여러분과 같은 취준생 시절이 있었어요. 다른 지원자들에 비해 스펙이 부족하다고 느껴지기도 하고, 언제 취업이 될지 모르는 상황에서 막막함과 두려움이 쌓여 자존감이 떨어진 적도 많았죠. 그런 암흑같은 시기를 지내며 배운 점이 있다면, 내 맘대로 되지 않는 취업 시장에서 유일하게 스스로 컨트롤할 수 있는 건 결국 나의 자존감, 마인드셋뿐이라는 것이었습니다.

취업 준비를 하다 보면 서류 탈락, 면접 불합격 등 거듭되는 좌절을 겪으며 자신감과 자존감이 낮아지기 마련이에요. 특히, 열심히 준비하고도 원하는 결과를 얻지 못할 때, '내가 그렇게 부족한가?'라는 생각이 들며 자존감을 깎아 먹기도 합니다.

특히 첫 취준 때는 또래 친구들의 영향을 많이 받는데요. 주변 친구들이 취업에 성공하는 모습을 보면서 자신과 비교하게 되기 때문이죠. 또한,

부모님이나 주변 사람들의 기대가 클수록 그 기대에 부응하지 못할 때 자책하는 경우가 많습니다. '어떻게든 빨리 취업해서 안심시켜드려야 하는데…'라는 부담감이 자존감에 큰 영향을 주기도 하고요.

취준 과정에서 자존감이 중요한 이유

취준 과정은 단순히 스펙을 쌓고 기업에 지원하는 것을 넘어서 온전히 자기 자신을 믿고 나아가야 하는 마라톤과도 같습니다. 자존감은 취준 과정 속 어려운 상황에서도 쉽게 무너지지 않고, 실패를 성장의 기회로 받아들이는 유연한 태도의 바탕이 됩니다. 따라서 자존감을 잘 지키며 건강한 마인드셋으로 취업 준비에 임하는 것은 합격의 필수 요소라고 할 수 있어요.

자존감을 높이는 여섯 가지 꿀팁

'그 사람의 얼굴이 그 사람의 모든 것을 보여준다'라는 말 들어본 적 있나요? 여러분의 생각과 현재 감정 상태는 여러분의 표정과 행동에 드러나기 마련입니다. 보통 면접이 잡히면 긴장되는 마음에 자신감이 떨어지기 때문에 취업 준비를 시작하면서부터 자존감을 지키고 일상 속에서 습관처럼 긍정적인 태도를 유지하는 것이 중요합니다. 취업 컨설팅을 진행하다 보면 오랜 취준 기간과 거듭되는 불합격으로 지친 나머지, 부정적인 마인드셋이 생겨버린 분들을 자주 보게 되는데요. 이럴 때 제가 가장 먼저 하는 일은 바로 자존감을 올리고 긍정적인 마인드셋을 갖도록 동기를 부여하는 일입니다. 여러분도 만약 취업 준비 과정에서 자존감이 떨어졌다면, 지금부터 알려드리는 여섯 가지 꿀팁을 일상 속에서 실천해보세요.

1. 불합격도 취준의 일부임을 받아들이기

자존감을 끌어올리기 위한 첫 번째 방법은 스스로가 불합격할 수도 있다는 가능성 자체를 받아들이는 것입니다. 일반적으로 우리가 지원하는 공고에 최종 합격하는 사람은 한 자릿수에 불과합니다. 특히 공채의 경우, 지원자만 수백~수천 명에 달하기 때문에 한두 명 외에는 대부분 불합격한다는 것을 의미합니다. 로또를 예로 들어볼게요. 우리가 로또를 사고 꽝이 나오면 어떻게 생각하나요? 물론 아쉽긴 하지만 보통은 "그럴 줄 알았어~"라며 결과를 받아들이게 됩니다. 우리도 취준 과정에서 이와 비슷한 마인드로 임할 필요가 있어요. 떨어지는 게 당연하다거나 괜찮다며 자기 합리화를 해야 한다는 의미는 아닙니다. 취업의 문이 바늘 구멍보다 좁은 현실 자체를 일단 인정하자는 것이죠. 그렇게 생각하면 취준에 임하는 마음이 한결 편해질 거예요.

2. 남들과 비교 멈추기

두 번째로는 남들과 나를 비교하지 않는 것입니다. 저 역시 취준을 하던 대학생 시절, 대기업에 합격하는 친구들을 보면서 한없이 부러워했던 때가 있었어요. 그로부터 10년이 지난 지금은 그 친구가 어느 기업을 다니고 있는지 기억하지도 못할뿐더러 타인과의 비교가 스스로에게 독이 된다는 것도 잘 알고 있죠. 물론 비교는 인간의 본능과도 같습니다. 그럼에도 불구하고 남들과 비교하는 습관을 줄여야 하는 이유는 모든 사람들은 합격하기까지 저마다의 속도가 있기 때문입니다. 지금, 이 순간부터는 남과 나를 비교하기보단 어제의 나 자신과 오늘의 나를 비교해보세요. 조금이라도 더 성장한 부분이 있다면 충분히 잘하고 있는 거랍니다.

3. 스스로에게 친절한 언어 사용하기

취준 과정에서 나 자신에게 자주 하는 말들을 한번 돌아봐주세요. 혹시 "난 왜 이 모양이지?", "그러게 더 열심히 하지 그랬어."와 같은 부정적인 말을 자주 하고 있진 않나요? 이런 말들은 나도 모르게 자존감을 낮추게 하는 독과도 같습니다. 지금부턴 의식적으로라도 긍정적인 언어를 사용해보세요. "언젠가 되겠지.", "오늘 또 하나 배웠네!" 같은 말로 스스로를 격려하다 보면 이것들이 하나둘 쌓여 '안 되는 이유'를 찾기보단 '되는 이유'에 더 집중하고 있는 자기 자신을 발견할 수 있을 거예요.

4. 나만의 스트레스 해소 루틴 만들기

취업 준비에 지쳤을 때 나를 위로해줄 수 있는 '힐링 루틴'을 만들어보세요. 좋아하는 음악 듣기, 명상하기, 여유롭게 커피 마시기와 같은 작은 루틴도 괜찮습니다. 매일 가볍게 산책을 하거나 좋아하는 운동을 하며 스트레스를 줄이는 것도 하나의 방법이에요. 내가 잘하는 일, 좋아하는 일을 생각해보고, 그걸 통해 스스로에게 칭찬해주기도 하고요! 나 자신을 믿고 아끼는 건강한 마인드셋이야 말로 성공적인 취업 준비의 첫걸음이란 점을 잊지 마세요.

5. 적극적인 네트워킹

같은 상황에 있는 취준생끼리의 교류는 심리적 안정감을 주고, 정보 교환 측면에서도 효과적인 방법이에요. 직무 스터디 혹은 부트캠프 참여 등을 통해 고립되지 않는 취준 시간을 가져보세요. 특히 스터디 그룹의 경우, 같은 분야나 직무를 목표로 하는 취준생들과 정보를 공유하고 서류 및 면접 준비 과정에서 상호 피드백을 주고받을 수 있다는 장점이 있습니다.

오프라인 네트워킹이 부담스럽다면 취업 준비 카페 혹은 오픈채팅방과 같은 온라인 커뮤니티를 통해서도 충분히 정보를 공유하고 소속감을 느낄 수 있어요.

6. 선배/취업 전문가 상담

취업 컨설턴트의 도움을 받는 것도 취준 과정에서 자존감을 높일 수 있는 방법 중 하나인데요. 취준 기간에 자존감이 낮아지는 가장 큰 이유 중 하나는 불합격의 원인을 자기 자신에게서 찾기 때문입니다. 혹은 내가 가진 스펙으로는 취업하기 어려울 것 같다는 부정적인 걱정 때문일 수도 있고요. 이럴 때 가까운 선배 혹은 취업 전문가로부터 취업 상담을 받으면 현 이력이나 취업 준비 상태에 대한 객관적인 평가를 받을 수 있다는 장점이 있어요.

특히 취업 전문가들은 최신 취업 시장 동향, 채용 트렌드, 인재 채용 전략 등에 대한 양질의 정보를 가지고 있기 때문에 여러분의 문제점을 함께 고민하고 맞춤화된 취업 전략을 수립하는 데 실질적인 도움을 줄 수 있습니다.

> 본인이 가진 역량과 성장 가능성을 자신 있게 어필하려면 우선 나 자신을 있는 그대로 인정하며 긍정적인 부분을 보려는 태도를 갖춰야 합니다. 쌓아온 스펙을 다른 지원자와 비교하기보단 내 경험 그 자체로 특별하고 차별화된 강점이 될 수 있다는 걸 인정하는 것이 중요하죠. 자존감이 낮아지면 작은 실수나 부족한 부분에 과도하게 집착하고 스스로를 깎아내리게 되는데, 이럴 때 자신을 있는 그대로 인정하고 지지하는 힘이 필요합니다.

PART 02

지피지기면 백전백승, 지원 기업 이해하기

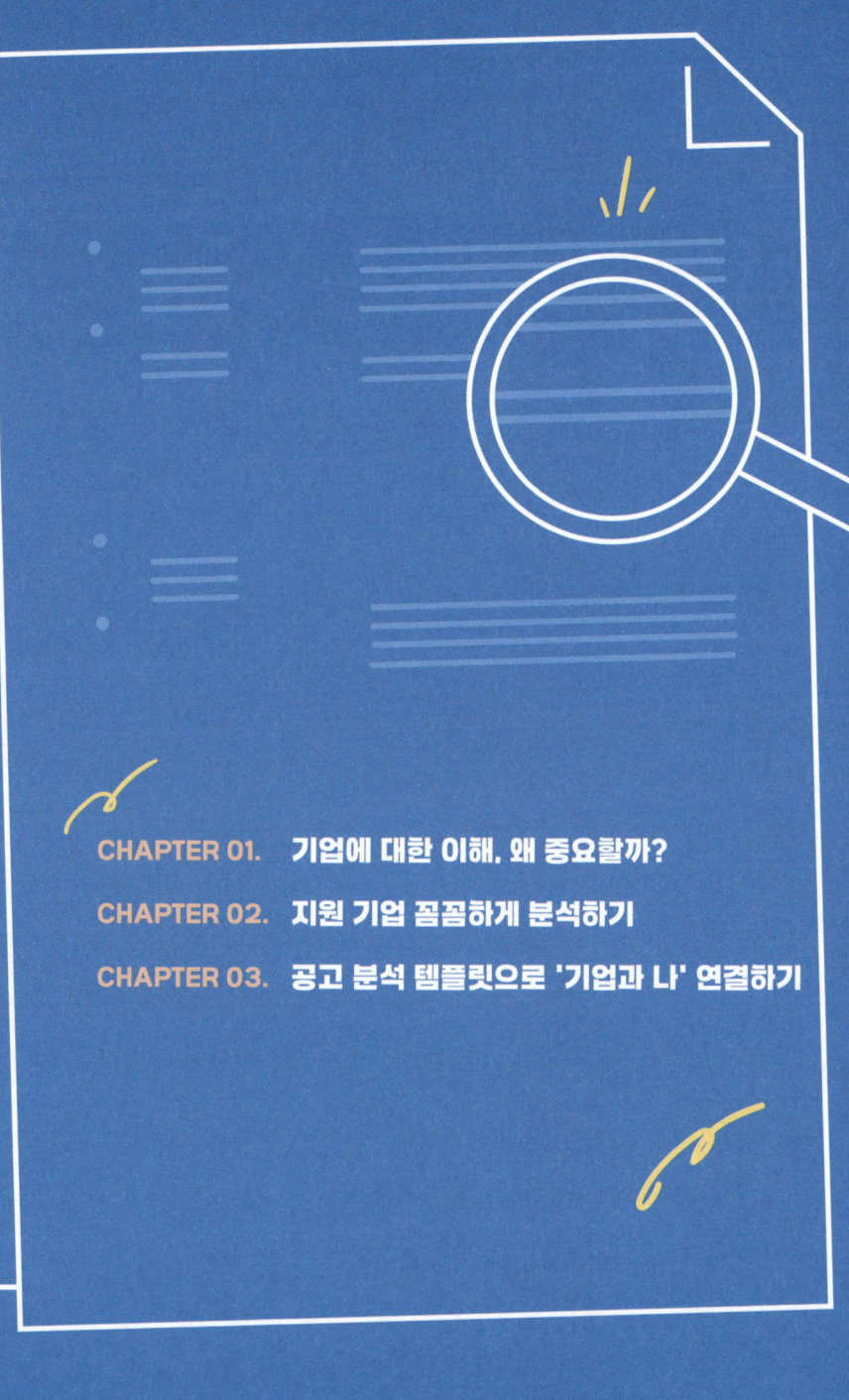

CHAPTER 01. 기업에 대한 이해, 왜 중요할까?

CHAPTER 02. 지원 기업 꼼꼼하게 분석하기

CHAPTER 03. 공고 분석 템플릿으로 '기업과 나' 연결하기

CHAPTER 01

기업에 대한 이해, 왜 중요할까?

직전 파트에서 '취업 시장에서 우리는 스스로의 역량을 기업에 세일즈하는 영업사원이다'라고 했었는데요. 이때 동일한 상품이라도 타깃 고객에에 따라 영업 전략은 달라야 합니다. 스마트 워치를 30대 직장인과 60대 시니어 그룹이라는 서로 다른 타깃에게 판매한다고 가정해볼게요. 만약 두 타깃 모두에게 "스마트 워치란 스마트폰과 연동해 통화, 결제, 건강 관리 등의 다양한 기능을 사용할 수 있는 '웨어러블 디지털 기기'입니다."라고 설명하면 어떨까요? 대다수의 시니어분들은 '웨어러블 디지털 기기'라는 단어를 생소하게 느낄 가능성이 크고, 동시에 이 제품이 나에게 왜 필요한지 설득이 되지 않기 때문에 판매로 연결되기 어렵겠죠.

반면 직장인을 타깃으로 판매할 때는 업무에 활용할 수 있는 효율적인 기능 특성을 어필하고, 시니어층에게는 혈압, 심박수, 응급 호출 기능 등을 강조하며 건강을 모니터링하는 하나의 보조 도구로 홍보한다면 어떨까요? 타깃의 고민이나 관심사를 적절히 반영하고 있다는 점에서 훨씬 효과적인 세일즈 전략으로 보입니다.

우리가 기업에 지원하는 전략도 이와 같아야 합니다. 타깃별 맞춤 지원 전략이 필요하다는 의미죠. 기업마다 산업군, 규모, 비전 등이 모두 다르기 때문에 채용 시 중요하게 생각하는 역량과 지원자에 대한 평가 기준 역시 완전히 다를 수 있습니다. 반대로 말하면 기업의 특성을 고려하지 않은 채 동일한 내용을 '복사-붙여넣기(복붙)' 해서 서류와 면접 전형을 준비한다면 실패할 가능성이 크다는 의미입니다.

기업을 분석하면 따라오는 이점

지원 기업에 대한 이해 없이 무작정 지원하는 것은 세일즈 전략 없이 무작정 판매를 시작하는 것과도 같습니다. 그럼 우리가 지원 기업에 대한 이해를 충분히 갖췄을 때 얻을 수 있는 이점에 대해 알려드릴게요.

기업과 나의 궁합 확인

가장 먼저 지원자인 우리로선 기업 이해도를 높이는 과정에서 이 기업이 나와 잘 맞을지, 내가 원하는 커리어 방향성에 부합한 곳인지를 파악할 수 있다는 장점이 있습니다. 만약 여러분이 지원 기업을 고르는 기준이 '지속적인 혁신'과 '높은 수준의 보상'인데, 최근 공고가 뜬 A 기업은 변화나 혁신보다는 기존 비즈니스를 유지하는 경향이 강하다고 가정해볼게요. 이런 곳에 입사하게 되면 여러분이 우선순위로 두는 가치와 회사의 방향성이 지속적으로 충돌할 가능성이 크겠죠. 따라서 더 만족스러운 커리어 여정을 위해서는 본인이 추구하는 커리어 방향성과 지원하고자 하는 기업의 성장 비전, 문화 등을 충분히 고려해야 합니다.

물론 퍼즐을 맞추듯 내가 원하는 모든 조건에 100% 부합하는 완벽한 회사를 찾기는 어려울 수 있어요. 이럴 땐 여러분이 기업을 고를 때 절대 포기할 수 없는 가치의 우선순위를 먼저 정한 뒤, 해당 기준에 따라서 보다 효과적으로 의사 결정을 할 수 있습니다(커리어 가치관에 대한 내용은 41페이지의 '업을 선택할 때 고려해야 할 가치관 일곱 가지'에서 확인해주세요).

직무 적합성 강조

기업 입장에서도 기업에 대한 높은 이해도를 가진 지원자를 선호하기 마련인데요. 회사의 방향성을 이해한 상태에서 지원하면 회사가 지원자로부터 원하는 역량 및 경험을 반영할 수 있어 직무 적합성 측면에서 상대적으로 높은 점수를 받을 가능성이 큽니다.

최근 공채가 줄어들고 수시 채용이 점차 늘어가는 채용 트렌드 속에서 입사 후 바로 실무에 투입될 수 있는 인재를 선호하는 경향이 두드러지고 있는데요. 이런 상황 속에서, 여러분 스스로가 지원 기업과 직무에 잘 맞는 사람임을 어필하기 위해서는 지원 기업에 대한 이해가 반드시 선행되어야 합니다. 회사의 상황이나 본인의 역할을 명확히 이해한 상태로 입사하게 되면, 회사에 기여할 수 있는 부분을 주도적으로 찾으며 커리어 성장까지 꾀할 수 있다는 장점도 있습니다.

기업에 대한 애사심 어필

취업 준비 과정에서 특정 기업에 대해 알아갈수록 그 기업에 대한 관심도 자연스럽게 높아집니다. 그렇게 되면 서류 및 면접 전형에서 회사에 대한 관심도를 효과적으로 어필할 수 있는 장점이 있죠.

기업은 일반적으로 최대한 채용 실패를 피하고 싶어 합니다. 채용 실패란 채용한 직원이 단기간에 퇴사해, 인재 육성을 위해 회사에서 들인 비용에 대한 손해가 더 큰 상황을 의미하는데요. 일반적으로 회사는 한 명의 직원을 채용하기까지 채용 전형뿐 아니라 입사 후 교육에 수많은 리소스와 비용을 투자하기 때문에 손실이 클 수밖에 없습니다. 이러한 이유로 기업은 소속 조직에 대한 충성심을 가진 직원을 선호하며, 동일한 역량을 가진 지원자가 있을 때 이왕이면 충성도가 높은 지원자를 채용하고자 합니다.

> 서류 컨설팅을 하다 보면 최대한 많은 기업에 지원하느라 기업에 대한 조사, 자신과 기업을 연결하는 부분을 소홀히 하는 취준생분들을 많이 보는데요. 기업 입장에선 '우리 회사에 관심이 없는 지원자구나'라는 것을 단번에 알아차릴 수 있어요. 이러한 태도는 불합격으로 가는 지름길이라 말씀드리고 싶어요.
> 따라서 취업 준비 초반에는, 지원 기업 수를 조금은 줄이더라도 나와 기업 간의 접점을 찾아보는 훈련을 해보는 것이 좋습니다.

CHAPTER 02

지원 기업 꼼꼼하게 분석하기

"지원 기업 이해도가 중요하다는 것은 이제 알겠는데, 도대체 어느 수준까지 분석해야 할까요?"라고 질문하는 분들이 많아요. 보통 취업 준비를 하다 보면 한정된 시간 동안 다수의 기업에 지원하게 되므로 모든 기업을 완벽히 분석하는 것은 큰 부담일 거예요. 제 취업 컨설팅 경험으로 미뤄봤을 때, 지원 기업에 대한 높은 이해도를 가지고 있는 분은 전체의 10% 미만이었습니다. 즉, 여러분의 경쟁자 대부분도 비슷한 출발선상에서 지원 기업을 알아간다는 의미이죠. 사실 기업은 여러분에게 전문가 수준의 분석력을 바라지 않습니다. 그래서 이번 챕터에선 여러분이 기업에 지원하기 전, 반드시 체크해야 할 최소한의 기업 분석 범위를 알아보겠습니다.

회사의 사업 개요를 파악하는 세 가지 방법

지원 기업을 분석할 때 가장 먼저 해야 할 일은 기업의 전반적인 사업 개요를 파악하는 것입니다. 구체적으로는 지원 기업의 산업군, 사업 포트폴리오, 비전을 파악해야 하는데요. 사업 포트폴리오라고 하면 굉장히 거창해 보이지만, 지원 기업에서 판매하는 상품과 서비스를 의미합니다. 그다음엔 기업이 특히나 주력하고 있는 제품이나 서비스는 무엇인지, 어떤 고민을 가지고 있는지 분석해보는 것이 좋은데요. 이렇게 하면 지원자로서 어떤 경험과 역량을 어필할지 전략을 수립할 수 있을 뿐만 아니라 입사 후 기여할 수 있는 점에 대한 청사진을 그려볼 수 있어요. 그렇다면 회사의 전반적인 사업 개요는 어떻게 파악할 수 있는지 알아볼까요?

1. 기업 홈페이지 방문하기

지원 기업의 정보를 얻을 수 있는 가장 기본적인 방법은 해당 기업의 홈페이지에 방문하는 것입니다. 보통 기업 홈페이지에는 회사의 비전, 사업 영역, 주요 서비스 및 제품, 최근 성과 등을 가장 신뢰할 수 있는 정보로 제공하고 있기 때문인데요. 특히 '회사 소개'나 '사업 영역'과 같은 섹션에서 지원하는 회사가 어떤 비즈니스 포트폴리오를 가지고 있는지, 제공하는 상품과 서비스가 무엇인지 정도를 거시적으로 파악할 수 있습니다. 물론 현실적으로 이 모든 정보들을 다 외우는 것은 불가능할 뿐 아니라 필요성도 적습니다.

그래서 여러분이 알아두면 좋을 기업 정보 범위에 대해 우리 모두에게 친숙한 기업, '농심'을 예로 들어볼게요. 먼저 아래 페이지에서 [농심]이라는 탭에 들어가면 [농심소개], [지속가능경영], [홍보센터], [투자정보], [오픈이노베이션], [고객서비스] 등으로 구성되어 있어요. 각 목차의 하위에는 [경영이념], [연혁], [IR정보] 등과 같은 세부적인 내용이 정리되어 있습니다. 만약 제가 취준생이라면 [경영이념]과 [연혁]이 포함된 [농심소개] 섹션과, 농심의 다양한 소식을 볼 수 있는 [홍보 센터]를 위주로 확인하며 전반적인 기업 이해도를 먼저 기를 것 같습니다.

출처: 농심(brand.nongshim.com)

다음으로 농심의 사업 포트폴리오를 확인하기 위해 [브랜드] 탭을 클릭하면 다음과 같은 페이지가 나옵니다. 브랜드가 제품 카테고리별로 구분되어 있죠. 농심의 상품 포트폴리오는 일차적으로 면, 스낵, 음료, 간편식, 해외브랜드라고 볼 수 있어요. 그리고 홈페이지를 조금 더 둘러보면 [기타] 탭에 건강기능식품 브랜드가 뜨는 것을 확인할 수 있습니다. 앞서 일차적으로 확인한 식품에 더해, 건강기능식품까지 운영 중인 것을 확인했으니, 이제 회사의 연혁, 경영이념, 사업 포트폴리오를 대략적으로 파악한 셈인 거죠.

출처 : 농심(brand.nongshim.com)

> **Q** [투자정보] 파트 (ex : IR정보)도 꼭 확인해야 할까요?
>
> **A** 취업 컨설팅을 하면서 정말 많이 받았던 질문인데요. 먼저 이해를 돕기 위해 IR이 무엇인지에 대해 간략히 설명드릴게요. IR은 Investor Relations 자료의 줄임말로, 기업이 투자자들과 소통하기 위해 제공하는 정보나 보고서를 의미해요. 주로 상장된 기업이 정기적으로 투자자나 주주들에게 제공하는 자료로, 회사의 재무 상태, 경영

성과, 미래 전망 등의 내용을 포함하고 있습니다. 이를 통해 투자자들은 기업의 재무 건전성과 성장 가능성을 평가하고, 투자 결정을 내리죠.

IR 자료는 일단 양이 방대할 뿐만 아니라, 여러분이 이해하기엔 어려울 수 있는 비즈니스 현황과 재무 데이터가 포함되어 있다 보니 1~3년 차 주니어 단계의 취준생들에겐 필수 확인 자료는 아닙니다.

그 이유는 첫째, 채용 담당자들이 중요하게 보는 점은 우리 회사에 대한 심층 분석보다는 여러분의 역량과 기업에 대한 관심도이기 때문인데요. 다시 말해, 우리 회사의 재무 상황을 누가 더 잘 분석했는지가 주된 평가 요소가 아니므로 관련 직군이 아닌 이상 IR 자료를 이해하는 데 많은 시간을 투자할 필요는 없습니다.

둘째, 하나의 기업에 지원하기까지 한정된 시간 속에서 IR 자료 분석에 시간을 쏟느라 서류 작성 시간이 부족해진다면 결국 주객이 전도된 것이라고 볼 수 있어요. 단, 예외적으로 여러분의 지원 분야가 재무회계, 신사업, 전략과 같이 IR 자료를 통해 얻을 수 있는 인사이트가 많은 직군이라면 연차에 상관없이 해당 자료들을 가볍게라도 읽어보길 추천해요.

반면 4~5년 차 이상의 시니어 레벨에 들어서면 IR 자료로부터 사업 방향성, 기업에 대한 유의미한 인사이트를 얻을 수 있습니다. 특히 1~3년 차의 주니어에 비해 4~5년 차 이상의 경력직에게는 기업에서 기대하는 바가 훨씬 클 수밖에 없습니다. 따라서 IR 자료를 통해 기업의 비즈니스 상황을 다각도로 분석한다면 입사 후 기여할 수 있는 바를 보다 명확히 제시할 수 있다는 장점이 있습니다.

2. CEO 인터뷰/신년사 찾아보기

보통 기업 총수들은 새해가 되면 신년사를 통해 그 해의 경영 전략, 비전, 목표, 그리고 중요한 사업 방향성을 공유하는데요. 이러한 정보들은 자소서 작성 시 지원 동기나 포부를 작성할 때 유용하게 활용할 수 있습니다. 예를 들어, CEO가 올 한 해 강조하는 핵심 가치나 성장 전략을 자소서와 면접 답변에 반영하면 기업이 추구하는 방향에 맞는 인재임을 어필할 수 있겠죠?

또한 신년사에는 기업이 어떤 도전 과제를 해결하고자 하는지, 직면한 문제나 기회는 무엇인지 포함되어 있는 경우가 많은데요. 여기에서 지원자 본인의 역량이 어떻게 도움될 수 있는지 구체적으로 제시할 수 있습니다. 예를 들어, 올해 회사의 가장 큰 도전 과제가 '바이오 신사업의 성공적 론칭'이라고 가정해볼게요. 그렇다면 이를 달성하기 위해 입사 후 나는 어떤 기여를 할 수 있는지 고민해볼 필요가 있는 거죠. 참고로 CEO의 인터뷰나 신년사는 기업 홈페이지나, 검색 엔진에 '기업명+신년사'를 검색해 찾을 수 있습니다.

3. 보유 네트워크 활용하기

지원 기업을 분석할 때 인적 네트워크를 활용하는 것은 가장 정확한 정보를 얻을 수 있는 방법인데요. 특정 산업이나 기업의 내부 정보를 잘 알고 있는 지인이 있다면 기업의 최신 뉴스나 내부 상황 등을 구체적으로 파악할 수 있다는 장점이 있습니다.

만약 지원 분야에 재직 중인 지인이 없다면 링크드인(LinkedIn) 혹은 커피챗(Coffee Chat) 서비스를 통해 지원 기업의 재직자에게 컨택해 회사의 상황이나 주력 비즈니스 방향에 대한 정보를 얻는 방법도 활용해볼 수 있습니다(구체적인 이용 방법은 51페이지의 '지원 직무에서 요구하는 역량 찾기 – 링크드인'에서 확인해주세요).

조직 문화와 복지 제도 알아보기

최근 채용 과정에서 컬처핏(Culture Fit)을 중요하게 평가하는 기업이 늘어나고 있습니다. 컬처핏이란 지원자의 성향, 가치관이 기업의 조직 문화와 얼마나 잘 맞는지를 평가하는 것입니다. 기업은 일반적으로 조직 문화에 잘 어울리는 지원자일수록 성과를 내고 오래 일할 수 있다고 믿습니다. 그래서 지원자의 성향과 회사의 컬처핏이 일치한다고 느낄 때 더 높은 점수를 줄 가능성이 크죠. 반대로 지원자 입장에서도 이왕이면 본인의 가치관이나 성향과 잘 맞는 문화를 가진 기업에서 일할 때, 장기적 관점에서 더 높은 업무 만족도와 성장 가능성을 기대할 수 있을 것입니다.

한편 같은 산업군이라도 회사마다 서로 다른 고유의 조직 문화를 가지고 있는데요. 어떤 회사는 혁신과 도전을 중시하는 반면, 다른 회사는 엄격한 규율과 체계를 중요시하기도 합니다. 따라서 기업을 조사할 때 조직 문화와 복지 제도에 대한 정보를 최대한 수집한 후, 여러분이 일하고 싶은 기업에 부합하는지를 판단하는 것이 중요합니다.

그렇다면 회사의 조직 문화와 복지 제도는 어떻게 알아볼 수 있을까요? 최근 대기업뿐만 아니라 스타트업에서도 SNS 채널이나 노션 페이지 등을 통해 '일하는 방식', '복지 제도'를 홍보하는 사례가 늘고 있는데요. 어디에서도 관련 정보를 찾기 어려운 경우, 잡플래닛(Job Planet), 캐치(Catch)와 같은 채용 플랫폼에서, 전현직 재직자들의 후기를 확인해보는 방법도 있습니다.

혹은 기업의 채용 공고 하단에 대표적인 복지 제도가 기재되어 있는 경우도 있으니 참고해주세요.

> **Q** 제가 기업의 조직 문화와 잘 맞다는 것을 자소서에 어떻게 어필할 수 있을까요?
>
> **A** 다음 예시처럼 지원자인 나의 특성과 기업의 조직 문화 및 복지 제도를 자연스럽게 연결하는 방법이 있습니다. 다만 이때 주의해야 할 점은 뒷받침할 수 있는 근거 없이 추상적인 흥미, 단순한 관심사를 언급하는 것은 오히려 지원자의 진정성과 신뢰도를 낮출 수 있다는 것입니다. 대신 지원 기업의 조직 문화와 여러분의 실제 경험, 사례를 자연스럽게 연결함으로써 설득력을 훨씬 더 높일 수 있다는 점을 기억하세요.

> **예시**
>
> 한화에어로스페이스는 기술 혁신을 중요시하는 조직 문화를 가지고 있으며, 글로벌 확장을 목표로 다양한 인재를 육성하는 복지 프로그램을 제공하고 있습니다.
>
> **[활용 방법]**
> ○○○를 전공하며 기술의 변화를 지속적으로 모니터링해왔을 뿐만 아니라 개인적으로도 ○○, ○○와 같은 새로운 기술에 높은 관심을 가지며 익혀왔습니다. 한화에어로스페이스는 기술 혁신을 열린 자세로 수용하는 조직 문화를 가지고 있는 만큼, 입사 후 제 관심사를 마음껏 발휘하며 다양한 최신 기술을 습득하고 맡은 업무에서 활약할 수 있을 것이라 기대합니다.
>
> 또한, 한화에어로스페이스는 글로벌 확장을 목표로 인재를 육성하는 프로그램을 제공하고 있는 것으로 알고 있습니다. 기술 혁신에서 나아가, 이를 전 세계 시장에 전파하며 비즈니스 규모를 확장할 수 있는 기회는 제가 ○○ 직무에서 꼭 이뤄보고 싶었던 커리어 목표 중 하나입니다. 입사 후, 기술 혁신에 대한 회사의 비전을 함께 달성해나가며 국내를 넘어 글로벌 시장 확장에도 기여하는 사원으로 성장하고 싶습니다.

회사가 속한 산업 트렌드와 경쟁사 분석하기

취준 과정에서 지원 기업이 속한 산업의 동향과 경쟁사 분석이 중요한 이유는 산업 분석을 통해 기업에서 어떤 역량을 중요하게 평가할지 예상해볼 수 있기 때문입니다. 또한, 최근 산업의 트렌드와 방향성을 이해하고 있는 지원자임을 어필한다면 회사의 성장 비전을 달성해나가는 과정에서 더욱 적합한 인재로 평가받을 가능성도 커집니다. 예를 들어, 인공지능(AI)과 클라우드 기술이 대세인 IT 산업 환경에서 지원자 A가 관련 기술 지식과 경험을 풍부하게 가지고 있다면 이를 바탕으로 입사 후 기여할 수 있는 바를 구체적으로 제시해볼 수 있겠죠.

산업 분석을 마친 후에는 지원 기업의 주요 경쟁사 분석을 추천합니다. 각 회사의 전략과 시장 포지셔닝을 비교함으로써 지원 기업의 차별성을 파악할 수 있고, 경쟁사가 아닌 이 기업에 지원한 동기에 대해 생각해볼 수 있기 때문입니다. 뿐만 아니라, 면접에서 "우리 회사의 경쟁사가 어디라고 생각하나요?", "경쟁사와 우리 회사의 가장 큰 차이가 뭐라고 생각하나요?"와 같은 돌발 질문에도 당황하지 않고 답변할 수 있게 된다는 이점이 있습니다. 그럼, 지금부터 회사, 산업군, 경쟁사까지 분석하는 방법을 알아볼까요?

> **이쌤TIP**
>
> **STEP 1.** 지원 기업명을 검색 엔진(네이버, 다음, 구글 등)에 검색하고, 최소 6개월 이상의 뉴스 기사의 헤드라인을 읽어봅니다. 이 단계에서는 기사를 일일이 클릭하지 않아도 됩니다.
> → 회사 뉴스와 비즈니스 동향, 특정 이슈를 전반적으로 파악할 수 있습니다.
>
> **STEP 2.** 반복적으로 보이는 비즈니스 관련 키워드가 있다면 뉴스 기사를 클릭해서 읽어봅니다. 특히 기업의 최근 참여 프로젝트, 신규 사업, 파트너십 체결 등을 중점적으로 봐주세요.
> → 반복적으로 보이는 키워드의 기사를 읽어보면 회사가 어떤 것을 중요하게 여기고 있고, 어떤 비즈니스 방향을 향해 가고 있는지 알 수 있어요. 또는, 어떤 긍정/부정 이슈가 있는지를 구체적으로 파악할 수 있습니다.
>
> **STEP 3.** 해당 기업이 속한 산업군에 관련된 키워드를 검색합니다. 예를 들어, 항공사에 지원한다면 항공 산업, 항공사 등의 키워드로 검색해 주요 뉴스를 파악해주세요.
> → 지원 기업을 넘어 더 넓은 개념의 산업 트렌드를 파악할 수 있습니다. 여기서 추가로 주요 경쟁사 기업명을 검색해서 뉴스 기사의 헤드라인을 살펴보세요. 이렇게 하면 경쟁사의 이슈를 파악할 수 있음은 물론이고 지원 기업과의 비즈니스 현황도 비교할 수 있게 됩니다.

기업과 관련된 다양한 영상 콘텐츠 살펴보기

현직자 V-log

기업과 관련된 다양한 영상 콘텐츠를 통해 기업 이해도를 높일 수 있는데요. 추천하는 방법으로는 여러분이 지원하고자 하는 기업이나 직무의 현직자가 출연하는 업무 V-log, 특정 기업이나 직무를 설명하는 영상 콘텐츠를 찾아 시청하는 것입니다. 현직자만큼 지원 기업과 직무에 대해 잘 알고 있는 사람은 없기 때문에 출처가 명확한 영상이라는 전제하에 가장 현실적인 정보를 얻을 가능성이 큽니다.

주가 전망 영상

상장 기업의 경우, 유튜브에 기업명을 검색하면 다음과 같이 주식이나 경제 관련 유튜버들이 주가를 전망한 영상들을 볼 수 있는데요. 투자 의견에 대한 영상이긴 하지만 산업 이해도를 갖춘 전문가들이 제작한 콘텐츠인 만큼 최신의 비즈니스 상황, 앞으로의 사업 전망과 같은 인사이트를 폭넓게 얻을 수 있다는 특징이 있습니다.

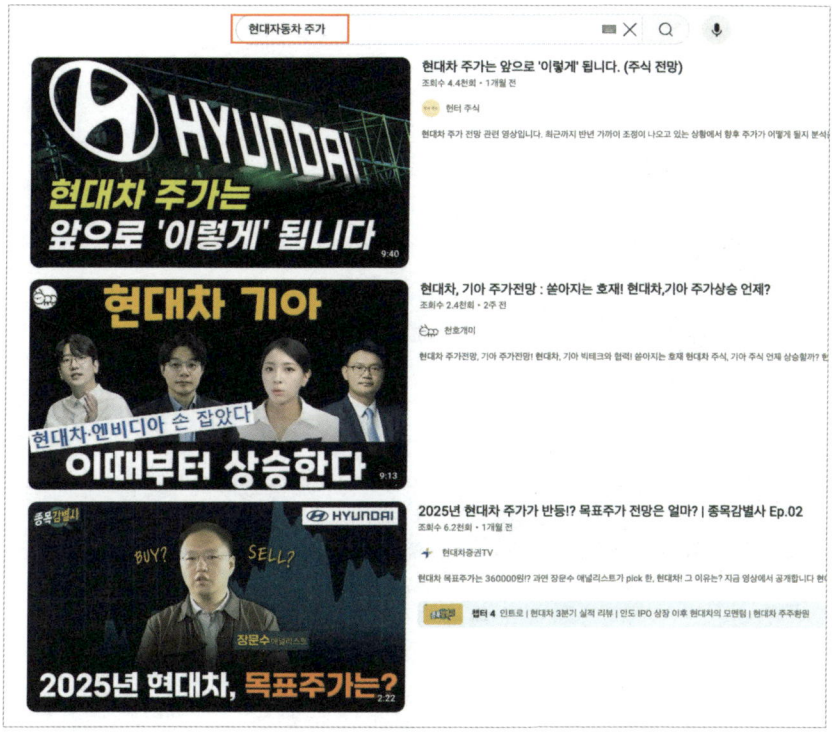

기업 자체 제작 콘텐츠

기업에서 자체 SNS 채널을 개설해 현직자 인터뷰, 채용 설명회와 같은 콘텐츠를 운영하며 취준생들의 이해를 돕는 경우도 있는데요. 기업에서 공식적으로 만든 자료이기 때문에 가장 공신력 있는 정보로 볼 수 있습니다.

다만 취준생이라면 누구나 쉽게 접근할 수 있는 콘텐츠인 만큼, 내 경쟁자들도 자소서나 면접 소재로 활용할 가능성이 큽니다. 즉, 자소서 및 면접 소재로 활용하기엔 차별성이 떨어질 수 있다는 의미이기도 하죠.

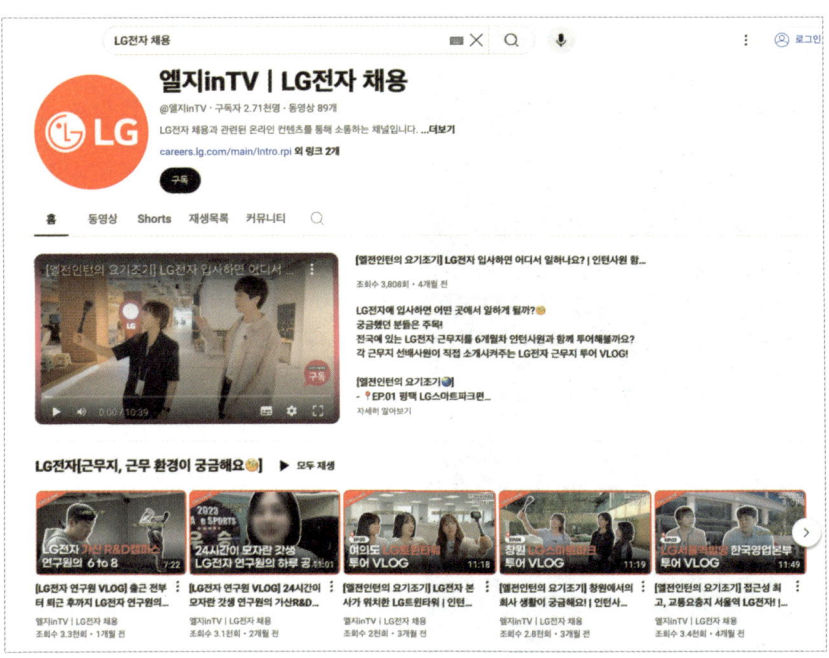

따라서 기업 자체 제작 콘텐츠는 이러한 장단점을 고려해, 유연하게 활용하는 것이 좋습니다.

> 기업 분석을 할 때는 앞서 알려드린 다양한 방법들을 활용하되, 콘텐츠의 생성 주체에 따라 해석의 관점이 다를 수 있는 만큼 밸런스 있는 시각을 유지해 주세요.

CHAPTER 03

공고 분석 템플릿으로 '기업과 나' 연결하기

취업 준비의 핵심은 기업이 원하는 바에 맞게 내가 보유한 역량과 경험을 가공하는 것입니다. 하지만 실제 취준 과정에선 자신이 가진 강점과 경험을 무작정 나열하는 경우가 많은데요. 기업은 무조건 강점과 경험이 많은 사람이 아닌 직무와 조직 문화에 적합한 인재를 선호합니다. 따라서 합격을 위해서는 기업이 원하는 역량을 정확히 파악하고 그에 맞춰 어필하는 것이 중요합니다(참고로 기업이 원하는 구체적인 역량은 여러분이 지원하는 채용 공고에서 확인할 수 있어요).

이번 챕터에선 채용 공고가 중요한 이유부터 이쌤이 직접 만든 '공고 분석 템플릿'을 활용해 기업이 기대하는 역량과 내가 가진 강점을 연결하는 과정을 함께 실습해볼 텐데요. 이를 통해 지원 공고에 대한 전략 방향성을 제대로 세울 수 있을 뿐 아니라, 서류와 면접 전형에서 스스로를 기업 맞춤형 인재로 어필할 수 있게 될 거예요.

채용 공고, 왜 중요할까?

우리가 취업 준비를 할 때 가장 많이 보는 것이 바로 채용 공고입니다. 그럼에도 불구하고 그동안 채용 공고 분석을 대수롭지 않게 생각한 분들도 있을 텐데요. 채용 공고는 그 특성과 활용법을 얼마나 잘 숙지하고 있느냐에 따라 취업 성공률이 확연히 달라질 정도로 취준 과정에서 너무나 중요한 요소입니다.

배우 캐스팅 공고

주연 (2명)

이차혁 역
서글서글한 외모와 반전되는 악역 이미지
액션 신 일부 소화
영어 회화 필수

서지영 역
터프한 성격의 유학파 변호사 역
액션 신 일부 소화
영어 회화 필수

조연 (9명)

김지민 역
우는 연기에 무리가 없는 분(눈물 신 많은 편)
감정이 얼굴에 다 드러나는 배역으로, 표정이 살아 있는 분
높은 층고에서 촬영하는 장면이 많아 고소공포증이 없는 분

한아영 역
차갑고 까칠한 이미지를 가진 분
시즌 1 역할 비중은 적으나, 시리즈 2에서 주연급 역할 예정
영어 회화 필수

이해하기 쉬운 예시를 하나 들어볼까요? 한 액션 영화의 출연진을 캐스팅하기 위한 오디션이 예정되어 있다고 가정해볼게요. 여러분은 배우이고, 주연부터 조연까지 지원해볼 수 있는 배역이 대략 열 가지입니다.

주연 배우는 기본적으로 액션 영화에 대한 이해도와 촬영 경험이 필수이고, 해외 시장을 타깃으로 제작 예정이라 영어 회화가 가능한 사람이라는 조건이 명시되어 있어요. 조연의 경우도 눈물 신을 무리 없이 소화할 수 있어야 하고, 고소공포증이 없어야 하며 영어 회화 능력이 필수라고 되어 있습니다.

여러분이 이 중 하나의 배역에 지원한다고 가정하면 본인 외모의 특징, 자신 있는 연기 분야, 외국어 가능 여부 등을 먼저 고려해보겠죠? 그다음엔 본인이 잘 소화할 수 있으면서도 호기심이 가는 배역으로 지원할 가능성이 가장 높을 것입니다.

이처럼 일반적으로 채용 공고는 기업이 필요로 하는 역량과 기대하는 인재상을 명확히 담고 있어요. 취준 과정에서 채용 공고를 제대로 분석하는 것이야말로 전략적인 취준의 첫걸음입니다.

채용 공고의 3요소 파헤치기

대부분의 채용 공고는 다음의 세 가지 요소를 반드시 가지고 있는데요. 각각의 요소가 의미하는 바와 이를 취업 과정에서 어떻게 활용할 수 있는지 자세히 알아보겠습니다.

예시		
주요 업무	자격 요건	우대 사항
· 해외 신규 시장 개척 · 해외 전시회 참가 · 매출 관리/수출 진행 · 해외 인허가 등록	· 관련 경력 5년 이상 · 영어 커뮤니케이션 능통한 분	· 화장품 및 뷰티 산업에 대한 이해

주요 업무

주요 업무는 해당 직무의 실질적인 역할과 수행하게 되는 실무의 범위를 의미합니다.

이를 통해 지원자는 입사 후 실제로 자신이 어떤 일을 하게 될지, 기업이 어떤 업무에 중점을 두고 있는지 파악할 수 있죠. 뿐만 아니라 입사후 자신의 커리어 패스를 대략적으로 예측해볼 수 있어요.

자격 요건

자격 요건은 기업이 필수적으로 요구하는 자질과 조건으로, 실무 수행 과정에 필요한 학력, 경력, 자격증, 기술 수준 등이 포함됩니다. 서류상에서 나의 경험과 지원 직무를 연결하는 데 기준이 되는 정보이기 때문에 자격 요건에 해당하는 업무나 관련 프로젝트 경험이 있다면 이력서나 자기소개서에 반드시 포함시키는 것이 좋습니다.

한편, 자격 요건을 명시하고 있다는 것은 해당 조건을 충족하지 못할 시 지원할 수 없거나 서류 통과가 어렵다는 의미이기도 합니다. 예를 들어, 앞의 지원 공고 예시에 자격 요건이 '관련 경력 5년 이상'으로 기재되어 있죠? 그런데 지원자의 경력이 3년밖에 안 된다면 지원을 하더라도 합격 가능성이 낮을 것으로 예상할 수 있는 것이죠.

따라서 본인이 가진 역량이 자격 요건에 얼마나 부합하는지를 파악해 지원 기업의 우선순위를 정하는 것도 효율적인 방법이 될 수 있어요.

우대 사항

우대 사항은 자격 요건만큼 필수는 아니지만 '이런 역량을 가진 지원자라면 더 우대한다'라는 의미입니다. 직무 수행에 있어 플러스 요인으로 작용할 수 있는 특정 프로젝트 경험, 기술, 산업 이해도 등이 포함됩니다. 우대 사항에 해당되는 경험이 있을 경우, 서류 및 면접 전형에서 이를 강조하면 상대적으로 가산점을 받을 가능성이 큽니다. 만약 해외 영업 직무에서 우대 사항으로 '일본어 가능자'가 언급되어 있다면 일본어 구사 역량을 이력서와 자소서에 어필해야겠죠?

종종 "우대 사항에 해당되는 내용이 없으면 지원 자체를 못 하나요?"라는 질문을 받는데요. 말 그대로 우대사항이기 때문에 지원 가능 여부와는 상관이 없습니다. 다만, 내 경쟁자들이 해당 역량을 보유하고 있을 경우 가산점이 주어질 가능성이 큽니다.

합격으로 직행하는 채용 공고 분석법(feat. 템플릿)

여러분이 취준 과정에서 더 체계적으로 지원 현황을 관리하고 공고를 효과적으로 활용할 수 있도록 이쌤의 취업 컨설팅 노하우를 가득 담아 만든 '공고 정리 템플릿'을 소개합니다(템플릿 다운로드하는 방법은 10페이지를 참고해주세요). 템플릿은 크게 두 가지 파트로 나누어져 있는데요. 먼저, 지원 예정이거나 이미 지원한 공고를 정리해두는 '공고 정리' 시트, 각 공고의 내용을 분석해 여러분과의 접점을 찾고 정리할 수 있는 '공고 분석' 시트입니다. 그럼 구체적인 활용법에 대해 알아볼까요?

'공고 정리' 시트 활용법

no	회사명	모집분야	채용형태	공고 링크	근무처	마감일자	필수 제출 서류	지원 일자	1차	2차
1	A사	마케팅	신입	링크 입력	강남	9/1	이력서, 자소서	8/30	합격	-
2	B사	기획	신입	링크 입력	판교	9/1	이력서, 자소서, 포트폴리오		준비중	
3										
4										
5										
6										
7										
8										
9										
10										

지원 예정이거나 이미 지원한 공고를 잘 정리해두면 전반적인 지원 현황을 한눈에 파악할 수 있어요. 그뿐 아니라 마감 일정을 참고하며 시간 관리를 효율적으로 할 수 있습니다.

사용 방법은 아주 간단합니다. 회사명부터 모집 분야, 공고 링크, 마감 일자 그리고 제출 서류 등을 기록하면 되는데요. 한 가지 꿀팁은 마감 일자를 오름차순으로 정리해놓는 것입니다. 이렇게 하면 마감이 임박한 순으로 공고를 관리할 수 있어 편리해요.

'공고 분석' 시트 활용법

1 채용 공고의 상세 내용 붙여넣기

공고 분석 시트에서는 지원 공고의 주요 업무, 자격 요건, 우대 사항과 나의 경험 및 역량 사이의 접점을 찾는 작업을 할 수 있습니다.

가장 먼저 지원 예정인 채용 공고의 필수 구성 요소 세 가지(주요 업무, 자격 요건, 우대 사항)를 템플릿 내 공고 분석 시트에 다음 표와 같이 붙여 넣어주세요.

주요 업무	자격 요건	우대 사항
· 인플루언서 마케팅 및 캠페인 운영 전략 수립 · 인플루언서 및 광고주 매니지먼트 업무 · 캠페인 효율화 및 자동화 기획/관리 업무	· 인플루언서 마케팅 업무 경력 보유자 · 업무 범위 및 일정 관리 숙련자 · 인플루언서 마케팅에 대한 이해도가 높은 분 · 소셜미디어 플랫폼(Instagram, YouTube, TikTok 등)에 대한 이해/활용도가 높은 분 · 밝고 긍정적인 성격	· 인플루언서로 활동하는 분 · 디지털 마케팅 프로젝트 운영 또는 AE 경험이 있으신 분 · MCN, 인플루언서 마케팅 회사 등의 경력을 갖고 계시거나, 네트워크를 구축하고 계신 분 · 스타트업에 대한 정확한 이해 · 영어 혹은 일본어 능통자

2 보유 역량과 미 보유 역량 구분하기

자격 요건 및 우대 사항 가운데 여러분에게 해당되는 내용, 보유하고 있는 역량은 다음과 같이 원하는 컬러로 색칠해주세요. 여기서 색칠된 경험이나 역량이 의미하는 바는 여러분의 강점이자 자소서에 녹여야 될 핵심 키워드입니다.

주요 업무	자격 요건	우대 사항
· 인플루언서 마케팅 및 캠페인 운영 전략 수립 · 인플루언서 및 광고주 매니지먼트 업무 · 캠페인 효율화 및 자동화 기획/관리 업무	· 인플루언서 마케팅 업무 경력 보유자 · 업무 범위 및 일정 관리 숙련자 · 인플루언서 마케팅에 대한 이해도가 높은 분 · 소셜미디어 플랫폼(Instagram, YouTube, TikTok 등)에 대한 이해/활용도가 높은 분 · 밝고 긍정적인 성격	· 인플루언서로 활동하는 분 · 디지털 마케팅 프로젝트 운영 또는 AE 경험이 있으신 분 · MCN, 인플루언서 마케팅 회사 등의 경력을 갖고 계시거나, 네트워크를 구축하고 계신 분 · 스타트업에 대한 정확한 이해 · 영어 혹은 일본어 능통자

그다음엔 반대로 내가 가지고 있지 않은 경험, 약점이 될 수 있는 역량 키워드는 처음 색칠한 것과 대비되는 색으로 칠해보세요. 그럼 내가 가진 강점과 약점을 한눈에 파악할 수 있어 수많은 공고 사이에서 지원할 공고의 우선순위를 정할 수 있습니다. 이로써 합격하기 위한 필승 전략을 더 구체적으로 짜볼 수 있게 되는 것이죠.

주요 업무	자격 요건	우대 사항
· 인플루언서 마케팅 및 캠페인 운영 전략 수립 · 인플루언서 및 광고주 매니지먼트 업무 · 캠페인 효율화 및 자동화 기획/관리 업무	· 인플루언서 마케팅 업무 경력 보유자 · 업무 범위 및 일정 관리 숙련자 · 인플루언서 마케팅에 대한 이해도가 높은 분 · 소셜미디어 플랫폼(Instagram, YouTube, TikTok 등)에 대한 이해/활용도가 높은 분 · 밝고 긍정적인 성격	· 인플루언서로 활동하는 분 · 디지털 마케팅 프로젝트 운영 또는 AE 경험이 있으신 분 · MCN, 인플루언서 마케팅 회사 등의 경력을 갖고 계시거나, 네트워크를 구축하고 계신 분 · 스타트업에 대한 정확한 이해 · 영어 혹은 일본어 능통자

취업 컨설팅을 진행하다 보면 공고에서 요구하는 역량을 충분히 보유하고 있음에도 실제 제출한 서류엔 해당 내용을 충분히 녹여내지 않아 불합격하는 경우를 자주 목격하곤 하는데요. 이는 상대에게 본인의 마음을 숨긴 뒤 내 마음을 몰라준다고 속상해하는 것과도 같습니다. 기업은 '나'라는 지원자를 서류에 써 있는 그대로 파악하기 때문입니다. 역량이 아무리 뛰어나더라도 서류에 제대로 녹이지 않으면 서류상 나의 역량은 0으로 보일 수 있다는 의미죠. 제가 공고 정리 템플릿을 만든 이유 역시, 역량을 충분히 보유하고 있음에도 불구하고 서류에 녹이지 않는 실수를 막기 위함이었어요.

따라서 공고에 기재되어 있는 역량과 여러분의 보유 역량 사이에 접점이 있다면 이력서, 경력기술서, 자기소개서, 포트폴리오 중 하나에는 반드시 반영해주세요. 그래야만 채용 담당자가 여러분을 더 정확히 평가할 수 있습니다.

3 보유 역량에 대한 상세 경험 작성하기

이제 나에게 해당되는 경험과 역량 소재를 기록할 차례입니다. 다음 표를 살펴볼까요? 앞서 자격 요건 가운데 스스로가 보유한 경험과 역량을 주황색으로 색칠해보았는데요. 바로 다음 페이지에서 제시하는 [내 관련 경험/스킬/지식] 셀에 여러분의 보유 역량을 대표할 수 있는 소재를 작성하면 됩니다. 여기까지 정리를 해두면 각 공고에서 어떤 경험과 역량을 강조해야 유리할지 빠른 판단을 내릴 수 있습니다.

자격 요건	내 관련 경험/스킬/지식
· 인플루언서 마케팅 업무 경력 보유자 · 업무 범위 및 일정 관리 숙련자 · 인플루언서 마케팅에 대한 이해도가 높은 분 · 소셜미디어 플랫폼(Instagram, YouTube, TikTok 등)에 대한 이해/활용도가 높은 분 · 밝고 긍정적인 성격	· 소셜 미디어 운영 중(Instagram, TikTok) · 일정 관리에 자신 있음 · 밝고 긍정적인 성향(동아리, 학회 활동)

이 방법을 추천하는 이유는 직접 공고를 색칠하고 관련 경험을 기록해봄으로써 공고별로 여러분이 어필해야 하는 소재를 인지할 수 있기 때문이에요. 보통 자소서를 쓸 때 시간을 절약하기 위해 지원 기업마다 동일한 소재를 복붙하는 경우가 많은데요. 같은 직무라도 기업마다 담당하게 될 업무 및 요구하는 역량도 조금씩 다르기 때문에 획일화된 소재보다는 지원 기업이 관심을 가질 만한 맞춤형 소재를 선별하는 것이 훨씬 유리합니다.

④ 공고 분석 내용 기반으로 서류 작성하기

공고 분석을 통해 파악한 보유 경험, 스킬의 경우 서류 중 어딘가엔 반드시 포함되어야 한다고 말씀드렸는데요. 여러분에게 해당되는 자격 사항을 서류에 제대로 녹였는지 파악하는 방법은 색칠한 보유 역량으로 다음과 같이 체크리스트를 만드는 것입니다.

그리고 서류를 작성하기 전, 이와 같이 정리한 체크리스트를 보면서 이력서에 넣을 수 있는 내용(ex : 영어 혹은 일본어 점수)과 자소서에 활용할 수 있는 소재들을 미리 배분해보세요. 단, 해당되는 모든 내용을 서류에

예시

주요 업무	자격 요건	우대 사항
· 인플루언서 마케팅 및 캠페인 운영 전략 수립 · 인플루언서 및 광고주 매니지먼트 업무 · 캠페인 효율화 및 자동화 기획/관리 업무	· 인플루언서 마케팅 업무 경력 보유자 · 업무 범위 및 일정 관리 숙련자 · 인플루언서 마케팅에 대한 이해도가 높은 분 · 소셜미디어 플랫폼(Instagram, YouTube, TikTok 등)에 대한 이해/활용도가 높은 분 · 밝고 긍정적인 성격	· 인플루언서로 활동하는 분 · 디지털 마케팅 프로젝트 운영 또는 AE 경험이 있으신 분 · MCN, 인플루언서 마케팅 회사 등의 경력을 갖고 계시거나, 네트워크를 구축하고 계신 분 · 스타트업에 대한 정확한 이해 · 영어 혹은 일본어 능통자

[서류 체크리스트]
☐ 업무 범위 및 일정 관리 숙련자
☐ 소셜미디어 플랫폼(Instagram, YouTube, TikTok 등)에 대한 이해/활용도가 높은 분
☐ 밝고 긍정적인 성격
☐ 디지털 마케팅 프로젝트 운영 또는 AE 경험이 있으신 분
☐ 스타트업에 대한 정확한 이해
☐ 영어 혹은 일본어 능통자

다 담으려고 하다 보면 오히려 뾰족한 강점을 어필하기가 어려워질 수 있어요. 이럴 땐 다음 예시와 같이 우선순위를 정한 다음, 중요하지 않은 경험과 스킬을 과감히 제외하거나 유사한 역량의 경우 상위 개념으로 그룹핑해보기를 추천합니다.

> **예시**
>
> **[서류 체크리스트]**
> ☐ 디지털 마케팅 프로젝트 운영 또는 AE 경험이 있으신 분 → 핵심 강점(상위 개념)으로 어필
>   → 구체 사례 : 소셜미디어 플랫폼(Instagram, YouTube, TikTok 등)에 대한 이해/활용도가 높은 분
> ☐ 영어 혹은 일본어 능통자 → 이력서에 점수 입력
> ☐ 스타트업에 대한 정확한 이해 → 자기소개서 지원 동기에 활용
> ☐ 밝고 긍정적인 성격 → 자기소개서 성격 장점 키워드로 활용
> ☐ 업무 범위 및 일정 관리 숙련자 → 우선순위상 제외, 대신 기회되면 면접에서 어필

서류를 모두 작성한 후에는 체크리스트를 다시 한번 점검하며 내가 가지고 있는 역량이 서류에 충분히 반영되었는지 확인해주세요. 처음에는 시간이 조금 걸릴 수 있지만, 시간을 투자하는 만큼 합격 소식은 분명 더 빨라질 거예요.

채용 공고를 활용한 네 가지 면접 팁

채용 공고를 꼼꼼히 살필수록 면접 전형에서 명확한 답변 방향성을 설정할 수 있는데요. 지금부터 자신을 공고 맞춤형 인재로 포지셔닝할 수 있는 네 가지 팁을 알려드릴게요.

1. 채용 공고를 기반으로 예상 질문 준비하기

채용 공고의 주요 업무와 자격 요건은 지원자의 역량을 검증하는 과정

에서 질문으로 나올 가능성이 큽니다. 따라서 면접을 앞두고 있다면 반드시 채용 공고를 기반으로 예상 질문을 준비하고 답변을 대비해야 합니다. 가장 쉬운 방법은 채용 공고에 나와 있는 내용들을 모두 질문으로 바꿔 답변을 연습해보는 것인데요. 쉽게 이해할 수 있도록, 실제 채용 공고 기반으로 예시를 보여드릴게요.

예시

주요 업무
- 해외 신규시장 개척 → "기존에 있던 시장 말고, 신규 시장을 개척해본 경험 있으세요?"
- 해외 전시회 참가 → "해외 전시회 참여해본 적 있어요?", "어떤 성과가 있었나요?"
- 매출 관리/수출 진행 → "매출 관리할 때 가장 어려웠던 게 뭐였나요?", "수출 프로세스에 대해 간략히 요약해 설명해주세요."
- 해외 인허가 등록 → "해외 인허가 등록 경험 있어요?", "어떤 국가였고, 어떤 점이 가장 까다롭던가요?"

자격 요건
- 관련 경력 5년 이상 → "관련 경력에 대해 간략히 요약 설명해주세요."
- 영어 커뮤니케이션 능통한 분 → "영어 회화 실력은 어떤 편이세요?", "방금 했던 말을 영어로 해주실 수 있나요?", "영어로 자기소개 해주세요."

우대 사항
- 화장품 및 뷰티 산업에 대한 이해 → "최근 뷰티 산업의 트렌드가 뭐라고 생각하세요?", "앞으로 뷰티 산업에서 중요해질 시장이 어디라고 생각하세요?"

주요 업무, 자격 요건, 우대 사항에 적혀있던 내용들이 이를 검증할 수 있는 질문으로 바뀐 것을 볼 수 있죠. 여러분도 면접이 잡히면 이 방법으로 예상 질문을 만들어 답변을 꼭 연습해주세요.

2. 우대 사항으로 차별화 포인트 찾기

우대 사항은 필수 요건은 아니지만 추가 점수를 받을 수 있는 중요한 요소인데요. 경력이나 경험 중 해당 사항이 있다면 강조하는 것이 무조건 유리합니다. 특히 우대 사항은 이를 가지고 있는 지원자가 소수일 가능성이 있기 때문에 차별화 요소로도 충분히 활용할 수 있습니다. 예를 들어 '영어 능통자 우대'라는 우대 조건이 있다면 면접 시 실무에서 영어를 활용하고 있는 사례나 해외 거주 경험 등을 구체적으로 어필하는 것이죠.

3. 핵심 키워드를 활용해 답변 구성하기

채용 공고 페이지에 반복되는 키워드가 있다면 기업이 특히나 중요하게 여기는 역량이나 핵심 가치, 문화일 수 있습니다. 따라서 면접 답변을 구상할 때는 해당 키워드를 어필할 수 있는 경험과 역량을 우선적으로 고려해보면 좋습니다.

지원하고자 하는 공고에 '팀워크'와 '데이터 활용 역량'이 자주 등장한다고 가정해볼게요. 면접에서 해당 키워드를 중심으로 데이터를 활용해 업무를 수행한 경험, 팀과 함께 프로젝트를 수행하며 더 좋은 성과를 냈던 사례, 팀원들과 조화롭게 일하는 팀 플레이어로서 본인의 태도 등을 어필할 수 있겠죠. 이렇게 하면 채용 담당자에게 그들이 원하는 인재상에 부합하는 지원자라는 인상을 심어줄 수 있습니다.

4. 예상되는 공격 대비하기

공고를 기반으로 본인의 약점을 미리 파악해두면 면접에서 공격적인 질문이 나왔을 때 훨씬 침착하게 대응할 수 있습니다. 자격 요건에 'CRM 도구 사용 경험'이 있지만 여러분에겐 해당 사항이 없다고 가정해볼게요. 그렇다면 이는 면접에서 우리의 약점이자 공격 요소가 될 가능성이 큽니다. 이럴 땐 CRM의 기본 개념과 주요 도구들을 간단히 숙지함으로써, 아예 모른다고 답변하는 최악의 상황을 면할 수 있게 되는 것이죠.

이처럼 공고 내용은 다양한 방법으로 변형되어 면접 질문으로 나올 수 있습니다. 면접 전 철저하게 공고를 분석해서 예상 질문에 대한 답변을 미리 준비해주세요.

PART 03

한 번 익히면 평생 써먹는, 취업 서류의 특징과 작성법

CHAPTER 01. 잘 갖춰진 취업 서류가 중요한 이유
CHAPTER 02. 이력서 : 이력 전반을 요약하는 서류
CHAPTER 03. 경력기술서 : 실무 역량을 증명하는 서류
CHAPTER 04. 자기소개서 :
　　　　　　보유 경험을 스토리로 풀어낸 서류
CHAPTER 05. 포트폴리오 :
　　　　　　주요 업무 이력을 시각화한 서류

CHAPTER 01

잘 갖춰진 취업 서류가 중요한 이유

"보기 좋은 떡이 먹기도 좋다."라는 말이 있죠. 여러분도 마트에 가서 식료품을 고르거나 외식할 식당을 고를 때 기본적으로 외형이 깨끗하고 신선해 보이는 것에 자연스레 눈이 더 가지 않나요? 저는 취업 서류가 이와 똑같다고 생각해요. 딱 봤을 때 잘 갖춰진, 즉 깔끔하고 가독성이 좋은 서류를 봤을 때 지원자에 대한 첫인상이 좋아질 뿐 아니라 이력에 대한 평가가 훨씬 수월해질 수 있습니다.

제가 컨설팅을 맡았던 취준생 A와 취준생 B의 사례를 한번 볼까요? 두 취준생은 과거 재직했던 기업의 규모와 보유 역량이 거의 비슷했어요. 이 중 B는 계속해서 서류에 불합격해서 저를 찾아왔고, A는 괜찮은 기업들에 계속 합격하고 있지만 본인이 갈 수 있는 가장 좋은 기업에 입사하고 싶다며 컨설팅 문의를 해왔죠.

이 둘의 가장 큰 차이는 뭐였을까요? 바로 서류의 완성도였습니다. 취준생 A는 커리어를 쌓으면서도 취업에 필요한 서류 관리에 많은 시간과 노력을 쏟았지만, 취준생 B의 경우에는 경력직임에도 불구하고 신입 때 썼던 서류 템플릿과 내용을 비슷하게 유지하고 있었어요.

이처럼 수많은 취준생들의 컨설팅을 진행하다 보면 계속해서 불합격하던 수강생이 서류를 전반적으로 보완한 후 합격률이 급상승하는 경우가 있는데요. 이런 케이스를 보면서, 경력이 아무리 좋아도 서류에 그 내용들이 잘 반영되어 있지 않다면 합격이 어려울 수도 있다는 것을 다시 한 번 깨닫습니다.

잘 갖춰진 서류의 장점

그렇다면 여러분이 명확한 동기 부여를 가지고 서류 전형을 준비할 수 있도록, 잘 갖춰진 서류가 우리에게 주는 이점들을 알려드릴게요.

단정한 첫인상 남기기

"첫인상은 3초 만에 결정된다."라는 말이 있잖아요. 기업 입장에서 서류 전형은 여러분을 평가하는 첫 단계인 만큼 잘 써진 이력서와 자기소개서는 채용 담당자에게 긍정적인 첫인상을 남길 수 있습니다. 수많은 서류를 동시에 검토해야 하는 채용 담당자 입장에선 많은 지원자 가운데 눈에 띄는 서류가 반갑게 느껴질 수밖에 없죠.

경쟁 우위 점하기

잘 작성된 서류란 전달하고자 하는 내용이 누구나 읽기 쉽도록 일목요연하게 정리된 것을 의미합니다. 이는 채용 담당자가 빠르고 정확하게 정보를 이해할 수 있도록 도울 뿐 아니라 전반적인 서류 검토 시간을 단축시킵니다. 만약 지원하는 직무와 연관성이 있는 강점과 주요 성과를 통해 직무 적합성을 잘 드러낸다면, 채용 담당자가 공고에 적합한 후보자라고 판단할 가능성이 크겠죠? 즉, 잘 작성된 서류는 수많은 지원자 사이에서 경쟁 우위를 확보하는 데 큰 강점이 됩니다.

취준 자신감 더하기

잘 갖춰진 서류는 자신감을 가지고 취업을 준비할 수 있는 강력한 원동력이 되어줍니다. 반대로, 본인의 서류에 자신감이 없을 때 불합격의 원인을 자신의 역량 탓으로 돌리며 자존감에 큰 타격을 입기도 합니다. 따라서 취업 준비 과정에서 자신감을 높이고 싶다면 가장 먼저 서류의 완성도를 높여볼 것을 추천합니다.

CHAPTER 02

이력서 : 이력 전반을 요약하는 서류

이력서는 지원자의 학력, 경력, 보유 기술, 이수 교육, 자격 사항 등을 한두 장 분량으로 요약한 서류입니다. 지원자의 자격과 능력을 간결하게 표현함으로써 채용 담당자가 짧은 시간 안에 해당 직무에 적합한지 평가할 수 있도록 돕는다는 특징이 있습니다. 채용 담당자는 이력서를 통해 지원자의 직무 관련 경험과 보유 역량 등을 일차적으로 파악한 후, 적합한 지원자라 판단될 경우 경력기술서, 자소서, 포트폴리오와 같은 추가 서류를 검토하게 됩니다.

이력서 작성 시 흔히 하는 실수 네 가지

이력서는 간단한 서류같아 보이지만, 의외로 다양한 실수들이 나오는 서류이기도 합니다. 이력서 첨삭 과정에서 빈번하게 발견되는 실수와 이를 개선하는 방법을 하나씩 살펴보겠습니다.

1. 지나치게 구체적인 개인 정보

첫 번째는 지나치게 구체적인 개인 정보를 기재하는 것입니다. 많은 취준생이 온라인 상에서 이력서 템플릿을 다운받아 사용하는데 그중에는 굉장히 오래된 버전도 있기 때문에 유의해야 합니다. 특히 이력서에 주민등록번호, 부모님의 나이와 직업, 동호수까지의 디테일한 주소는 민감한 개인 정보로, 최근 잘 쓰지 않는 추세입니다. 또한, 현재 연봉과 희망 연봉의 경우에도 기업에서 별도로 요청하지 않는 이상 기재하지 않아도 되니 이력서 작성 시 참고해주세요.

2. 지원 직무와 관련 없는 경험

다음으로는 지원 직무와 관련 없는 경험을 모두 기재하는 것입니다. 하나의 예시로, 이력서에 떡볶이, 치킨집, 서점 등 17개의 아르바이트 경험이 모두 기재된 것을 본 적이 있는데요. 지원 직무와 관련없는 경험이 지나치게 많을 경우, 오히려 평가를 방해하는 요소가 될 수 있어 유의해야 합니다.

쉬운 예시를 하나 들어볼게요. 먼저 여러분이 떡볶이를 먹으러 갈 예정이라 가정해볼게요. 옵션 가운데는 떡볶이 전문점이 있고, 50개의 메뉴 중 하나가 떡볶이인 분식점이 있어요. 여러분의 선택은 둘 중 어디이고, 그 이유는 무엇인가요?

먼저 메뉴가 50개인 분식점은 대표 메뉴를 예측하기 어렵고, 맛에 대한 기대감이 상대적으로 적겠죠. 하지만 딱 세 개의 메뉴만 파는 분식집을 떠올리면 어떤가요? 가장 자신 있는 세 개의 메뉴에 집중했구나라는 신뢰감이 듭니다.

이력서를 작성하는 전략도 이와 비슷한데요. 지원 직무와 관련 있는 경험들 위주로 기재하고, 그 외 여러분을 평가하는 데 큰 영향이 없는 부가적인 경험들은 걷어내주세요. 그러면 여러분이 이력서에서 강조하고 싶은 내용이 훨씬 돋보이게 될 거예요.

3. 이력 배치 순서

이력서에서 경험 배치 순서는 일반적으로 최근 경력부터 역순으로 작성하는 것이 기본입니다. 역연대기 순으로 작성해야 하는 이유는 채용 담당자가 가장 최신 경력과 가장 관련성 있는 경험을 먼저 볼 수 있도록 배려하기 위함인데요. 가장 최신 경험일수록 직무와 관련성이 높을 가능성이 크고, 지원자의 역량이 가장 잘 반영되어 있을 확률이 높기 때문입니다. 반면, 오래된 경력일수록 직무와의 연관성이 낮아질 수 있으므로 전략적 측면에서도 뒤로 배치하는 것이 효과적입니다.

다만, 이때도 예외는 있습니다. 만약 오래된 경력 중에서도 특정 직무와 관련성이 높은 경험이 있다면 '관련 경험' 섹션을 만들어 상위에 배치할 수도 있습니다. 하지만 기본적으로는 역순으로 나열하는 것이 일반적인 원칙이라는 것을 기억해주세요.

4. 트렌드에 맞지 않는 오래된 서류 양식

서류 컨설팅을 하다 보면 10년도 더 된 이력서 양식을 사용하는 취준생들을 종종 만나게 되는데요. 서류 평가 단계에서 이력서는 우리의 얼굴, 즉 첫인상과도 같습니다. 10년 전에 만들어진 이력서 템플릿을 사용하는 것과 최근 트렌드가 반영된 서류 템플릿을 사용하는 것은 엄연히 다를 수밖에 없죠.

서류 양식의 트렌드는 계속해서 변화합니다. 이전에는 이력서 내 사진 첨부가 필수였다면, 최근에는 사진을 넣지 않는 추세로 변하고 있는 것이 그 예입니다. 또한 과거 이력서에 자주 보였던 가족 관계 정보 역시 최근엔 거의 입력하지 않습니다.

따라서 적어도 3~5년마다, 최신성이 반영된 이력서 양식으로의 주기적인 업데이트를 해주는 것이 좋습니다.

취업왕

abcde12345@abc.com
000-0000-000

핵심 이력 및 강점

- 지난 6년 동안 스타트업 마케터로 근무하며 쌓아온 마케팅 직무 전문성
- 콘텐츠 기획, SNS 운영, 광고 기획 및 운영, 시즈널 프로모션 등 폭넓은 마케팅 실무 경험
- 1,500명 규모의 VIP 고객 오프라인 행사 단일 담당자로, 기획부터 운영까지 성공적으로 진행
- 꾸준한 운동으로 길러온 강한 체력과 정신력으로, 매사 긍정적이고 에너지 넘치는 성향

학력 사항

2053.03 – 2058.02 한국대학교, 경영학과 / 복수전공: 광고홍보학
2054.03 - 2055.02 미국 ABC University 경영대학 교환학생

경력 사항 (총 6년)

가나다회사 기획팀 대리 (2019.02~현재)
-자사 공식몰, SNS 채널 콘텐츠 기획 총괄
-광고 소재 기획 및 운영
-시즈널 프로모션 기획 및 운영
-연간 VIP 고객 초청 행사 총괄

자격 사항 / 보유 스킬

- 비즈니스 영작, 회화 가능 / 토익 890 (2022.08) / OPIC IH (2022.09)
- MS Office Excel, Word, Power point 활용 역량 상급
- 디자인 툴 (포토샵, 일러스트) 사용 가능
- Notion, Slack 활용 가능

수상 경력

- 한국대학교 경영학과 성적 우수 장학생 3회
- 교내 기업 연계 공모전 / 최우수상 수상

기타 활동

2055.01 ABC기업 대학생 마케터 대외활동 / 우수 활동팀 수상
2054.08 A사 '72시간 완성! 온라인 마케터 과정' 수료
2054.03 현직자에게 직접 배우는 4주 완성 커리어 부트 캠프 참여

포트폴리오 / SNS 채널

- 노션 포트폴리오: abcdefg.com
- 개인 블로그 운영: abcdefg.com

이쌤의 이력서 템플릿 다운로드하는 방법은 10페이지를 참고해주세요.

합격률 높이는 이력서 작성 꿀팁

이력서는 채용 과정에서 지원자의 첫인상을 결정짓고 역량을 파악하는 데 중요한 역할을 하는 서류입니다. 잘 작성된 이력서는 채용 담당자에게 나의 역량과 경험을 효과적으로 전달하며, 면접 기회를 얻는 데 결정적 역할을 하기도 합니다. 그럼 지금부터 서류 전형 합격률을 높이는 이력서 작성 꿀팁에 대해 알아보겠습니다.

직관적이고 간결한 문체 사용하기

이력서는 채용 담당자가 짧은 시간 안에 지원자의 주요 역량과 자격을 파악하는 서류입니다. 따라서 복잡한 문장형 글보다는 간결하고 직관적 문구가 더 선호됩니다. 특히, 불필요한 정보나 지나치게 장황한 설명은 피하고, 핵심 정보만 명확히 전달하는 것이 좋습니다. 예시로 담당 업무에 "콘텐츠를 작성하고 배포하는 업무를 담당했습니다."보다는 "콘텐츠 작성 및 배포"와 같이 간결한 문체로 작성할 것을 권장합니다.

직무 맞춤형 이력서 작성하기

종종 두 개 이상의 직무에 지원하는 경우가 있는데요. 이런 경우 동일한 이력서를 사용하기보다는, 지원하는 직무에 따라 맞춤형으로 작성하는 것을 추천합니다. 그 이유는 직무마다 중요하게 보는 역량이 서로 다른 경우가 많은데, 여러분이 가지고 있는 전체 경험 가운데 A 직무와 더 관련이 있는 경험, 스킬이 있을 것이고 반대로 B 직무와 더 밀접한 경험과 스킬이 있을 것이기 때문입니다. 번거롭더라도 직무와 관련된 경험, 성과, 기술 등이 강조된 이력서를 각각 만들어두면, 여러분의 강점을 훨씬 뾰족하게 어필할 수 있을 거예요.

깔끔한 디자인으로 정리하기

이력서의 핵심은 '가독성'이라 해도 과언이 아닐 정도로 깔끔하고 정돈된 레이아웃을 갖추어야 합니다. 지나치게 화려한 디자인이나 컬러는 역효과를 줄 수 있어요. 이력서에서 좋은 디자인이란 미적 요소가 들어간 것이 아닌, 지원자의 이력을 평가함에 있어 방해되는 요소들이 없는 깔끔한 레이아웃을 의미합니다. 107페이지의 이력서 예시를 참고해주세요.

최신 상태 업데이트하기

이력서는 최신성을 유지하는 것이 중요합니다. 특히, 사람인이나 잡코리아와 같은 채용 플랫폼에 이력서를 올려놓았다면 가까운 주기로 이력서를 업데이트하는 것이 좋습니다. 간혹 과거의 이력 사항은 잘 들어가 있지만, 업데이트를 안 해서 최신 경험이 누락되어 있는 경우를 보는데요. 채용 담당자는 여러분의 경험과 역량을 평가할 때 가장 최근의 경험을 우선적으로 고려하기 때문에 최근 이력일수록 빠짐없이 작성해주세요.

Q 정규직으로 2개월 정도 일하다 퇴사했는데 이력서에 기재해도 될까요?

A 자의로 퇴사한 경우라면 해당 경력을 기재하는 것이 득이 될지 실이 될지 신중히 고려해봐야 하는데요. 짧은 기간이지만 그동안 기른 역량이나 배운 점이 명확해 안 쓰자니 아쉬운 상황이라면 이력서에 포함하는 것을 추천합니다. 특히, 해당 경력을 제외했을 때 공백 기간이 지나치게 길어지는 경우에도 넣는 것을 권장합니다.

반대로, 해당 경험이 커리어적으로 큰 도움이 되지 않았거나 퇴사 이유가 부정적인 상황이라면 이력서에는 생략하는 것이 나을 수 있습니다. 짧은 재직 기간이 서류 전형에서 마이너스될 수 있을 뿐 아니라, 면접 전형에서도 불편한 꼬리 질문들을 받게 될 가능성이 크기 때문입니다.

Q 관련 없는 경험을 빼다 보니 남는 게 없는데 어떻게 해야 할까요?

A 이력서에 직무와 관련 없는 경험을 지나치게 많이 작성하는 것은 지양해야 하지만, 상황에 따라 예외가 있을 수 있습니다. 신입 지원자의 경우 경력직에 비해 이력서상에 보여줄 수 있는 이력이 한정되어 있기 마련이죠. 이럴 때는 직무와 직접적인 관련이 없더라도 학창 시절에 참여했던 다양한 활동과 경험은 이력서에 포함하는 것이 좋습니다.

반면, 경력직의 경우에는 관련 없는 경험을 나열하는 것이 오히려 전문성 어필에 방해가 될 수 있습니다. 가능한 한 직무와 관련된 경력 내용 위주로 이력서를 구성하는 것을 추천합니다.

CHAPTER 03

경력기술서 : 실무 역량을 증명하는 서류

이력서가 지원자의 학력부터 자격 사항까지 전반적인 이력을 한눈에 볼 수 있도록 정리한 한 장 짜리 문서라면, 경력증명서는 경력 기반의 실무 역량을 구체적으로 기술하는 서류입니다.

채용 담당자는 경력기술서를 통해 지원자의 경력 사항, 프로젝트에서 맡았던 역할, 담당한 업무, 발휘한 스킬, 성과 등을 다각도로 파악하게 되며, 동시에 서류 전형의 당락을 결정하는 중요한 평가 요소이기도 합니다.

경력기술서의 기본 구성 요소

다음은 경력기술서의 기본 형식 예시인데요. 루틴한 업무나 프로젝트를 구체적으로 작성할 때 활용되며, 간략한 설명부터 기간, 담당 업무, 성과, 기여도 등으로 구성되어 있는 것을 볼 수 있어요. 참고로, 특정 공고에 지원할 때 경력사항을 적으라는 요청이 있다면 경력기술서와 동일하게 아래의 형식을 활용하면 됩니다.

> **예시**
> - 업무/프로젝트 명 :
> - 기간 :
> - 설명 :
> - 담당 업무 :
>   1)
>   2)
>   3)
> - 주요 성과 :
>   1)
>   2)
>   3)
> - 기여도 (생략 가능) : 주로 %로 표현 ex) 80%

경력기술서 실제 작성 예시

다음은 경력기술서 예시인데요. 업무 내용을 기술할 때, 서술어를 포함한 문장 단위로 작성하지 않고 단어 위주로 작성한다는 것을 알 수 있을 거예요. 참고 링크가 없다면 생략 가능하며 기여도의 경우 참여도로 바꿔 작성할 수 있어요. 이력서와 동일하게, 최근 근무 기업 및 경력 순서로 작성하는 것이 일반적입니다.

경력기술서

전체 경력 요약

- 총 6년 동안 스타트업 마케터로 근무하며 쌓아온 마케팅 직무 전문성
- 콘텐츠 기획, SNS 운영, 광고 기획 및 운영, 시즈널 프로모션 등 폭넓은 마케팅 실무 경험
- 500명 규모의 VIP 고객 오프라인 행사 총괄 담당자로, 기획부터 운영까지 성공적으로 진행

ABC 기업 2024.03~현재 / 마케팅팀 매니저

[경력 요약]
- 자사 SNS 채널 총괄 담당자로서, 콘텐츠 기획부터 성과 모니터링 전반 담당
- VIP 초청 오프라인 행사 총괄 담당

[주요 업무 및 성과]
1. 자사 SNS 채널 관리
   - 업무 설명: 자사 유튜브, 인스타그램, 틱톡 채널 관리자로, 콘텐츠 기획부터 성과 관리까지 폭넓게 담당
   - 기간: 2024.03~현재
   - 담당 업무:
     1) 유튜브: 주 1회 인플루언서 협찬 콘텐츠 운영 (섭외, 비용 관리 포함)
     2) 인스타그램: 주 3회 제품 홍보, 정보성, 브랜딩 목적의 콘텐츠 운영
     3) 틱톡: 주 1회 브랜드 앰버서더와의 협업을 통해 챌린지 콘텐츠 운영
     4) 주간 단위로 콘텐츠 성과 모니터링 및 매 주 회고 세션 진행
   - 주요 성과:
     1) 유튜브 콘텐츠 평균 조회수 30만+, 팔로워 증가율 월 평균 10%+
     2) 인스타그램 공구 첫 시도로, 매출 3,000만원 달성
     3) 24년도 3월 틱톡 채널 신설 이후, 6개월 만에 팔로워 7만 달성
   - 기여도: 60%

2. VIP 고객 초청 행사
   - 업무 설명: 연 2회 진행하는 VIP 고객 초청 행사로, 오프라인 공간에 고객 약 500여명을 초대해 브랜드 경험 제공 및 다채로운 이벤트 진행
   - 담당 업무:
     1) 초청 VIP 고객 선정 (직전 해 매출 기반) 및 초대장 발송
     2) 행사 프로그램 상세 기획 (브랜드 경험, 이벤트, 초청 공연 등)

이쌤의 경력기술서 템플릿 다운로드하는 방법은 10페이지를 참고해주세요.

경력기술서 작성 시 유의 사항

채용 담당자는 이력서 검토 단계에서 여러분의 전반적인 이력이 지원 공고에 적합하다고 판단되면 다음 순서로 경력기술서를 검토합니다. 이 단계에서는 여러분의 역량을 보다 꼼꼼하게 검증하며 면접 진행 여부를 결정하게 되죠. 특히, 3년 차 이상의 경력직 지원자는 서류 전형에서 자소서보다 경력기술서가 더 중요한 평가 기준으로 작용할 수 있습니다. 그럼 지금부터 경력기술서 작성 시 유의해야 할 사항에 대해 알아볼까요?

지원 공고와 연관성 있는 경험 강조하기

경력기술서는 지원 기업에서 요구하는 실무 역량을 보유하고 있음을 증명하는 서류입니다. 따라서 지원하는 직무와 관련 있는 업무 경험과 역량을 중심으로 작성하는 것이 중요한데요. 여러분이 가진 모든 경력을 무조건 나열하기보다는 지원 포지션에서 요구하는 경력 가운데 나와 접점이 있는 것의 우선순위를 설정한 후 배치하는 것이 좋습니다. 또한, 채용 공고에서 자주 언급되고 있거나 핵심으로 보이는 역량 키워드를 최대한 유사하게 활용한다면 기업의 자체 필터링 시스템이나 채용 담당자의 평가 과정에서 더 유리한 점수를 받을 가능성이 큽니다.

구체적인 역할, 성과, 기여도 제시하기

경력 기술서에는 하나의 프로젝트나 루틴한 업무 내에서 본인이 맡은 역할을 구체적으로 보여줘야 합니다. 예를 들어, '신규 고객 발굴 프로젝트'를 수행했다면 그 과정에서의 구체적 역할인 ①기존 고객 현황 분석, ②시장 분석을 통한 기회 요인 파악, ③신규 고객 프로모션 기획 및 운영까지 작성해주는 것이죠.

다음으로 경력기술서에서 업무 경험을 작성할 때는 되도록 구체적인 수치나 결과를 함께 제시하는 것이 좋은데요. 예를 들어, '매출 증가에 기여'보다는 '전년도 동월 대비 매출 20% 증대'와 같이 명확한 기준과 수치화된 성과를 함께 제시했을 때 신뢰감을 높일 수 있다는 장점이 있어요.

마지막으로 기여도 역시 경력기술서에서 빠질 수 없는 요소로, 담당 업무 또는 프로젝트 내 본인의 성과 기여도를 수치화해 보여주는 것입니다. 기준을 어떻게 세우냐에 따라 같은 업무 내에서도 상이한 수치가 산출될 수 있어요.

한편 기여도 대신 '참여도'라는 표현을 사용하기도 하는데요. 기여도는 성과에 대한 기여라는 느낌이 강한 반면, 참여도는 상대적으로 성과에 대한 부담없이 쓸 수 있는 용어입니다. 그럼 다음 활용 예를 살펴볼까요?

> **예시**
> - **상황** : 마케팅, 개발팀, 기획팀에서 각 세 명의 담당자가 A라는 프로젝트에 함께 참여
> - **고민** : 그렇다면 전체 기여도 100%를 담당자 9명으로 나눈 수치가 기여도가 될까? 그러면 10%가 조금 넘는 수준이라 내가 쏟았던 시간과 노력 대비 너무 적게 느껴지는데….

이 경우 해당 프로젝트의 기여도는 11%로 봐야 할까요? 사실 기여도와 참여도는 명확한 기준이나 정의가 없기 때문에 면접에서 여러분이 작성한 수치를 논리적으로 설명할 수 있으면 됩니다. 이런 상황에서 추천하는 산출 방식은 다음과 같습니다.

여러분이 마케팅 담당자로 참여를 했다면 ①마케팅팀 역할 내에서의 본인의 성과 기여도를 산정하거나 ②본인의 전체 업무 시간 가운데, 해당 프로젝트에 투입한 시간을 참여도로서 산정할 수 있습니다. 예를 들어, 한 달 동안 해당 업무에 참여한 업무 시간 비중이 40%라면 40%가 되는 것이죠. 이처럼 여러분이 기여도 또는 참여도에 어떤 수치를 기재하든 명확한 근거를 기반으로 채용 담당자를 설득할 수 있어야 한다는 점을 기억해주세요.

> **Q 신입인데도 경력 기술서를 작성해야 하나요?**
>
> **A** 보통 신입의 경우엔 경력기술서를 제출하지 않는 경우가 일반적입니다. 단, 인턴, 비정규직, 정규직 경험 등 경력으로 간주되는 이력의 합산이 2년 이상일 경우, 경력기술서을 요구하는 기업에 한해 제출해도 괜찮습니다.

CHAPTER 04

자기소개서 :
보유 경험을 스토리로 풀어낸 서류

자기소개서는 이력서와 경력기술서에서는 보여주지 못했던 여러분의 강점, 스토리, 가치관 등을 보여줄 수 있는 서류인데요. 많은 분들이 취준 과정에서 가장 어려워하는 영역이기도 합니다. 자소서 작성이 어려운 이유는 '나에 대한 이해'와 '지원 기업에 대한 이해', 그리고 '글쓰기 역량'이라는 세 요소가 필요하기 때문입니다. 세 요소가 적절히 어우러졌을 때 좋은 결과물이 나올 수 있고, 이 중 하나라도 부족하다면 완성도가 떨어질 수 있죠.

다행히도 우리는 파트 01과 파트 02를 통해 이미 나 자신과 기업에 대한 이해도를 길렀습니다. 이번 챕터에서는 자기소개서의 유형과 제출 경로에 대해 알아본 후, 파트 04~파트 06에서 자소서 작성 노하우를 디테일하게 배울 예정이니 차근차근 따라와주세요.

다양한 자기소개서 유형 알아보기

자소서의 유형은 크게 두 가지로 나뉩니다. 일반적으로 공기업과 중견~대기업 규모의 사기업에서는 특정 자소서 항목과 글자수를 제시하는 곳이 많고, 스타트업은 자유 양식의 서류를 요청하는 경우가 많습니다. 지원하는 기업 유형에 따라 자소서 작성 전략 역시 다른 만큼, 각 유형의 특성에 대해 알아보도록 할게요.

항목 제시 자소서

지원자에게 확인하고자 하는 정보를 명확한 항목으로 제시하는 자소서 유형입니다. 이는 기업의 전략적 목표와 조직의 필요에 맞는 인재를 선별하려는 의도를 반영한 것이라 볼 수 있는데요. 다음의 주요 항목을 통해, 지원자가 직무와 조직에 얼마나 부합하는지를 다각적으로 평가할 수 있다는 특징이 있습니다.

1. 지원 동기 및 입사 후 포부
2. 핵심 보유 역량
3. 목표 달성 경험
4. 협업 경험
5. 성장 과정
6. 본인을 소개하는 키워드
7. 사회 이슈에 대한 견해

하나의 공고에서 일반적으로 2~4개 사이의 항목이 주어지며, 글자수는 400자~1,500자 사이로 제한을 두는 경우가 많습니다. 지원하는 기업 가운데 중복되는 항목이 있는 경우, 수정 없이 동일한 내용으로 제출하는 분들이 종종 있는데요. 같은 기업 내에서도 공고에 따라 요구하는 지원자의 역량이 다르기 때문에, 지원 공고에 따라 맞춤형으로 작성하는 것이 합격률을 높일 수 있는 방법입니다.

자유 양식 자소서

지원 기업에서 자유 양식의 서류를 요청하는 경우, 지원자가 원하는 항목으로 자소서를 구성 할 수 있다는 의미입니다. 이때 가장 추천하는 자소서 항목은 다음과 같아요.

> 1. 지원 동기
> 2. 지원 직무와 관련된 핵심 보유 역량 두세 가지

위의 항목을 추천하는 이유는, 지원 동기는 작성하기 까다롭지만 잘만 작성하면 기업에 대한 관심을 어필할 수 있다는 이점이 있기 때문입니다. 다음으로, 자소서의 핵심은 결국 스스로가 지원 공고에 잘 맞는 인재임을 어필하는 것입니다. 그리고 이를 가장 잘 보여줄 수 있는 항목이 바로 핵심 강점이기 때문에 필수로 작성하는 것이 좋습니다.

이때 유의해야 할 사항은 자유 항목 자소서라고 해서 어느 기업에나 제출 가능한 범용적 내용을 다룬다면 서류 전형에서 높은 점수를 얻기 어

렵다는 점입니다. 자유 양식 서류를 제출하는 기업의 경우, 상당수의 지원자가 기존에 작성해둔 범용 자소서를 낼 가능성이 크기 때문에 기업에 대한 관심과 직무 적합성을 연결한다면 합격 가능성이 훨씬 높아질 수 있습니다.

자소서 지원 경로

기업의 채용 홈페이지

중견기업과 대기업은 보통 자체 채용 홈페이지를 운영하는 경우가 많습니다. 지원하고자 하는 공고를 클릭하면 이력 사항부터 시작해 경력 상세, 자소서 항목에 대한 답변을 직접 입력할 수 있죠. 경우에 따라 포트폴리오나 경력기술서와 같은 서류를 업로드할 수도 있어요. 관심 있는 기업이 있다면 상시로 채용 홈페이지를 방문해 공고를 확인해볼 것을 추천합니다. 또한, 일부 기업의 경우 상시 인재풀을 운영하고 있는데요. 여러분이 서류를 업로드해두면 기업에서 채용이 필요한 시기에 연락을 주는 상시 채용 방식입니다. 드문 케이스이긴 하나, 상시 인재풀로만 경력직 채용을 진행하는 경우도 있습니다.

채용 플랫폼

사람인, 잡코리아, 원티드와 같은 채용 플랫폼에서 지원하는 방법입니다. 보통은 플랫폼에서 제공하는 자체 이력서 템플릿이 있어 그 안에 정보를 입력한 후, 클릭 한 번으로 간편히 지원할 수 있다는 장점이 있습니다. 반면, 채용 플랫폼에 올라온 중견기업과 대기업의 공고 중 일부는 기업에서 요청하는 별도의 서류나 자소서 작성 항목이 있을 수 있어요.

헤드헌터를 통한 지원

헤드헌터는 기업과 지원자를 연결하는 중개자로, 기업이 원하는 조건의 지원자를 찾아 추천하는 역할을 맡습니다. 헤드헌터를 통해 지원하면 기업의 문화나 공고의 요구 사항에 대한 정보를 전달받을 수 있어 일반 지원보다 빠르고 정확한 피드백을 받을 수 있다는 장점이 있습니다. 또한, 헤드헌터에게 여러분의 커리어 목표와 보유 강점을 명확히 전달하면 합격 가능성이 큰 맞춤형 공고를 추천받을 수 있으니 참고해주세요.

이메일 지원

규모가 작은 기업이나 외국계 기업의 경우 종종 이메일로 지원을 하는 경우가 있습니다. 이때는 서류 파일을 반드시 PDF 형태로 변환해 첨부해야 합니다. 이메일 본문에는 다음 페이지의 예시를 참고해 간소하면서도 예의를 갖춘 내용으로 발송해주세요.

New message _ ⤢ ×

Subject   **A 기업 B직무 지원자 ○○○ 서류 제출**

안녕하세요, 인사 담당자님.

금번 B직무 공고에 지원하기 위해 이메일 드렸습니다.
첨부드리는 이력서와 경력기술서 확인 부탁드리겠습니다.

· 지원자 : ○○○
· 연락처 : 000-0000-0000

감사합니다.
○○○ 드림

Send

CHAPTER 05

포트폴리오 :
주요 업무 이력을 시각화한 서류

이력서, 경력기술서, 자기소개서가 여러분의 이력과 경험을 텍스트 형태로 정리한 문서였다면 포트폴리오는 시각적 자료(이미지, 영상, 도식화 등)를 통해 그동안 프로젝트에서 맡은 역할과 성과를 보다 구체적으로 보여주는 서류입니다. 텍스트와 시각 자료가 상호 보완되어, 기업 입장에선 지원자의 역량을 입체적으로 평가할 수 있다는 특징이 있습니다.

포트폴리오가 필요한 직군은?

포트폴리오가 중요한 직군으로는 디자인, 마케팅, 서비스 기획, MD, 개발자 등이 있는데요. 보통 시각적으로 보여줄 수 있는 결과물이 있는 직군에 해당됩니다. 앞서 언급한 직무가 아니더라도, 여러분이 쌓아온 실무 이력을 포트폴리오로 정리해두면 서류 평가 단계에서 플러스 요소가 될 수 있어요.

또한, 꼭 기업에 제출하는 용도가 아니여도 요즘엔 본인의 업무 이력과 프로젝트 내용을 기록해두기 위한 용도로도 많은 사람들이 포트폴리오를 제작하는 추세입니다.

포트폴리오의 핵심 구성 요소

포트폴리오는 텍스트성 정보와 시각 자료의 조화로 구성됩니다. 다만, 직무에 따라 포트폴리오의 구성 요소나 비주얼 특성이 다를 수 있으니 가볍게 참고만 해주세요.

텍스트성 정보

- **프로젝트 명** : 예를 들어, 여러분이 재직한 기업에서만 사용하는 용어의 프로젝트 명이라면 업무의 성격이 드러나는 프로젝트 명으로 수정할 것을 추천합니다.

> **예시**
> 해피 TF → 전사 근무 만족도 증대 프로젝트

- **기간** : 프로젝트에 참여했던 기간을 의미하며, 보통은 '연도. 월' 형태로 작성합니다. 다만, 1개월 미만의 단기 프로젝트의 경우 일자까지 써도 무방합니다.

> **예시**
> 2024.01~현재 / 2024.01~2024.08 (8개월) / 2024.01.10~2024.01.20 (11일)

- **프로젝트 개요** : 프로젝트에 대한 설명을 작성해주세요. 제3자가 봐도 프로젝트 내용을 금방 이해할 수 있도록 친절한 언어로 쉽게 풀어 써주는 것이 좋습니다.

> **예시**
> 매년 진행하는 내부 직원들의 재직 만족도 평가에서 만족도가 연속 3년 감소해, 이를 개선하기 위한 목적으로 진행한 사내 TF프로젝트

- **담당 업무** : 해당 프로젝트에서 담당했던 역할과 업무를 상세히 작성해주세요.

> **예시**
> 1) 타사 레퍼런스 사례 조사 및 GOOD CASE 스크랩
> 2) 자사에 적용해볼 수 있는 사례에 대한 세부 기획
> 3) TF회의를 거쳐 선정된 기획에 대해 비용 및 결과 시뮬레이션 진행

- **결과 및 성과** : 해당 프로젝트의 결과와 성과를 작성해주세요.

> **예시**
> 1) 직접 기획한 제안 내용이 채택되어 사내 액션 플랜에 반영
> 2) 만족도 증대 TF 6개월 시행 후, 내부 직원들의 근무 만족도 전년 대비 12% 상승

- **기여도** : 프로젝트에서의 기여도는 크게 두 가지로 해석될 수 있습니

다. 첫 번째는 전체 프로젝트에서 나의 기여도일 수 있고, 두 번째로는 특정 역할 내에서의 기여도일 수도 있습니다. 전자의 경우, 프로젝트 참여 인원이 소수일 때 사용 가능하나, 만약 10명 이상 다수의 인원으로 구성된 프로젝트라면 이야기가 달라집니다. 내 기여도를 전체 참여 인원수로 나누면 기여도가 지나치게 낮아보일 수 있기 때문입니다.

극단적인 경우, 사내에서 50명이 참여한 프로젝트이고 다들 각자의 역할이 동등히 나눠져 있었다고 가정한다면 해당 프로젝트에서 내 기여도는 2%입니다. 채용 담당자가 봤을 때 2%의 기여도는 지나치게 적게 느껴지겠죠? 이 경우에는 후자의 방법, 즉 담당 역할 내에서의 기여도로 작성하는 것을 추천합니다. 예를 들어, 내가 담당한 업무는 '타사 레퍼런스 조사 및 아이디어 기획'인데 해당 업무를 두 명이 5:5로 나눠서 진행했다면 50%로 작성해볼 수 있는 것이죠. 사실 기여도라는 것은 해석하는 방법이 굉장히 주관적일 수밖에 없는 영역이기 때문에, 내가 산정한 데이터를 면접관에게 논리적으로 설명할 수 있다면 괜찮습니다.

시각 자료

시각 자료는 텍스트만으로는 전달하기 어려운 프로젝트의 세부 내용을 시각적으로 표현하여 포트폴리오의 완성도를 높이는 중요한 요소인데요. 직무에 따라 활용하는 시각 자료의 종류는 다를 수 있지만, 이미지뿐만 아니라 그래프, 차트, 동영상 등 다양한 형식이 포함될 수 있습니다. 특히, 시각 자료는 프로젝트를 대표하는 만큼, 이미지나 동영상을 사용할 때는 해상도가 선명하고 비율이 깨지지 않도록 주의하는 것이 중요합니다.

> **Q 포트폴리오에서 디자인이 정말 중요한가요?**
>
> **A** 직무에 따라 디자인의 중요도는 차이가 있을 수 있지만, 포트폴리오의 가독성은 평가에 직접적으로 영향을 끼치는 중요한 요소입니다. 시각적으로 깔끔하면서도 감각적인 디자인은 내용을 이해하기 쉽게 만들고 채용 담당자의 관심을 끌 수 있기 때문입니다. 캔바(Canva)나 미리캔버스와 같은 템플릿 제작 플랫폼을 활용하면 해당 플랫폼에서 제공하는 다양한 템플릿 샘플을 기반으로 보다 간편하게 포트폴리오를 작성할 수 있으니 참고해주세요!
>
> **Q 포트폴리오의 형식은 어떤 것이 좋나요?**
>
> **A** 디자인, 개발 직군을 제외하고 포트폴리오는 일반적으로 노션(Notion)과 PPT(파워포인트) 형식으로 만들 수 있어요. 각 형태마다 특성이 다르기 때문에 여러분의 상황과 직무에 따라 가장 잘 맞는 방식을 선택해주세요.
>
> ① 노션(Notion) :
> - 사용하기 쉽고, 다양한 레이아웃을 지원해요.
> - 각 프로젝트를 페이지로 만들어서 이미지, 링크, 텍스트 등을 쉽게 추가할 수 있어요.
> - 협업 기능이 있어 다른 사람들과 공유하고 피드백을 받을 때 유용해요.
> - 노션의 템플릿을 활용하면 큰 디자인 작업 없이 빠르게 포트폴리오를 시작할 수 있어요.
> - 제출 후에도 자유롭게 수정할 수 있어요.
> - 웹 기반 포트폴리오로, 온라인 프로젝트가 주를 이룰 경우 링크 연결을 통해 실제 작업물 페이지로 이동시키기 용이합니다.
>
> ② PPT(파워포인트) :
> - 각 슬라이드에 프로젝트를 하나씩 넣어 내가 맡은 역할, 사용한 기술, 성과 등을 간단히 정리할 수 있어요.

- 쉽게 인쇄할 수 있어 오프라인 제출에도 적합해요.
- PDF 파일로의 전환이 용이해요.
- IT 업종을 제외한 중견~대기업에서는 노션보다는 PPT 형태의 포트폴리오를 더 선호할 가능성이 커요.
- 한 번 제출하면 수정이 불가능하니 실수에 유의해야 해요.
- 노션에 비해 디자인에 공수가 많이 들기 때문에 디자인 감각이 부족하다면 어렵게 느껴질 수 있어요.

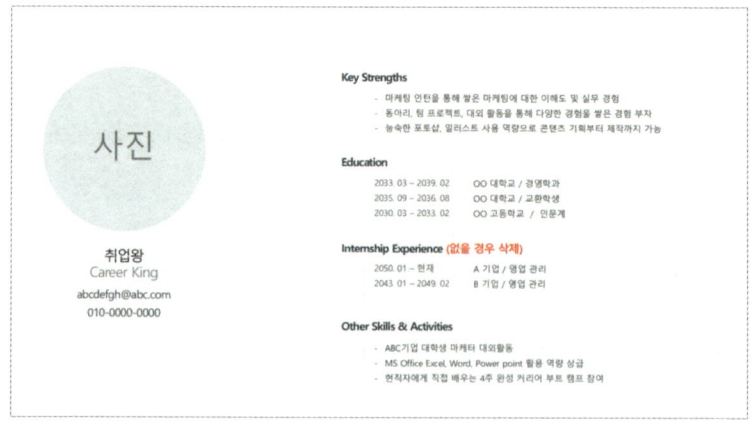

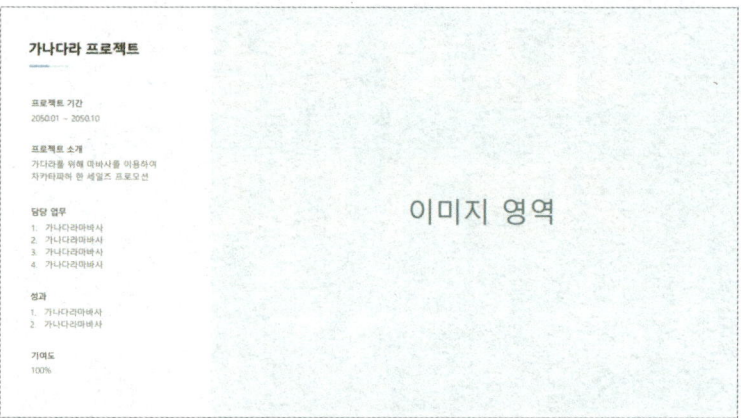

이쌤의 포트폴리오 템플릿 다운로드하는 방법은 10페이지를 참고해주세요.

PART 04

워밍업! 자소서 작성의 기본기 다지기

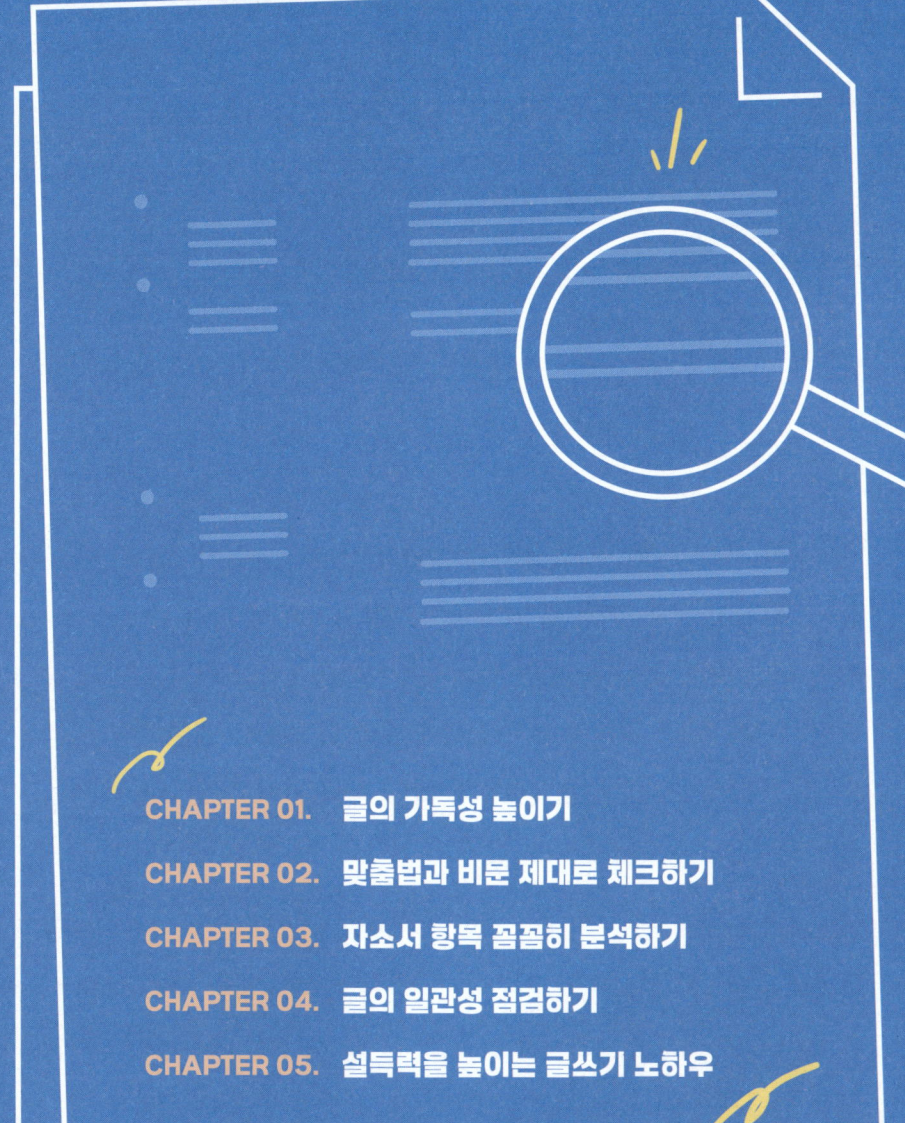

CHAPTER 01. 글의 가독성 높이기
CHAPTER 02. 맞춤법과 비문 제대로 체크하기
CHAPTER 03. 자소서 항목 꼼꼼히 분석하기
CHAPTER 04. 글의 일관성 점검하기
CHAPTER 05. 설득력을 높이는 글쓰기 노하우

CHAPTER 01

글의 가독성 높이기

가독성의 사전적 의미는 '인쇄물이 얼마나 쉽게 읽히는가 하는 능률의 정도. 활자체, 글자 간격, 행간(行間), 띄어쓰기 따위에 따라 달라진다(출처: 표준국어대사전)'입니다. 한편 자소서에서 가독성이란 여러 의미를 담고 있는데요. 내용 자체가 쉽고 친절해 술술 잘 읽히는 것일 수도 있고요. 전반적으로 문단이 잘 구분되어 있어 글을 읽기 전에 글의 구성을 쉽게 파악할 수 있는 것을 의미할 수도 있어요.

자소서의 목적은 결국 기업이 수많은 지원자 가운데 나를 채용하도록 어필하고 설득하는 데 있습니다. 즉, 나를 판매하는 상품소개서와도 같은 것이죠. 여러분이 자소서를 작성할 때 명심해야 할 가독성의 정의는 '채용 담당자가 내 자소서를 읽고 내용을 쉽게 이해할 수 있도록 돕는 것'입니다. 그럼 지금부터 글의 가독성을 높이는 두 가지 방법에 대해 알아보도록 할게요.

두괄식으로 글쓰기

두괄식은 글의 첫 부분에서 결론을 명확하게 전달하는 방식입니다. 채용 담당자는 한정된 시간에 많은 자기소개서를 읽어야 하기 때문에 빠르게 핵심 내용을 파악할 수 있는 자기소개서를 선호합니다. 특히 첫 문장에서 핵심을 바로 파악할 수 있는 두괄식 자소서의 경우, 채용 담당자가 평가에 필요한 시간을 절약할 수 있다는 장점이 있습니다.

문단 구성, 이렇게 나누자

문단 구성은 역시 자소서의 가독성을 높이는 핵심 요소 중 하나인데요. 단락을 나누는 이유는 글의 가독성과 글의 짜임새를 높이기 위함입니다. 이때 각 문단은 하나의 주제에 집중하는 것이 좋으며, 너무 길지 않아야 채용 담당자가 쉽게 읽고 이해할 수 있어요.

반면, 단락 나눔 없이 빼곡한 자소서는 가독성이 낮아 채용 담당자를 피로하게 하며 여러분이 전달하고자 하는 핵심을 이해하는 데 방해가 될 수 있습니다.

단락 나누기에 정해진 공식은 없지만 다음 기준을 참고해 자소서를 작성해보세요.

1. 전체 글자 수에 따른 단락 개수 추천
- 400~500자 : 2~3개

- 700~800자 : 2~4개
- 1,000자 : 3~5개
  (* 한 문단 기준 200~300자 정도가 적당해요.)

2. 서론, 본론, 결론에 따라 나누기
- (자소서 항목별) 작성한 글을 서론, 본론, 결론으로 1차 단락을 나눈 다음, 필요할 경우 추가 단락 나누기

[서론]
제약사 콘텐츠 스페셜리스트로 근무하며, 마케팅 조직, legal 조직, 에이전시와의 협업을 통해 자사 카카오톡 채널을 성공적으로 오픈해 조직의 디지털 트랜스포메이션을 효과적으로 달성한 경험이 있습니다.

본 프로젝트의 전략적 목표는 "온라인 소통 활성화를 통해 비대면 영업 비율을 높이는 것"이었고, 카카오톡 채널은 이러한 목표 달성에 핵심 역할을 맡게 될 창구였습니다. 저는 메인 담당자로서, 1)카카오톡 채널 세팅 및 콘텐츠 제작 2)유관 조직과 커뮤니케이션 전반을 담당하였습니다.

[본론]
채널 활성화를 위해서는 먼저 양질의 콘텐츠 발행이 필수적이라 판단하였고, 채널 출시 전 단기간에 수많은 자료를 제작해야 하는 것이 핵심 과제였습니다. 기존에는 콘텐츠 제작 업무가 주로 저희 팀 주도 하에 진행되었기 때문에 협업 주체인 마케팅 조직, legal 조직, 에이전시의 의견을 들을 기회가 현저히 적었습니다. 하지만 당시 주어진 시간이 짧았기 때문에 효율 극대화를 위해 전 팀이 함께 업무를 진행하자는 의견이 나왔습니다. 이에 유관 부서의 담당자 전원이 참여해 콘텐츠 제작 방향성에 대해 논의하였고, 덕분에 즉각적인 아이디어 공유를 통해 상대적으로 빠르게 협의에 이를 수 있었습니다. 또한 콘텐츠 리뷰 기준표를 제작해 다함께 의논함으로써 리뷰 기한을 대폭 줄일 수 있었습니다.

[결론]
해당 경험을 통해 다양한 조직의 인사이트와 아이디어가 모였을 때 강력한 시너지가

날 수 있다는 점을 배웠고, 새롭게 실행한 협업 방식이 내부적으로 높은 효율성 및 업무 완성도를 인정받아 이후 진행되는 협업 프로세스에 도입되는 결실도 맺을 수 있었습니다.

3. 주제나 키워드가 바뀔 때 단락 나누기
- 글에서 다루고 있는 키워드가 A에서 B로 바뀔 때 (ex : 강점A → 강점B / 경험A → 경험B / 주제A→주제B→주제C)

[강점A]
○○○에서 저를 채용해야 하는 이유는 첫째, 저는 지난 3년간 12번 넘게 테마파크를 방문했을 정도로 테마파크에 애정과 관심이 높기 때문입니다. 테마파크는 복합 공간에서 방문객들에게 즐거움과 행복을 선사하는 특수한 산업 분야인 만큼, 제가 가진 풍부한 테마파크 경험 및 애정이 업무 과정에서 고객 중심적 사고와 기획력 측면에서 강점이 될 것이라 확신합니다.

[강점B]
둘째, 글로벌 테마파크로의 비전 달성을 위한 기획력, 리서치, 외국어 등의 실무 역량을 고루 보유하고 있기 때문입니다. 저는 약 3년 동안 마케터로 근무하며 온오프라인 마케팅 전략 및 컨텐츠 기획을 담당했고 이를 통해 전략적 사고와 기획력을 길렀습니다. 또한 광고 대행사 근무 시 논문, 기사, SNS 등 다양한 채널을 활용한 시장 조사 역량을 기를 수 있었습니다. 마지막으로, 탁월한 영어 커뮤니케이션 및 기본적 일본어 회화 역량을 갖추고 있어, 해외 진출 시 파트너사와의 효과적 소통 및 협업이 가능합니다.

CHAPTER 02

맞춤법과 비문 제대로 체크하기

의외로 많은 취준생분들이 자기소개서를 작성할 때 맞춤법과 문법 부분에서 실수를 범하곤 합니다. 자소서에서 맞춤법이나 문법 실수가 반복되면 채용 담당자 입장에선 지원자가 글을 꼼꼼하게 작성하지 않았다는 인상을 받을 수 있어요. 이처럼 자소서의 맞춤법과 문법은 단순히 글의 완성도를 높이는 역할을 할 뿐만 아니라 지원자가 얼마나 성실하게 자소서를 준비했는지를 보여주는 중요한 지표인 만큼 자소서 제출 전 철저한 점검이 필요합니다.

맞춤법/띄어쓰기 검사 툴 활용법

자소서를 작성한 후, 온라인에서 쉽게 활용할 수 있는 맞춤법 검사기 툴 몇 가지를 소개합니다.

네이버 맞춤법 검사기

취준생들이 가장 많이 이용하는 맞춤법 검사 도구로, 네이버 검색창에 '네이버 맞춤법 검사기'를 검색하면 누구나 간단하게 사용할 수 있습니다. 텍스트를 입력하면 맞춤법, 띄어쓰기, 그리고 문법적인 오류까지 자동으로 수정 제안해줍니다. 반면 한 번에 검사할 수 있는 글자수가 300자로 한정되어 있어, 300자마다 새롭게 복붙해야 하는 번거로움이 있어요.

출처 : 네이버 맞춤법 검사기

(주)나라인포테크 맞춤법/문법 검사기

부산대학교 인공지능연구실과 (주)나라인포테크가 함께 만든 한국어 맞춤법/문법 검사기로, 자소서 작성 후 문법적 오류나 맞춤법 실수를 더욱 철저하게 검토하고 싶다면 추천하는 툴입니다. 한 번에 최대 300어절까지 검사 가능하며, 맞춤법과 띄어쓰기는 기본이고 문장에 따라 대치어도 추천해주기 때문에 글의 완성도를 한층 높일 수 있습니다. 또한, 교정 필요한 부분에서 상세한 도움말을 함께 제공해 사용자가 교정 결과를 쉽게 이해할 수 있다는 특징이 있습니다.

출처 : https://nara-speller.co.kr/speller/

다음 맞춤법 검사기

다음 맞춤법 검사기는 네이버와 마찬가지로 접근성이 좋고 사용하기 쉽다는 특징이 있습니다. 맞춤법 검사기에 텍스트를 입력하면 간단한 맞춤법과 띄어쓰기 오류를 바로 잡아주며 한 번에 검사할 수 있는 글자수는 한글 기준 700자입니다.

출처: 다음 맞춤법 검사기

비문을 점검하는 네 가지 방법

비문(非文)이란 문법적으로 올바르지 않은 문장을 뜻합니다. 비문이란 크게 ①주어와 서술어, 목적어와 서술어가 호응하지 않는 경우, ②부사와 어울리지 않는 서술어를 쓴 경우, ③시제가 맞지 않은 경우로 나눌 수 있는데요. 자소서에서 가장 흔히 보이는 비문은 주어와 서술어가 호응하지 않는 유형입니다. 자소서에 비문이 많을 경우 글의 전반적인 완성도가 떨어짐은 물론 읽는 사람이 글의 의미를 제대로 이해하기 어려울 수 있습니다. 이에 자소서 작성 후 간단한 점검으로 비문을 최소화할 수 있는 네 가지 방법에 대해 알려드리려고 합니다.

1. 주어와 서술어 호응 확인하기

주어와 서술어가 맞지 않으면 문장이 어색해지고 채용 담당자가 여러분의 자소서 내용을 이해하는 데 방해가 될 수 있습니다.

> **예시**
>
> **잘못된 문장**: "제 장점은 항상 적극적이고 열심히 일합니다."
> → 주어와 서술어를 연결해보면 호응이 맞지 않는다는 것을 확인할 수 있습니다.
>
> **올바른 문장**: "제 장점은 항상 적극적이고 열심히 일한다는 점입니다."
> → 수정 후의 문장에선 주어와 서술어가 정확히 호응하는 것을 확인할 수 있습니다.

주어와 서술어의 호응 문제는 긴 문장이나 복잡한 구문에서 발생하는 경우가 많기 때문에 자소서 작성 후 호응을 점검하거나 짧은 문장 형태로 수정하는 것도 좋은 방법입니다.

2. 소리 내어 읽어보기

자소서 첨삭 시 제가 자주 반드시 활용하는 방법 중 하나는 바로 자소서를 소리 내어 읽어보는 것입니다. 글을 소리 내어 읽으면 머릿속에서만 읽었을 때는 놓치기 쉬운 비문이나 어색한 표현을 더 쉽게 발견할 수 있기 때문입니다. 특히 잘못된 문장 구조나 중복된 표현이 있을 경우 금방 눈치챌 수 있다는 장점이 있어 자소서의 완성도를 높이는 데 큰 도움이 됩니다.

3. 반복되는 어휘 확인

단락 내 동일한 서술어를 반복하는 것은 비문으로 볼 순 없지만, 글의 완성도를 떨어뜨리는 요소입니다. 자신이 자주 쓰는 어휘를 알아내는 가장 좋은 방법은 완성된 자소서를 검토하는 과정에서 서술어만 다시 읽어보는 것인데요. 이때 두 번 이상 반복 사용되고 있는 서술어를 빨간색으로 표시한 후, 유사한 의미를 가지는 서술어로 수정하면 글의 완성도를 훨씬 높일 수 있습니다.

> **예시**
>
> **수정 전**
> 저의 가장 큰 장점은 특유의 밝은 에너지라고 생각합니다. 일할 때나 놀 때나 쉽게 지치지 않는 체력과 에너지가 주변에서는 저를 "에너자이저, 하이 텐션"이라고 부르는 이유라고 생각합니다. 물론 이 에너지가 긍정적으로 작용할 때는 주변 사람들을 즐겁게 하고, 맡은 업무에서 높은 성과를 만들어 내기도 한다고 생각합니다.
>
> **수정 후**
> 저의 가장 큰 장점은 특유의 밝은 에너지입니다. 일할 때나 놀 때나 쉽게 지치지 않는 체력과 에너지로, 주변에서는 저를 "에너자이저, 하이 텐션"이라 부릅니다. 물론 이 에너지가 긍정적으로 작용할 때는 주변 사람들을 즐겁게 하고, 맡은 업무에서 높은 성과를 만들어 내기도 한다고 생각합니다.

4. 제3자에게 피드백 받기

자신이 쓴 글은 보통 익숙하게 느껴지기 때문에 스스로 문제점을 찾기 어려울 때가 많습니다. 반면 제3자의 시선으로 다시 보면 내가 놓쳤던 실수나 비문을 상대적으로 더 쉽게 발견할 수 있죠. 만약 자신이 쓴 글의 문제를 잘 모르겠다면 취업 스터디나 컨설팅을 통해 다른 사람의 조언을 받아보는 것도 하나의 방법입니다.

다만, 제3자의 피드백도 100% 정답이 아닐 수 있다는 점을 염두에 두고, 여러분 스스로 납득 가능한 피드백만 선택적으로 수용하는 태도를 갖는 것이 중요합니다.

CHAPTER 03

자소서 항목 꼼꼼히 분석하기

자소서를 작성할 때 우리가 처음으로 만나는 것은 바로 자소서 '항목'인데요. 자소서의 방향성을 잃지 않으려면 가장 먼저 자소서 항목에서 묻고 있는 질문과 그 의도를 정확히 이해하는 것이 중요합니다. 하지만 취준생 가운데 자소서 항목의 출제 의도를 제대로 이해하지 않은 상태로 경험을 나열하거나, 본인이 하고 싶은 이야기만을 쓰는 경우가 많습니다. 이는 지도를 보지 않고 무작정 목적지로 달려가는 것과도 같은 것이죠.

자소서 항목, 왜 분석해야 할까?

자소서 항목의 의미를 제대로 파악하지 못하면 아무리 좋은 경험이라도 질문에 맞지 않는 답변이 될 수 있습니다. 취준생 A와 취준생 B로 예시를 들어볼게요. 둘 다 동일한 자소서 항목을 준비 중인데, 한 가지 차이점이라면 A는 질문의 의도를 제대로 파악하지 않은 상태에서 글을 작성했고, B는 질문을 정확히 분석한 후 글을 작성했어요. 결과를 한번 살펴볼까요?

> **상황**
> - 취준생 A : 자소서 항목을 정확히 이해하지 않은 상태에서 자소서 작성 시작
> - 취준생 B : 자소서 항목의 의미와 의도를 명확히 파악한 후 자소서 작성 시작

> **예시**
>
> Q. 본인이 회사를 선택하는 기준은 무엇이며, ○○ 기업을 지원한 동기와 ○○ 기업에서 본인이 펼치고 싶은 꿈은 무엇인지 구체적으로 기술해주세요.
>
> **A. 취준생 A의 자소서**
> 저는 대학 시절부터 마케팅에 관심이 많았습니다. 다양한 마케팅 프로젝트에 참여하며 마케팅이 고객과의 소통을 통해 기업 성과를 이끄는 중요한 요소라는 것을 깨달았습니다. 그래서 마케팅 역량을 키우기 위해 다양한 활동에 참여하며 고객 분석 능력을 길렀습니다. ○○ 기업에서도 이러한 역량을 발휘해 성공적인 마케팅 캠페인을 이끌고 싶습니다.
>
> ▶ **평가**
> A는 자소서 질문에서 본인이 회사를 선택하는 기준, ○○ 기업에 지원한 동기, ○○ 기업에서 이루고 싶은 목표를 묻고 있음에도 불구하고 본인의 마케팅 경험만을 중심으로 서술하고 있습니다. 즉, 질문에 대한 정확한 답을 주지 않았고, 지원 동기나 목표에 대한 구체적인 내용도 빠져 있다는 아쉬움이 있습니다.

자 그럼 다음으로 취준생 B의 자소서를 살펴볼까요?

> **예시**
>
> **A. 취준생 B의 자소서**
>
> 제가 회사를 고르는 기준은 1)회사 자체의 비즈니스 경쟁력뿐만 아니라, 2)제가 가진 실무 역량을 기반으로 회사와 시너지를 내며 커리어를 쌓을 수 있는지 입니다.
>
> ○○ 기업은 산업 내 '최초'라는 타이틀을 가장 많이 가지고 있는 곳으로, 비즈니스 경쟁력을 높이기 위해 계속해서 노력하는 기업이라는 인상을 받았습니다. 이런 회사라면 저 역시 현재에 안주하지 않고, '최초' 수식어를 가진 마케터로 성장할 수 있을 것이란 기대감이 들어 지원했습니다.
>
> 다음으로 제가 그동안 쌓아온 직무 역량을 기반으로 ○○ 기업과 시너지를 낼 수 있을 것이라 생각했습니다. 저는 C사 인턴을 통해 기업의 사회적 책임과 마케팅 과제가 결합된 프로젝트에 대한 이해도를 높였습니다. 특히 소비자가 자발적으로 참여하며 더 큰 시너지를 낼 수 있는 CSR을 위해 ○○, ○○와 같은 아이디어를 제안해 실제 프로젝트에 적용한 바 있습니다. ○○ 기업에서도 이러한 역량을 발휘해 고객과의 소통을 강화하는 캠페인을 추진하고 싶습니다. 이를 통해 ○○ 기업이 추구하는 지속 가능한 성장에 기여하는 마케팅 방향성에 적극 기여하겠습니다.
>
> ▶ **평가**
>
> 취준생 B는 질문의 의도를 명확히 이해한 후, 자소서 항목에서 묻고 있는 세 가지 요소인 회사를 선택하는 기준, ○○ 기업을 지원한 동기, 본인이 이루고 싶은 목표를 각각 분석하고, 자신의 목표까지 논리적으로 연결했습니다.

두 자소서의 차이점이 느껴지나요? 취준생 A의 경우 항목에서 묻고 있는 질문 전체를 커버하지 못했기 때문에 평가 시 감점 요소가 될 수 있습니다. 이처럼 자소서를 작성할 때는 항목을 꼼꼼하게 읽고 물어보는 질문에 빠짐없이 답변하는 것이 중요합니다.

자소서 항목, 똑똑하게 해석하는 방법

항목에서 묻는 그대로 해석하기

자소서 항목을 있는 그대로 해석하지 않고, 한 번 더 틀어서 생각하다 보면 완전히 잘못된 방향으로 자소서를 쓰게 될 수 있습니다. 다음 항목으로 예시를 들어볼게요.

> **예시**
> Q. 최근 사회이슈 중 중요하다고 생각되는 한 가지를 선택하고 이에 관한 자신의 견해를 기술해주시기 바랍니다.

본 자소서 항목은 최근 사회이슈에 대한 본인의 견해를 묻고 있어요. 종종 이 항목을 잘못 해석해 지원 기업에 대한 관심을 어필하거나 본인의 역량을 기재하는 경우가 있습니다. 혹은 사회이슈가 아닌 지원 분야의 산업과 관련된 이슈 사항을 적는 경우도 있고요.

이 예시를 통해 여러분들에게 당부하고 싶은 말은 자소서 항목은 '문자 그대로 해석하면 된다'는 것입니다. 사회이슈 중 중요하다고 생각되는 한 가지를 선택하라고 했다면 최근 사회적으로 가장 큰 이슈가 되고 있는 것을 골라주면 되고, 이에 관한 견해를 물어봤다면 견해를 이야기하면 되는 것이죠. 당연한 얘기 같지만 자소서 작성 과정에서 의외로 많이 나타나는 실수이니, 반드시 유의해주세요.

항목의 세부 구성 파악하기

최근 자소서 항목의 추세를 보면 한 가지 질문을 하고 있는 경우보다 하나의 항목 안에 최소 두 가지 이상의 질문을 포함한 경우가 더 많습니다. 이때 가장 많이 나오는 실수는 첫째, 한 가지 이상의 질문을 아예 놓쳐 답변하지 않는 것, 둘째, 자소서 질문에 대한 답변 밸런스가 지나치게 깨져 있는 것인데요. 특히 질문 하나를 아예 놓쳐버리면 여러분의 자소서는 출제자가 물어본 질문의 절반만 답변한 것으로 간주될 수 있습니다.

하나의 항목에 두 가지 이상을 질문하는 경우, 디테일하게는 다음과 같이 크게 두 가지 유형으로 나눠볼 수 있어요.

> 1. 독립된 두 개 이상의 질문이 하나로 합쳐져 있는 경우 (ex : A+B+C)
> 2. 하나의 질문 안에 포함되어야 할 내용들이 나열되었으나 실제로 독립된 질문은 아닌 경우 (ex : A (B+C))

그럼 지금부터 두 유형을 어떻게 구분하는지 알아볼까요? 일단 자소서 항목을 보자마자 여러분이 가장 먼저 해야 할 일은 자소서에서 묻고 있는 질문 및 포인트에 색칠을 하는 것입니다. 여러분도 지금 형광펜을 꺼내 아래 자소서 항목의 질문과 포인트에 색칠해보세요.

> **실습**
>
> **Q1.** 본인이 회사를 선택하는 기준은 무엇이며, ○○ 기업을 지원한 동기와 ○○ 기업에서 본인이 펼치고 싶은 꿈은 무엇인지 구체적으로 기술해주세요.
>
> **Q2.** 협업을 통해 더 나은 결과를 만들었던 경험에 대해 본인의 역할과 결과가 잘 드러나도록 기술해주세요.

그럼 정답을 확인해볼까요?

> **정답**
>
> **Q1.** 본인이 회사를 선택하는 기준은 무엇이며, ○○ 기업을 지원한 동기와 ○○ 기업에서 본인이 펼치고 싶은 꿈은 무엇인지 구체적으로 기술해주세요.
>
> **Q2.** 협업을 통해 더 나은 결과를 만들었던 경험에 대해, 본인의 역할과 결과가 잘 드러나도록 기술해주세요.

먼저 Q1. 항목의 경우, 색칠한 질문들이 각각 독립되어 있습니다. 즉 각각을 개별 항목이라고 해도 전혀 이상하지 않다는 의미입니다. 이번엔 Q2.를 살펴볼까요? Q2.의 경우 색칠한 각 내용들을 독립적으로 떼어놓으면 Q1.과는 다르게 의미가 불충분하게 전달됩니다. '본인의 역할', '결과' 그 자체는 자소서 항목이 되기 어렵죠. 어떤 경험에서의 역할이고 결과인지가 빠져 있기 때문입니다.

그럼 지금부터 각 유형별 작성 노하우를 알려드릴게요.

> CASE 1. 독립된 두 개 이상의 질문이 하나의 합쳐져 있는 경우 (ex : A+B+C)

자소서 항목을 보자마자 가장 먼저 질문의 핵심 포인트를 색칠해야 한다고 강조했는데요. 독립된 항목으로 구성되어 있는 경우, 색칠한 질문 앞에 아래와 같이 넘버링을 붙여주세요.

> Q. 본인이 1) 회사를 선택하는 기준은 무엇이며, 2) ○○ 기업을 지원한 동기와 3) ○○ 기업에서 본인이 펼치고 싶은 꿈은 무엇인지 구체적으로 기술해주세요.

그다음 자소서 내용을 작성할 본문에 색칠한 내용을 복사해 붙여 넣은 다음, 각 질문에 대한 답변을 작성하면 됩니다. 어렵지 않죠?

> **예시**
>
> 1) 회사를 선택하는 기준
>
> 2) ○○ 기업을 지원한 동기
>
> 3) ○○ 기업에서 본인이 펼치고 싶은 꿈

1)회사를 선택하는 기준과 2)○○ 기업에 지원한 동기의 경우, 내용적으로 연결되는 부분이 있는 만큼 (A+B)의 형태로 작성해도 좋습니다.

> **예시**
>
> 1) 회사 선택 기준 및 ○○ 기업 지원 동기
> 2) ○○ 기업에서 본인이 펼치고 싶은 꿈

자소서 작성이 완료된 후에는 번호를 지워도 되고, 그냥 둬도 무관합니다. 3) ○○ 기업에서 본인이 펼치고 싶은 꿈의 경우엔 2) 질문에서 이미 한 번 ○○ 기업이라고 언급이 되었고, 2) '본인'이란 표현이 어색하므로 3) 입사 후 꿈 정도로 수정해도 좋습니다.

> **예시**
>
> [회사 선택 기준 및 ○○ 기업 지원 동기]
>
> [입사 후 꿈]

혹은 번호 매김 형태 대신 위와 같이 질문을 대괄호로 바꿔주면 소제목처럼 활용 가능합니다. 이처럼 한 항목에 여러 질문이 있을 때 각 질문별로 글을 구분함으로써 글의 가독성도 높일 수 있습니다.

> CASE 2. 하나의 질문 안에 포함되어야 할 내용들이 나열되었으나 실제로 독립된 질문은 아닌 경우 (ex : A (B+C))

반면, 하나의 질문 안에 포함되어야 할 내용들이 나열되었으나 실제로 독립된 질문이 아닌 경우가 있죠? 이런 특성의 항목은 핵심 질문에 대한 답변을 작성하되, 묻고 있는 핵심 포인트들을 놓치지 않고 작성해야 합니다.

> **Q2.** 협업을 통해 더 나은 결과를 만들었던 경험에 대해, 본인의 역할과 결과가 잘 드러나도록 기술해주세요.
>
> [협업을 통해 더 나은 결과를 만든 경험]
> - 본인의 역할 :
> - 결과 :

앞서 독립된 질문들이 하나의 항목으로 합쳐져 있는 케이스와는 다르게, CASE 2와 같은 문항은 위의 대괄호 속 문구가 자소서의 소제목을 의미하는 것은 아닙니다. 항목 분석 과정에서 편의를 위해 적어두는 것이므로, 자소서 작성이 완료되면 새로운 소제목을 붙여주거나 혹은 대괄호를 삭제해주세요.

CHAPTER 04

글의 일관성 점검하기

자소서를 작성할 때 취준생분들이 겪는 어려움 중 하나는 자신이 올바른 방향으로 쓰고 있는지 헷갈린다는 것입니다. 처음에는 잘 쓰고 있는 것 같다가도 중간에 경험을 나열하다 보면 처음 의도했던 주제와 다르게 글이 전개되거나, 방향이 흐트러져 일관성이 깨지는 경우가 많죠. 채용 담당자 입장에서도 내용에 일관성이 없는 자소서를 보면 지원자가 무엇을 말하고 싶은지 혼란을 느낄 수 있습니다. 따라서 자소서 작성 후에는 여러분이 의도했던 핵심 주제와 의도에 맞게 작성했는지 반드시 체크해야 합니다.

자소서 방향성 점검하는 방법

자소서 작성을 완료했다면, 여러분이 의도했던 핵심 주제와 의도에 맞게 작성했는지 체크해야 하는데요. 이때 유용하게 쓸 수 있는 방법이 바로 컬러를 활용하는 것입니다. 자소서에서 가장 핵심이 되는 키워드를 원하는 컬러로 색칠한 다음, 뒤에 이어 나오는 주요 특성 키워드가 핵심 키워드와 일치하면 같은 컬러로, 다르면 다른 컬러로 색칠하는 것인데요. 이렇게 키워드를 색칠해가는 과정에서 내 자소서가 처음에 내가 의도했던 방향대로 가고 있는지를 대략적으로 체크할 수 있습니다.

그럼 실습을 진행해볼까요?

실습

1. 먼저 서로 다른 두 컬러의 형광펜을 준비해주세요.
2. 아래 자소서에서 글의 핵심 주제 키워드라고 생각되는 부분에 동일한 컬러를 칠해주세요.
3. 핵심 주제에 벗어난 키워드라고 생각되는 부분은 다른 컬러로 색칠해보세요.
4. 색칠이 끝났다면, 다음 페이지의 [정답]과 비교해주세요.

패션에 대한 애정으로 쌓아온 MD 역량

유년 시절부터 그림 그리기와 꾸미기에 관심이 많았던 저는 패션산업학과 전공을 선택하였습니다. 그리고 패션산업학과를 전공하며, 스스로가 '옷을 만드는 것'보다는 '옷을 잘 파는 일'에 더 관심이 있다는 것을 깨닫게 되었습니다.

이에 MD로의 커리어 진로를 설정하고, 이후 '패션 마케팅', '패션 머천다이징', '리테일 바잉' 등을 수강하며 MD 직무의 기본 지식을 쌓아왔습니다. 또한 패션 산업을 현장에서 생생히 이해하고자 ZARA 및 패션 잡화 매장에서 아르바이트를 하며 매장관리, 입/출고, 재고 관리 업무를 맡았습니다. SPA 브랜드에서의 업무 경험을 통해 협업 역량 역시 기를 수 있었습니다.

지난 6개월 동안은 공동구매 SNS 커머스 플랫폼에서 MD 인턴으로 근무하며, 상품 선정부터 세일즈 전략 수립까지 폭넓게 담당하였고 키즈레인부츠 공동구매를 직접 기획하여 2천만 원 이상의 매출 성과를 내기도 했습니다. 이외에도 패션의 중심지인 파리에서 한 달 살기를 통해 글로벌 역량을 갖추며, MD가 되기 위한 자질을 지속적으로 쌓아 나가고 있습니다.

> **정답**

패션에 대한 애정으로 쌓아온 MD 역량

유년 시절부터 그림 그리기와 꾸미기에 관심이 많았던 저는 패션산업학과 전공을 선택하였습니다. 그리고 패션산업학과를 전공하며, 스스로가 '옷을 만드는 것'보다는 '옷을 잘 파는 일'에 더 관심이 있다는 것을 깨닫게 되었습니다.

이에 MD로의 커리어 진로를 설정하고, 이후 '패션 마케팅', '패션 머천다이징', '리테일 바잉' 등을 수강하며 MD 직무의 기본 지식을 쌓아왔습니다. 또한 패션 산업을 현장에서 생생히 이해하고자 ZARA 및 패션 잡화 매장에서 아르바이트를 하며 매장관리, 입/출고, 재고 관리 업무를 맡았습니다. SPA 브랜드에서의 업무 경험을 통해 협업 역량 역시 기를 수 있었습니다.

지난 6개월 동안은 공동구매 SNS 커머스 플랫폼에서 MD 인턴으로 근무하며, 상품 선정부터 세일즈 전략 수립까지 폭넓게 담당하였고 키즈레인부츠 공동구매를 직접 기획하여 2천만 원 이상의 매출 성과를 내기도 했습니다. 이외에도 패션의 중심지인 파리에서 한 달 살기를 통해 글로벌 역량을 갖추며, MD가 되기 위한 자질을 지속적으로 쌓아나가고 있습니다.

이 글에서 핵심은 패션에 대한 지원자의 오랜 애정과 이를 통해 길러온 패션 MD 역량입니다. [정답] 부분을 보면 유관 키워드들은 주황색으로 칠했고, 주제와 다소 벗어난 키워드는 파란색으로 칠해 글의 방향성이 일관성 있게 이어지고 있는지 체크해보았습니다.

파란색으로 칠한 키워드 중 '협업 역량'의 경우, SPA브랜드 업무 경험을 통해 쌓을 수 있는 역량은 맞지만 전반적인 주제가 패션에 대한 애정과 MD역량임을 감안했을 때 방향에서 조금은 벗어난 키워드라고 볼 수 있습니다. 'MD로서 다양한 부서와의 협업을 통해 상품 구성 전략을 수립했다'와 같이 MD 직무와 직접적으로 연결된 협업 경험을 강조했다면 글의 일관성 측면에서 더 높은 점수를 받을 수 있어요.

또한, 갑작스럽게 나온 '글로벌 역량'도 비슷한 맥락으로 주제에서 다소 벗어난 느낌이 있습니다. 만약 글로벌 역량이 MD에게 중요한 요소임을 강조하려 했다면 글로벌 브랜드 바잉에 대한 관심이나 패션 MD가 글로벌 시장에서 어떤 역할을 하는지에 대한 설명이 추가되는 것이 좋겠죠.

> **예시**
>
> **패션에 대한 애정으로 쌓아온 MD 역량**
>
> 유년 시절부터 그림 그리기와 꾸미기에 관심이 많았던 저는 패션산업학과 전공을 선택하였습니다. 그리고 패션산업학과를 전공하며, 스스로가 '옷을 만드는 것'보다는 '옷을 잘 파는 일'에 더 관심이 있다는 것을 깨닫게 되었습니다.
>
> 이에 MD로의 커리어 진로를 설정하고, 이후 '패션 마케팅', '패션 머천다이징', '리테일 바잉' 등을 수강하며 MD 직무의 기본 지식을 쌓아왔습니다. 또한 패션 산업을 현장에서 생생히 이해하고자 ZARA 및 패션 잡화 매장에서 아르바이트를 하며 매장관리, 입/출고, 재고 관리 업무를 맡았습니다. 특히 트렌드가 빠르게 변화하는 SPA 브랜드에서의 업무 경험을 통해, MD의 핵심 역할이기도 한 제품 수요 예측 및 지역별 매장 특성에 따른 제품 선정의 중요성을 배우기도 했습니다.
>
> 지난 6개월 동안은 공동구매 SNS 커머스 플랫폼에서 MD 인턴으로 근무하며, 상품 선정부터 세일즈 전략 수립까지 폭넓게 담당하였고 키즈레인부츠 공동구매를 직접 기획하여 2천만 원 이상의 매출 성과를 내기도 했습니다. 이외에도 개인 패션 SNS계정 운영, 패션의 중심지인 파리에서 한달 살기 등 패션 분야에 대한 오랜 애정으로 MD의 자질을 지속적으로 쌓아가고 있습니다.

위의 예시를 여러분이 작성한 자소서에 적용해봄으로써 여러분의 자소서가 처음 의도한 방향대로 작성되었는지 주제에서 벗어난 부분은 없는지 점검해보세요.

CHAPTER 05

설득력을 높이는 글쓰기 노하우

자소서 컨설팅을 진행하다 보면 "논리적인 글쓰기 팁이 있을까요?", "어떻게 하면 설득력 있는 글을 쓸 수 있을까요?"라는 질문을 자주 받습니다. 이때 제가 자주 활용하는 글쓰기 바로 숲나무 전략인데요. 여러분은 '숲을 본다' 또는 '나무를 본다'라는 표현을 들어본 적이 있나요? 이 비유는 상황을 큰 그림으로 볼 것인지, 아니면 세부적인 디테일에 집중할 것인지를 의미합니다.

숲 전략과 나무 전략을 적절히 활용하자

자기소개서를 쓸 때도 이 두 가지 관점을 효과적으로 활용할 수 있는데요. 그럼 지금부터 각 글쓰기 전략의 특징과 활용법에 대해 알아보겠습니다.

숲 전략 : 거시적 관점에서 보여주기

숲 전략은 말 그대로 '나'라는 사람을 큰 그림으로 보여주는 접근 방식입니다. 여러분이 특정 직무와 관련된 경험을 지속적으로 쌓아왔다면, 각 경험을 숲의 관점에서 큰 흐름으로 연결해 보여줘야 합니다. 만약 마케팅에 지속적인 관심을 가지고 다양한 활동을 해왔다면 '지난 3년간 마케팅의 다양한 분야에서 활동하며 소비자 행동 분석부터 콘텐츠 기획까지 폭넓은 경험을 쌓았습니다'라고 요약하는 것이죠. 이렇게 하면 여러분이 단순히 여러 경험을 했다는 사실뿐만 아니라 이를 통해 쌓은 일관된 역량을 거시적인 관점에서 효과적으로 보여줄 수 있습니다.

숲 전략은 특히 자소서의 도입부에서 유용한데요. 채용 담당자가 처음 읽었을 때 나에 대한 전반적인 이해도를 높여주는 역할을 하기 때문입니다. 구체적인 사례 없이도 지원자가 일관된 방향성을 가지고 있다는 인상을 줄 수 있다는 장점이 있습니다.

> **예시**
>
> 대학 시절부터 데이터 분석에 흥미를 느껴 A 공모전, B 자격증 등에 도전하며 직무 기본기를 쌓았습니다. 졸업 후에도 빅데이터 분석과 머신러닝을 학습하며 이론적 지식을 강화하고자 했습니다. 이러한 기본기를 바탕으로, 입사 후 데이터 기반의 문제 해결에 기여할 수 있습니다.

나무 전략 : 구체적 사례 보여주기

나무 전략은 반대로 구체적인 사례를 통해 내가 어떤 경험을 했는지, 그 과정에서 어떤 역할을 했는지를 세밀하게 보여주는 방식입니다. 단순히 '무엇을 했다'로 끝나는 것이 아니라, '어떻게 했는지'와 '그 결과 무엇을 얻었는지' 등을 구체적으로 전달하는 것이 핵심이에요.

> **예시**
> 타깃 고객의 행동 패턴을 분석하여 SNS 광고 콘텐츠를 기획하고, A/B 테스트를 통해 최적의 광고 전략을 도출했습니다. 그 결과, 3개월 동안 팔로워 수가 150% 증가했으며, 월간 매출도 직전 3개월 평균 대비 20% 이상 성장했습니다.

나무 전략은 자기소개서의 서론, 본론, 결론 중 구체적 사례가 등장하는 본론에서 특히 많이 활용됩니다. 지원자는 구체적 사례를 근거로 본인이 어필하고자 하는 부분에 설득력을 더할 수 있고, 채용 담당자는 지원자를 보다 심도깊게 평가할 수 있다는 장점이 있습니다.

숲+나무 전략 : 각각의 장점을 더해 글 설득력 높이기

숲과 나무 전략을 적절히 조합하면 전체적인 방향성과 구체적인 경험을 모두 제시할 수 있어 설득력을 한층 더 높일 수 있습니다. 초반에는 일관된 경험과 강점을 거시적으로 요약해 제시하고, 중반부와 후반부에서는 구체적인 사례를 제시하는 것이 좋은 예입니다.

이런 글쓰기 방식은 특히 채용 담당자가 많은 자기소개서를 검토해야 할 때 좋은 점수를 받을 수 있는데요. 채용 담당자가 지원자에 대해 아직 잘 모르는 상황에서 초반 숲 전략으로 여러분에 대한 전반적 이해를 먼저 돕고, 이후 경험 사례를 통해 여러분이 어필하고자 하는 경험과 역량을 구체적으로 보여줄 수 있기 때문입니다.

> **예시**
>
> **[숲 파트]**
> 저는 대학생 때부터 마케팅에 관심을 가지고 다양한 프로젝트에 참여해왔습니다. 특히 지난 3년간 소비자 조사, 콘텐츠 제작, SNS 광고 등 여러 경험을 쌓으며 마케팅의 다양한 측면을 배울 수 있었습니다.
>
> **[나무 파트]**
> SNS 광고 업무를 맡을 당시, 데이터 기반의 소비자 분석을 통해 SNS 캠페인을 기획했고 이를 통해 팔로워 수를 50% 증가시키는 성과를 거둔 경험이 있습니다. 당시 자사 채널의 경우, 정기적으로 업로드되는 브랜디드 콘텐츠가 없어 고객과의 소통이 적은 편이었습니다. 저는 이 상황에서 주 2회의 브랜디드 콘텐츠 기획과 주 1회 이상 스팟 형식의 이벤트, 정보성, 상품 안내 콘텐츠 제작을 제안하고 실행하였습니다. (중략)

반면 질문에서 특정 상황을 제시했을 때, 예를 들어 '기존보다 높은 목표를 세워 달성한 경험에 대해 작성하세요'와 같은 질문에는 경험에 대해 구체적으로 서술하는 나무 전략이 더 적합할 수 있습니다.

> 전반적인 강점을 보여주고 싶을 때는 숲 전략을, 특정 성과나 역할을 강조하고 싶을 때는 나무 전략을, 이 둘의 특징을 모두 취하고 싶다면 숲+나무 결합 전략을 사용해주세요. 그럼 더욱 설득력 있는 자기소개서를 완성할 수 있을 거예요.

PART 05

실전!
자소서 7대
주요 항목
마스터하기

CHAPTER 01. 지원 동기

CHAPTER 02. 핵심 보유 역량

CHAPTER 03. 목표 달성 경험

CHAPTER 04. 협업 경험

CHAPTER 05. 성장 과정

CHAPTER 06. 입사 후 포부

CHAPTER 07. 문제 해결 경험

BONUS CHAPTER 자유 양식 자소서 쓰는 법

CHAPTER 01

지원 동기

이번 파트에서는 서류 전형에서 자주 출제되는 일곱 가지 자소서 항목의 출제 의도와 작성 예시를 알아볼 텐데요. 상반기, 하반기 채용 시즌마다 자주 만나는 단골 항목들이지만, 매번 시간에 쫓기다시피 자소서를 작성하고 제출하다 보니 출제 의도나 유의사항을 충분히 숙지하고 작성하는 것이 쉽지만은 않았을 거예요. 하지만 시험 보기 전 공식을 제대로 외워두면 문제 풀이에 도움이 되는 것처럼, 자소서도 각 항목을 관통하는 공식이 있습니다. 그럼 지금부터 잘 익혀두면 서류 합격률을 높일 수 있는 실전 자소서 노하우에 대해 알아볼까요?

첫 번째는 지원 동기입니다. 지원 동기는 기업에 대한 지원자의 관심과 진정성을 파악할 수 있는 대표 항목인데요. 자소서 단골로 출제되는 항목임과 동시에 취준생분들이 가장 어려워하는 항목 1순위이기도 하죠. 그렇다면 지원 동기는 왜 어려울까요? 지원 동기를 첨삭할 때 가장 많이 듣는 말이 바로 "솔직히 지원 동기가 없어요.", "그냥 취업해야 해서 지원하는 건데, 기업마다 쓸 말도 없고 너무 어려워요."입니다. 저도 취준생이었던 시절이 있기에 물론 여러분의 마음도 충분히 이해해요. 하지만 기업 입장에서 지원 동기는 지원자가 기업과 직무에 대해 얼마나 잘 이해하고 있는지, 우리 기업에 얼마나 많은 관심을 가지고 있는지 평가할 수 있는 중요한 항목입니다. 궁극적으론 자신들의 가치와 비전, 문화에 부합하는 인재를 가려내기 위한 항목인 것이죠.

지원 동기는 기업과 관련된 경험이나 역량이 다소 부족한 분들에겐 기피 1순위 항목이지만, 반대로 특정 산업이나 기업을 목표로 취업을 준비하고 있는 분들에게는 다른 지원자들과 차별화될 수 있는 기회이기도 한데요. 기업 입장에선 명확한 목표를 설정하고 비교적 장기간 동안 관련 경험과 스킬을 쌓아온 지원자에게 더 높은 점수를 줄 가능성이 크기 때문입니다.

> **별점 요약**
> - 난이도 : ★ ★ ★ ★ ★
> - 나에 대한 이해도 : ★ ★ ★ ★ ☆
> - 기업에 대한 이해도 : ★ ★ ★ ★ ★

> **관련 문항 예시**
> - "기업을 선택하는 본인의 기준은 무엇이며, ㅇㅇ 기업이 그러한 기준에 어떻게 부합하는지 기술해주세요."
> - "ㅇㅇ에 지원하게 된 이유와, 본인이 기여할 수 있는 부분에 대해 설명해주세요."
> - "ㅇㅇ에 지원한 동기와, 본인이 어떤 역할을 하고 싶은지 구체적으로 기술해주세요."
> - "ㅇㅇ에 지원한 동기와, 입사 후 이루고 싶은 목표에 대해 설명해주세요."

> **출제 의도**
> - 지원 기업에 대한 지원자의 관심과 열정을 확인하기 위해
> - 지원 기업의 목표, 비전, 가치관에 대해 얼마나 잘 이해하고 있는지 확인하기 위해
> - 지원 직무에 필요한 업무 역량과 성향을 보유한 지원자인지 알아보기 위해
> - 지원자의 성장 비전과 가치관이 기업의 미션과 얼마나 일치하는지 평가하기 위해

지원 동기 작성 시 유의사항

본격적인 작성법을 설명하기 앞서, 지원 동기에서 가장 많이 나타나는 실수와 불합격 요인에 대해 알아보도록 하겠습니다.

기업 정보의 단순 나열

지원 동기에서 가장 흔한 실수는 첫째, 나도 알고, 너도 알고, 우리 모두 아는 회사 설명으로만 가득 채운 뻔한 지원 동기입니다. 물론 지원 동기에서 기업에 대한 내용을 아예 배제할 수는 없습니다. 어떤 기업이든 장점이 있으니 지원한 것일 테니까요. 하지만 회사 칭찬과 현황으로만 가득 채워진 지원 동기는 수많은 서류를 평가하는 채용 담당자 입장에선 식상하게 느껴질 수 있어요. 따라서 지원 회사에 대해 충분히 공부하되 회사의 정보를 단순 나열하는 것은 금지입니다.

내가 지원 동기에 회사 설명만 쓰고 있는지 점검할 수 있는 방법이 있어요. 먼저 지원 동기를 작성한 후, 회사에 대한 단순 설명을 다른색으로 색칠해보는 거예요. 그러면 전체 글에서 회사 내용이 차지하는 비중

을 파악할 수 있는데요. 다음 예시와 같이 60~70% 이상이 회사 설명이라면 그 비중을 낮추고 나의 관점, 지원 기업에서 기대되는 커리어 성장 등으로 내용을 수정해주세요.

> **잘못된 예시**
>
> A 백화점은 국내 점유율 및 매출 1위를 자랑하는 백화점으로, 오랜 전통과 높은 브랜드 인지도를 자랑합니다. 특히 다양한 고급 브랜드와 트렌디한 제품을 제공해 고객들에게 최고의 쇼핑 경험을 선사하고 있는 점이 인상깊습니다. 최근 들어서는 다양한 문화 행사와 이벤트를 통해 고객들과의 소통을 강화하며, 브랜드 경쟁력을 더욱 강화해 나가고 있습니다. A 백화점이 이 지속적으로 추구하는 '고객 중심 경영'과 '프리미엄 전략'은 업계 선두주자로서의 입지를 확고히 다지는 데 큰 역할을 하고 있다고 생각합니다. 이러한 A 백화점의 비전과 경영 철학이 저와 잘 맞는다고 생각해 지원했습니다.

복사한 듯한 지원 동기

취준 과정에서 시간이 부족하다 보니 지원 동기를 비슷한 패턴으로 복붙하는 취준생분들이 굉장히 많은데요. 회사마다 고유의 비즈니스 모델과 상황을 가지고 있고, 동일 직무라도 회사별로 수행하게 되는 역할이 조금씩 다릅니다. 그렇기 때문에 지원 동기를 범용으로 작성하는 것은 서류 평가 과정에서 독이 될 수 있어요. 채용 담당자는 풍부한 서류 평가 경험이 있어 지원 동기 내용만으로도 지원자의 회사 관심도와 복붙 여부를 단번에 파악할 수 있습니다.

내 지원 동기가 복사한 듯한 내용으로 보이는지 체크해보는 방법이 있어요. 바로 현재 쓴 지원 동기에서 기업명을 다른 기업 이름으로 바꿨을 때

괴리감이 있는지 없는지 확인해보는 것인데요. 여러분도 그동안 작성한 지원 동기들을 한번 점검해보세요. 예를 들어 LG전자 지원 동기를 삼성 전자 지원 동기로 바꿔 제출해도 전혀 이상하지 않다면 그동안의 작성법을 전반적으로 수정해야 한다는 의미입니다.

지원 동기, 어떻게 작성해야 할까?

취업을 한다는 것은 기업의 성장에 기여하는 것임과 동시에, 여러분 자신도 회사에서 커리어를 성장시킬 수 있는 기회임을 의미합니다. 따라서 지원 동기 항목에 단순히 기업의 장점을 서술하는 것은 비교적 식상한 접근일 수 있습니다. 그보다는 여러분이 생각하는 지원 기업(혹은 산업)의 강점이 내 커리어에는 어떤 성장 기회로 연결될지, 어떤 동기부여로 작용할지 고민해보는 것이 중요합니다. 이로써 입사 후 자신이 기대하는 커리어 기회를 실현하며 기업과 함께 성장하겠다는 포부를 자연스럽게 보여줄 수 있죠.

지원 동기 작성 시 '연결'이라는 키워드를 염두에 두면 작성이 훨씬 수월해질 수 있는데요. 예를 들어, "파리바게트 빵이 맛있어서 지원했어요."라고 하면 어떨까요? 자칫 성의없이 작성한 지원 동기로 해석될 여지가 있어 보입니다. 반면 '연결'의 느낌을 주기 위해서는 파리바게트의 장점이 나에겐 어떤 상호작용을 이끌어 낼 수 있는지를 추가하면 됩니다. "파리바게트는 업계 최고의 제빵 기술력을 보유하고 있습니다. 입사 후 연구원으로서 업계 1위의 노하우를 기반으로 일할 수 있다는 점

글의 구성 요소	설명
1. 기업(산업)의 강점	지원 기업은 어떤 강점/기회 요소를 가지고 있는지?
2. 내 성장 기회와 연결	앞서 언급한 기업(산업)의 강점이 내 커리어 성장에 어떤 기회/베네핏을 줄 것이라 기대하고 있는지?
3. 내 경험과 연결	지원 기업, 산업, 직무와 관련하여 어떤 유사 경험이 있는지?
4. 간단한 포부	입사 후 포부가 있는지?

이 커리어적으로 큰 성장 기회가 될 것이란 기대감이 들었습니다. 또한 파리바게트는 공격적인 해외 진출로 미국뿐 아니라 유럽 시장에서도 큰 사랑을 받고 있습니다. 연구원으로서 지역별, 문화별 다양한 소비자를 대상으로 한 상품을 개발하는 것은 큰 사명감이자, 동기부여가 될 것이라 생각합니다. (중략)" 이처럼 단순히 파리바게트의 장점 나열이 아닌, 회사의 장점이 내 커리어에 어떤 영향을 미치는지 반드시 연결해주세요. 그럼 훨씬 설득력 있는 지원 동기를 완성할 수 있게 될 거예요.

자소서 작성 예시 1

Q. 당사에 지원하는 이유와 당사가 귀하를 선택해야 하는 이유에 대하여 구체적으로 기술해주십시오.

[1. 기업(산업)의 강점] 국내는 물론 북미, 유럽 등 전 세계 70여개국 소비자들의 입맛을 공략하며 세계적으로 뻗어나가고 있는 ○○ 기업의 성장세를 봤을 때, [2. 내 성장 기회와 연결] 해외 영업 직군 종사자로서 다양한 글로벌 시장으로의 커리어 성장 기회가 열려 있을 것이라는 기대로 지원하였습니다.

[1. 기업(산업)의 강점] 작년 봄, 이코노믹 리뷰에서 ○○ 기업의 R&D 투자 관련 기사를 접했습니다. 코로나로 인해 산업 전반으로 신규 투자가 경직되고 성장이 둔화되는 시기 속, ○○ 기업의 공격적인 글로벌 진출 전략을 보며 [2. 내 성장 기회와 연결] 미래 비전에 투자를 아끼지 않는, 앞으로의 성장이 더 기대되는 기업이란 인상을 받은 점 역시 제가 ○○ 기업에 지원한 계기 중 하나입니다.

○○ 기업이 저를 선택해야 하는 이유는 ○○ 기업의 성공적인 글로벌 진출과 시장 확장을 위해서는 식품 분야의 전문가뿐만 아니라 전혀 다른 시각을 제안하고 과감히 시도해볼 수 있는 인재가 필요하기 때문입니다. 최근 소비자들에게 사랑받는 브랜드나 상품들을 보면 서로 다른 업종/분야와의 콜라보로 혁신을 일으킨 사례를 자주 볼 수 있습니다. 대표적인 예가 바로, 최근 MZ세대 사이에서 독보적인 팬덤을 구성하고 있는 A 브랜드와 B 브랜드의 콜라보로 탄생한 C 제품입니다. 접점이 없을 것만 같은 두 브랜드가 만나, 최근 아시아, 미주, 유럽 시장에서 리셀러를 기록했을 정도로 큰 인기를 끌었습니다. 특히 각 산업 분야의 소비자를 동시에 흡수하며 매출 신장뿐 아니라 광고 효과 측면에서도 큰 성공을 거두었습니다.

[3. 내 경험과 연결] 저는 지난 4년 동안 신용카드, 화장품 산업에서 글로벌 진출 직무를 수행하며 다양한 인더스트리와의 콜라보레이션을 운영해본 경험이 있고, 그 과정에서 마켓별/타깃별 특성에 대한 노하우는 물론, 크고 작은 성공 경험을 만들었습니다. [4. 간단한 포부] 제가 가진 해외 영업 분야에서의 직무 전문성 및 다양한 산업군

의 트렌드에 발 빠르다는 강점을 살린다면 ○○ 기업의 글로벌 진출 확장과 함께 전 세계 소비자들에게 특별한 고객 경험을 제공할 수 있을 것이라 확신합니다.

자소서 작성 예시 2

Q. 해당 직무를 선택하신 이유는 무엇인가요?

타 직무와 차별화되는 영업의 매력은, 1)세일즈 담당자의 역량이 성과로 직결된다는 점과, 2)목표를 달성했을 때 큰 성취감을 느낄 수 있다는 점입니다. 그중에서도 해외 영업을 선택한 이유는, 1)글로벌 시장으로의 시야 확장 기회, 2)해외 파트너사와 다양하게 협업해온 제 경험이 시너지가 날 것으로 판단했기 때문입니다.

외국계 제약사에서 영업 지원 직무로 근무할 당시, 거래처의 담당 영업사원이 바뀌며 새롭게 거래가 시작되거나 거래가 중단되는 모습을 보았습니다. 이를 계기로 영업사원 개인의 역량이 회사의 매출과 직결됨을 깨닫게 되면서, 영업 담당자의 중요성을 깊이 체감할 수 있었습니다.

또한 해외 영업은 수출 국가의 내수 시장 상황 및 글로벌 트렌드를 고려하는 등 폭넓은 식견을 필요로 하는 직무입니다. 따라서 입사 후 글로벌 시장에 대한 시야를 지속적으로 확장해나갈 수 있다는 점 역시 제가 해외 영업을 선택한 이유입니다.

저는 평소 목표 지향적이며 능동적인 성향으로, 이러한 장점이 영업 직무와 시너지를 낼 것이란 자신감을 가지고 있습니다. 나아가 3년간 외국계 기업에서 근무하며 다양한 국적의 글로벌 담당자들과 협업한 경험을 바탕으로, 해외 영업 분야에서 ○○ 기업의 맞춤형 세일즈맨으로 성장하겠습니다.

Q 기업에선 '배우겠다'라는 말을 싫어한다고 하던데, 지원 동기에도 열심히 배우겠다고 쓰면 안 될까요?

A 이 말이 반은 맞고 반은 틀렸다 생각해요. 물론 기업을 학교나 학원처럼 생각하며 무언가를 '배우러 가는 곳'이라고 정의한다면 틀린 것이겠지만, 우리는 입사하고 나면 기본적인 업무 태도부터 협업 방법, 협업 툴 활용 방법, 문제 해결 방법, 산업 지식 등 광범위한 스킬과 업무 역량을 자연스럽게 기르게 되거든요. 이를 통해 우리의 커리어가 성장하는 것이고요. 다시 말해 배우는 곳이라고 정의하긴 애매하나, 궁극적으로는 실무 역량을 배우는 곳인 셈이죠. 따라서 지원 동기에는 '배우겠다'라는 표현을 반복적으로 사용하기보단 여러분이 입사 후 어떤 커리어 성장 비전과 기회를 기대하고 있는지에 대해 중점적으로 작성해주세요.

CHAPTER 02

핵심 보유 역량

핵심 보유 역량을 묻는 항목은 이력서나 경력기술서에서 풀어내지 못한 본인의 역량을 글의 형식을 빌려 자세히 어필할 수 있는 좋은 기회입니다. 한편 채용 담당자 입장에서는 지원자가 지원 직무를 실질적으로 수행할 수 있는 역량을 보유하고 있는지, 기존에 유사 업무에서 성과를 낸 경험이 있는지를 파악할 수 있는 문항이기도 합니다. 따라서 지원자의 경우 입사 후 맡게 될 업무 특성을 고려해 어떤 역량을 어필할지에 대한 전략 구상이 굉장히 중요합니다.

> **별점 요약**
> - 난이도 : ★ ★ ★ ★ ☆
> - 나에 대한 이해도 : ★ ★ ★ ★ ★
> - 기업에 대한 이해도 : ★ ★ ★ ★ ☆

> **관련 문항 예시**
> - "지원 직무를 수행함에 있어 본인의 장점이 무엇인지 구체적인 사례를 들어 설명해주세요."
> - "지원한 직무에서 본인이 기여할 수 있는 차별화된 강점은 무엇인지 설명해주세요."
> - "지원한 직무를 성공적으로 수행할 수 있는 본인의 강점에 대해 설명해주세요."
> - "본인의 역량 중에서 지원 직무와 가장 부합하는 강점은 무엇이며, 이를 발휘한 구체적인 사례를 설명해주세요."

> **출제 의도**
> - 지원자의 보유 역량이 해당 직무에서 요구하는 능력과 일치하는지 평가하기 위해
> - 지원자가 본인의 강점을 명확히 파악하고 있는지 확인하기 위해
> - 지원자가 지원 공고의 역할을 잘 이해했는지 확인하기 위해
> - 강점을 뒷받침하는 구체적인 경험이나 성과를 통해 지원자의 실질적인 역량을 평가하기 위해
> - 지원자가 입사 후 핵심 역량을 바탕으로 어떻게 기여할 수 있는지 확인하기 위해

핵심 역량 작성 시 유의사항

공고 맞춤형으로 작성하기

핵심 강점은 최대한 지원 공고와 접점이 있는 키워드로 어필하는 것을 권장합니다. 동일한 직무더라도 기업마다 맡게 되는 세부 역할 및 목표가 다를 수 있기 때문인데요. 먼저 채용 공고에서 나에게 요구하는 역할과 역량을 철저히 분석한 다음, 내가 가진 강점과의 접점을 찾아주세요. 이때 채용 공고에서 사용하고 있는 키워드를 최대한 활용하는 것도 하

나의 전략이 될 수 있습니다. 만약 채용 공고 우대 사항에 '분석적 사고를 기반으로 문제를 해결하는 사람'이라는 내용이 있었다면, 핵심 강점 키워드를 뽑을 때 '분석적 사고'를 하나의 키워드로 활용하는 것이죠.

소프트 스킬 VS 하드 스킬

핵심 강점 키워드를 선정할 때 팀워크, 인성, 협업 태도 등과 관련된 역량인 '소프트 스킬'만 나열하거나, 반대로 기술적 역량인 '하드 스킬'만 나열하는 경우가 있습니다. 그러나 소통 능력, 꼼꼼한 업무 처리 등과 같은 소프트 스킬만 강조하면 협업 역량이나 업무 태도 측면에선 좋은 점수를 받을 수 있을지 몰라도, 기술적 역량이 부족하다는 인상을 줄 수 있습니다. 특히 소프트 스킬은 객관적인 기준으로 평가하기가 어렵기 때문에 채용 담당자가 지원자의 능력을 검증할 근거가 부족하다고 느낄 수 있죠. 특히 개발자, 디자인 직군과 같이 특정 기술을 요하는 직군에선 소프트 스킬만 강조하는 것이 큰 약점이 될 수 있어요.

반면 시각화 역량, 시장 조사 역량과 같은 하드 스킬만 강조했을 땐 어떤 아쉬움이 있는지 살펴볼게요. 이 경우엔 업무 스킬적인 부분에서 점수를 얻을 수 있지만 지원자의 인성, 근면함, 주도성과 같은 기본적인 태도를 확인하기 어렵다는 단점이 있어요.

따라서 핵심 강점을 작성할 때는, 하드 스킬과 소프트 스킬을 적절히 섞어 밸런스를 유지하는 것이 좋습니다. 만약 여러분이 하드 스킬에 월등히 많은 강점이 있다면 상황에 따라 예외적으로 하드 스킬만 작성해도 괜찮습니다. 그러나 반대로 100% 소프트 스킬만 작성하는 것은 추천하지 않으니 작성 시 참고해주세요.

핵심 보유 역량, 어떻게 작성해야 할까?

핵심 강점을 작성할 때는 자신의 강점 중 채용 공고에서 요구하는 역량과 접점이 있는 키워드를 우선적으로 선택하는 것이 유리합니다. 이때 단순히 강점을 나열하기보다는 이 역량이 해당 직무에 왜 중요한지, 어떻게 활용될 수 있는지를 구체적으로 설명하는 것이 좋습니다. 또한 기업은 지원자가 입사 후 어떤 기여를 할 수 있을지 궁금해하기 때문에 강점을 증명할 수 있는 구체적인 경험을 함께 제시함으로써 신뢰도를 높일 수 있습니다.

글의 구성 요소	설명
1. 핵심 강점 키워드	어필하고자 하는 강점 키워드가 뭔지?
2. 강점의 정의(선택)	강점 키워드를 나만의 언어로 정의한다면?
3. 지원 직무에 해당 역량이 중요한 이유(선택)	지원 직무에 이러한 강점이 왜 필요한지? 실무에 어떻게 적용될 수 있는지?
4. 구체적 경험 예시	강점 키워드를 증명할 수 있는 구체적 예시와 결과 및 성과는 무엇인지?
5. 입사 후 포부와 연결	입사 후 해당 강점을 어떻게 발휘할 수 있는지?

자소서 작성 예시 1

Q. 지원 직무 수행과 연계한 본인만의 경쟁력 및 강점을 기술해주시기 바랍니다.

[1. 핵심 강점 키워드] 제 강점은 '고객 관점'을 가지고 있는 것입니다. [2. 강점의 정의] 제가 정의하는 고객 관점이란, 고객의 눈높이에서 그들의 pain point를 고민하고 문제를 해결해주기 위해 노력하는 자세입니다. [3. 지원 직무에 해당 역량이 중요한 이유] ○○ 기업은 각 고객사별 pain point가 상이한 만큼, 업무 수행 과정에서 각각의 눈높이를 맞출 수 있는 고객 관점이 중요하다고 생각합니다.

[4. 구체적 경험 예시] 저의 이러한 '고객 관점'을 잘 보여주는 경험은 작년에 참여한 창업 프로젝트 ○○○○입니다. ○○○○는 전문대생이 원데이 클래스를 개최하도록 돕는 플랫폼입니다. 사업을 진행하기 위해 직접 전문대생에게 연락해 강사로 섭외하고자 했습니다. 하지만 강사 경험이 부족한 전문대생은 클래스 장소 섭외와 클래스 홍보에 어려움을 표하며 거절하였습니다. 저는 그들의 pain point를 해결하기 위해 대구시에서 청년을 위해 무료로 대여해주는 공간을 활용했고, 콘텐츠 제작 역량을 살려 손수 클래스별 홍보 콘텐츠를 제작해드렸습니다. 그 결과, 무사히 강사를 섭외하여 클래스를 진행할 수 있었습니다. 또한, 만족도 조사를 통해 클래스 수강생들이 시즌별로 다른 메이크업 클래스를 듣고 싶어한다는 니즈를 파악하여 강사님과 협의 끝에 '면접용 메이크업 클래스', '졸업식 메이크업 클래스' 등을 열기도 했습니다.

이 모든 과정을 통해 4.5/5점이라는 클래스 만족도를 얻었고, 해당 성과로 ○○ 구청장님 간담회에 청년 CEO로 초청받았습니다. 이러한 경험을 통해 성공적인 서비스/상품을 만들기 위해서는 내 고객의 pain point를 명확히 이해하고, 그들의 고민과 문제를 해결해주는 것이 가장 중요하다는 것을 깨달았습니다.

[5. 입사 후 포부와 연결] 이러한 고객 관점을 살려, 입사 후 현장에서 고객사의 고민과 니즈를 섬세히 파악하겠습니다. 이를 통해 ○○ 기업과 고객사 간의 의견 차이를 좁혀 나가며 신뢰 구축은 물론, 궁극적으로는 매출 증대에도 적극 기여하겠습니다.

자소서 작성 예시 2

Q. 지원 분야에 대한 자격 사항 및 전문성 관점에서 어떤 역량을 보유하고 있는지 기술해주시기 바랍니다.

제가 데이터 분석 직무에서 발휘할 수 있는 강점은 다음 두 가지입니다.

[1. 핵심 강점 키워드] 첫째, ○○ 데이터 활용에 대한 높은 이해도 및 분석 역량입니다. 저는 지난 3년 동안 A 기업, B 기업, C 기업 등 10건 이상의 ○○ 데이터 프로젝트에 참여하여 분석 역량을 키워왔습니다. 특히, ○○ 데이터의 다양한 지표에 대한 높은 이해도를 바탕으로 탐색적 방법론 및 가설 검증 방법론을 활용하여 분석을 진행했습니다. [3. 지원 직무에 해당 역량이 중요한 이유] 지원 직무의 경우 ○○ 기업의 고객 전략 수립, 상품성 개선 및 고객 경험 관리를 수행하는 만큼, ○○ 데이터를 활용한 풍부한 프로젝트 경험이 인사이트 제안에 큰 강점이 될 것이라 생각합니다. [4. 구체적 경험 예시] 예시로 ○○○ 데이터를 활용한 국내 여행 트렌드 분석 프로젝트에서 탐색적 방법론을 활용하여 목적별로 키워드를 세팅하고 분석하여 국내 여행 현황부터 여행 행태에 이르는 트렌드를 도출한 경험이 있습니다. 이외에도 다양한 목적과 규모의 프로젝트를 수행하며 어떤 분석 과제가 주어져도 잘 수행할 수 있는 직무 전문성과 자신감을 갖게 되었습니다.

[1. 핵심 강점 키워드] 둘째, 폭넓은 빅데이터 플랫폼 활용 역량입니다. [3. 지원 직무에 해당 역량이 중요한 이유] ○○ 기업의 경우 A, B, C 등 다양한 빅데이터 플랫폼을 사용 중인 것으로 알고 있습니다. [4. 구체적 경험 예시] 저는 지난 3년 동안 A뿐만 아니라 세일즈포스의 B 및 소셜 Visual 분석 툴인 C 등 다양한 빅데이터 플랫폼을 실무에 활용해본 경험이 있습니다. 특히 A의 경우, 직접 유저 가이드를 제작하고 10회 이상의 사용자 교육 및 100건 이상의 구현 컨설팅을 진행하며 전문성을 쌓아왔습니다. 이렇듯 다양한 유형의 플랫폼에 대한 깊이있는 사용 경험을 바탕으로 전반적인 기능과 플랫폼 간 차이점을 이해하고 있습니다. [5. 입사 후 포부와 연결] 입사 후 A 뿐만 아니라 다양한 플랫폼을 심도 있게 활용하여 맡은 과제의 분석 퀄리티를 높일 자신이 있습니다.

CHAPTER 03

목표 달성 경험

목표 달성 경험은 지원자의 목표 의식과 구체적인 실행 과정을 평가할 수 있는 항목으로, 최근 대기업 자소서에서 특히 자주 출제되는 추세입니다. 지원자에겐 본인의 목표 지향적인 성향과 구체적인 목표 달성 과정을 보여줄 수 있는 기회이기도 하죠. 한편 기업 입장에서는 단순한 목표 달성 여부를 넘어서 지원자가 어떠한 동기로 그 목표를 세웠고, 어떠한 방법으로 목표를 달성해나갔는지를 궁금해합니다. 따라서 목표 자체의 크기나 결과에 대한 성과보다는 목표 달성을 위해 노력한 과정, 그 과정에서 얻은 배움과 성장은 무엇인지에 초점을 맞추는 것이 핵심입니다.

> **별점 요약**
> - 난이도 : ★ ★ ★ ☆ ☆
> - 나에 대한 이해도 : ★ ★ ★ ★ ★
> - 기업에 대한 이해도 : ★ ☆ ☆ ☆ ☆

> **관련 문항 예시**
> - "어려운 목표를 세우고 이를 달성하기 위해 노력했던 경험을 구체적으로 설명해주세요."
> - "스스로 높은 목표를 세워서 달성한 경험에 대해 서술해주세요."
> - "주도적으로 목표를 세우고 달성했던 경험을 통해 얻은 교훈이나 변화된 점이 있다면 구체적으로 설명해주세요."
> - "목표 달성 과정에서 창의적이거나 새로운 접근 방식을 시도했던 경험이 있다면 그 과정과 결과를 설명해주세요."

> **출제 의도**
> - 목표 지향적인 사고 방식을 가지고 있는 사람인지 알아보기 위해
> - 스스로 주도적으로 목표를 세우고 추진하는 사람인지 확인하기 위해
> - 목표 달성 과정에서 마주한 어려움을 어떻게 극복했는지 살펴보기 위해
> - 목표 달성을 위해 얼마나 집요하게 노력하는 사람인지 파악하기 위해
> - 목표 달성 과정을 통해 어떤 교훈을 얻었고, 어떻게 성장했는지 알아보기 위해

목표 달성 경험 작성 시 유의사항

명확한 목표 설정하기

목표 달성 경험 항목의 경우, 목표가 명확히 제시되어야 이후 달성 과정과 결과도 매끄럽게 작성해나갈 수 있는데요. 종종 목표 자체를 추상적으로 설정해, 달성 과정 및 결과까지도 애매하게 마무리되는 경우를 봅니다. 예를 들어, "저는 업무 효율 향상이라는 목표를 세웠습니다."라고 목표를 잡았다고 가정해볼게요. '업무 효율을 향상시킨다'는 목표는 명

확한 기준점이 없기 때문에 이후 전개될 내용도 계속해서 추상적인 내용이 반복될 수 있습니다. 따라서 이를 더 구체화해본다면 "제 목표는 A 업무 수행 과정에서의 효율을 기존 주 6시간 투입에서 주 4시간 투입으로 향상시키는 것이었습니다."와 같이 수정할 수 있겠죠. 따라서 목표 달성 경험을 작성할 때는, 목표를 수치화하거나, "수상", "완주"와 같이 구체적 기준점을 정하는 것이 좋습니다.

성과에 집착하지 않기

채용 담당자는 성과의 크기 그 자체보다는 지원자가 목표를 세운 이유와 달성하기 위해 노력한 점을 더 궁금해합니다. 그러므로 여러분이 과정보단 수치적 성과, 즉 결과에만 집착한다면 중요한 평가 요소를 놓치는 것과도 같죠.

목표 달성 경험을 작성하는 과정에서 실제로는 8% 성장이 있었더라도 20%로 높여 말하는 등, 왜곡된 성과를 어필하는 경우도 종종 보는데요. 대부분의 실무자들은 과장된 성과를 쉽게 구분할 수 있기 때문에 유의해야 합니다.

목표 달성 경험, 어떻게 작성해야 할까?

이 항목의 핵심은 스스로가 어떠한 동기로 목표를 세웠고 해당 목표를 달성하기 위해 얼마만큼 노력했는지를 보여주는 것입니다. 따라서 작은 목표더라도 스스로 명확한 동기 부여 요인을 갖고 능동적으로 달성해나 갔음을 보여주는 것이 가장 중요합니다. 채용 담당자는 이를 통해 지원자가 입사 후 조직의 목표에 임하는 자세, 그리고 달성 의지, 실행력 등을 예측해볼 수 있습니다.

다음 표의 다섯 가지 요소를 활용하면 탄탄한 구조로 글을 작성할 수 있는데요. 먼저, 여러분이 설정한 목표를 간략히 설명하며 목표를 세운 배경과 명확한 동기 요인을 제시해주세요. 그다음으로는 어떤 구체적 실행 방안을 세우고 어떻게 행동으로 옮겼는지 상세히 서술합니다. 같은 목표라도 사람마다 달성 과정은 모두 다르기 때문에 여기서 지원자의 성향이나 역량치를 파악할 수 있습니다. 만약 목표 달성 과정에서 예상치 못한 난관이 있었다면 관련 내용과 극복 방법을 작성하는 것도 좋습니다. 마지막으로 목표 달성 결과와 그 과정을 통해 얻은 교훈, 성장한 점을 보여주며 글을 마무리해주세요.

글의 구성 요소	설명
1. 세운 목표	무슨 목표를 세웠는지?
2. 당시 상황/배경	당시 상황/배경이 어땠는지?
3. 목표의 동기	왜 이런 목표를 세웠는지?
4. 구체적 실행 방안	구체적인 실행 방법이 뭐였는지?
5. 결과/배운 점	결과, 배운 점, 성장한 점, 변화 등이 뭐였는지?

자소서 작성 예시

Q. 스스로 높은 수준의 목표를 세우고, 치열하고 끈질기게 노력하여 성취한 경험에 대해서 서술해주세요.

대학생 시절 마케팅 학회인 ○○○ 멤버로 활동하며, 공모전 수상 목표를 달성한 경험이 있습니다. [2. 당시 상황/배경] 당시 학회 동기 대부분은 한 학기 내내 수상의 영광을 누린 반면, 저는 단 한 번도 수상자 명단에 이름을 올리지 못해 공모전 수상은 저의 1순위 목표였습니다. 이를 위해 남들보다 두 배 더 많은 공모전에 참여했지만 본선 탈락이 잦아지면서 슬럼프에 빠지게 되었습니다.

[3. 목표의 동기] 그때 선배 한 분이 "열심히 하는 게 답이 아니라, 하나를 내더라도 명확한 분석과 전략을 바탕으로 공모전에 참여해라."라는 조언을 해주었습니다. 저는 망치로 머리를 맞은 기분이었습니다. 그동안 출품 '개수'에 집착한 나머지 기본기를 쌓을 생각을 하지 못했기 때문입니다. [1. 세운 목표] 이때부터 저는 마케팅의 기본기를 먼저 쌓겠다는 명확한 목표를 세웠습니다.

[4. 구체적 실행 방안] 먼저 50개 이상의 수상작 사례를 치밀하게 분석하였고, 체험형 팝업 스토어, 인스타그램 핫플레이스 등 트렌드의 중심을 찾아다녔습니다. 또한 경제신문, 마케팅 뉴스레터 등을 구독하며 마케팅 트렌드 및 소비자 인사이트를 찾아내는 훈련을 거듭했습니다.

[5. 결과/배운 점] 이처럼 치열하게 마케팅 기본기를 쌓은 덕분에 어느새 저는 동아리 내에서 손꼽히게 기획안을 잘 쓰는 동기가 되어 있었고, 그 결과 다음 학기에 출품한 모든 공모전에서 수상하며 처음 세웠던 목표까지 이룰 수 있었습니다.

이 경험을 통해 무작정 달리기보다는 명확한 지도를 가지고 도착지로 향하는 것이 성공의 열쇠라는 깨달음을 얻을 수 있었습니다. 또한 개인적인 슬럼프를 극복해나가는 과정에서 내면 역시 단단하게 성장시킬 수 있었던 값진 경험이었습니다.

CHAPTER 04

협업 경험

협업 경험은 자소서뿐만 아니라 면접에서도 자주 출제되는 단골 문제입니다. 기업은 지원자가 다른 동료나 클라이언트와 원만히 협업할 수 있는지 파악하고 싶어 합니다. 따라서 협업 경험은 여러분이 '팀 플레이어'임을 어필할 수 있는 중요 항목이라 볼 수 있어요.

그동안 협업 과정에서 기억에 남는 의견 충돌이나 사건이 없었던 분들은 소재를 고르는 것에서부터 어려움을 느끼는데요. 협업 경험을 묻는 문항에 '어려움'이나 '갈등'과 같은 단어가 포함되어 있지 않다면 소재를 무조건 갈등 환경으로 끌고 갈 필요는 없습니다. 대신 갈등 요소는 없더라도 가장 인상 깊었던 협업 경험과 그 이유를 작성하면 됩니다.

> **별점 요약**
> - 난이도 : ★ ★ ★ ☆ ☆
> - 나에 대한 이해도 : ★ ★ ★ ☆ ☆
> - 기업에 대한 이해도 : ★ ☆ ☆ ☆ ☆

> **관련 문항 예시**
> - "팀 프로젝트나 협력 상황에서 어려움을 겪었을 때 이를 어떻게 극복했는지, 그 과정에서 본인의 역할과 노력에 대해 구체적으로 설명해주세요."
> - "팀이나 조직 내에서 갈등이 발생했을 때 이를 해결한 경험이 있다면 상황과 해결 방식을 구체적으로 설명해주세요."
> - "팀원들과의 의사소통이 중요한 프로젝트에서 소통을 통해 목표를 달성했던 경험이 있다면 그 과정과 결과를 설명해주세요."
> - "개인보다는 팀과 함께하면서 더 큰 목표를 이뤘던 경험에 대해 작성해주세요."

> **출제 의도**
> - 다른 사람과 함께 일하는 방식을 통해 지원자의 협업 능력을 평가하기 위해
> - 협업 중 발생할 수 있는 갈등 상황에서의 대처 능력과 조정 능력을 파악하기 위해
> - 팀 협업 과정에서 개인보다는 팀의 목표를 더 우선시할 수 있는 사람인지 파악하기 위해
> - 다양한 성향을 가진 사람들과 협력하는 데 있어 수용성이 있는지 알아보기 위해

협업 경험 작성 시 유의 사항

팀원들을 낮추고 나를 높여 말하지 않기

협업 경험 항목 내에서도 세부적으로는 다양한 조건이 붙어 있을 수 있

어요. "본인이 수행한 역할 중심으로 설명하세요.", "갈등이 발생했을 때 해결한 경험을 서술하세요." 등 전반적인 방향성에 대한 가이드가 주어지는 것이 그 예시죠. 다만, 어떤 케이스든 협업 경험에서 팀원들을 낮추고 나를 높이는 작성법은 지양해야 합니다. 종종 자소서를 보면 팀원들이 어떠한 부분을 실수했거나 잘못했다는 점을 지적하며 내가 이 상황을 발견하고 주도적으로 문제를 해결했다는 식으로 작성하는 경우가 있어요. 이로써 개인의 능력은 어필할 수 있을지 몰라도, 협업 역량 측면에서는 오히려 좋은 점수를 받지 못할 수 있습니다.

따라서 협업 소재를 작성하기 전, 내가 생각하는 좋은 협업이란 무엇인지 먼저 곰곰이 생각해보세요. 그다음 협업 과정에서 내 역할뿐 아니라 함께했던 팀원들의 노고, 팀의 의미를 함께 연결해 풀어낸다면 훨씬 좋은 점수를 받을 수 있을 거예요.

직무에서 필요한 협업 역량 어필하기

지원 직무에서 기대하는 '협업 역량'에 초점을 맞춘다면 기업이 찾는 인재상에 더 핏하다는 인상을 줄 수 있어요. 예컨대 영업사원에게 기대하는 협업 역량과 디자이너에게 기대하는 협업 역량은 서로 다를 수 있죠. 따라서 협업 경험을 작성하기 전 '내 직무에선 어떤 협업 역량이 필요할까?'를 미리 생각해보는 것이 좋습니다. UX/UI디자이너의 경우엔 마케터, 개발자, 기획자 등 다양한 부서와 협업하며 업무를 수행하는데요. 다양한 조직과 의견을 조율하며 결과물을 만들어야 하는 만큼 열린 소통

자세와 수용력, 협조적 자세로 협업에 임했다고 어필할 수 있는 것이죠.

협업 경험, 어떻게 작성해야 할까?

협업 경험을 작성할 때는, 먼저 협업의 배경을 요약해주세요. 그다음, 팀의 공동의 목표가 무엇이었는지, 당시 상황적 특징은 어땠는지 서술함으로써 읽는 사람의 이해도와 몰입도를 높일 수 있습니다.

채용 담당자는 여러분이 협업 과정에서 어떤 교훈을 얻었고 어떻게 성장했는지를 통해 협업에 임하는 기본적인 태도와 입사 후 어떤 성향의 동료가 될 것인지를 판단하게 됩니다. 그러므로 단순히 협업한 내용을 작성하고 끝내는 것이 아니라 궁극적으로는 여러분이 해당 경험을 통해 갖게 된 협업에 대한 가치관 혹은 협업 시의 강점을 반드시 함께 어필해주세요.

글의 구성 요소	설명
1. 협업 배경 요약	협업의 배경은 무엇이었는지?
2. 공동의 목표(선택)	팀의 공동 목표는 무엇이었는지?
3. 당시 상황/배경	협업 당시의 상황은 어땠는지? 어떤 어려움이 있었는지?
4. 내 역할	조직 내에서 나의 역할은 뭐였는지?
5. 협업 과정	구체적인 협업 과정은 어땠는지?
6. 결과, 배운 점	결과는 어땠고, 이를 통해 어떤 교훈을 얻었는지?

자소서 작성 예시

Q. 팀 프로젝트나 협력 상황에서 어려움을 겪었을 때 이를 극복하기 위한 본인의 역할과 노력에 대해 설명해주세요.

[1. 협업 배경 요약] 저는 교내 마케팅 학회인 ○○에서 1년간 활동하며 다양한 공모전에 참여했습니다. [3. 당시 상황/배경] 학회 규정 중엔 신입 기수와 팀을 이루어 공모전에 참여하는 활동이 있었고, 이때 후배 기수와의 경험 차이로 인해 어려움을 겪었던 경험이 있습니다. 공모전 기획 회의 시, 선배 기수로서 공모전 경험이 없는 후배들을 교육하고 이해시키는 데 많은 시간이 소요되었기 때문입니다. 잔소리를 하게 되는 선배들의 상황도 난감했지만 의도치 않은 마찰로 후배들 역시 지쳐가긴 마찬가지였습니다.

[4. 내 역할] 저는 이러한 분위기를 개선해보고자 역지사지로 저의 신입시절을 떠올려 보며 저 역시 무언가를 처음부터 잘했던 적은 없다는 것을 깨달았습니다. 해결 방법을 고민하던 저는 마케팅 개념이 담긴 교육 자료를 후배들에게 공유하며 공부해보길 권유하였고, 함께 수상작을 분석하며 실전 감각을 익힐 수 있도록 도왔습니다. [5. 협업 과정] 개념부터 응용까지 익힌 후배들이 점점 자신감을 얻어 의견을 내기 시작하면서 적극적으로 토론하는 분위기가 조성되었습니다. 아이디어가 활성화되자 기획안의 완성도도 점점 높아졌습니다. 이 과정에서 수많은 시행착오를 이겨내며, 마침내 참여했던 공모전 네 개 중 세 군데에서 수상하는 쾌거를 이뤄냈습니다.

[6. 결과, 배운 점] 본 경험을 통해 협업 과정에서 매사에 자만하지 않는 역지사지의 자세가 중요하다는 것을 깨달았습니다. ○○ 기업에 입사한 후에도 다양한 협업 상황에서 역지사지의 자세로 더 높은 성과를 만들어낼 수 있는 영업 관리자가 되겠습니다.

CHAPTER 05

성장 과정

성장 과정을 출제하는 이유는 지원자가 살아오면서 어떤 인성, 강점, 가치관 등을 길러왔는지 파악하기 위함입니다. 언뜻 보면 가벼운 주제 같지만 항목의 의도를 잘 이해하지 못한 채 작성하면 한없이 어렵게 느껴지는 항목이기도 합니다.

흔히 도전 경험, 협업 경험이라 하면 몇 가지 주제가 머릿속에 쉽게 떠오르죠. 하지만 성장 과정은 상대적으로 광범위하기 때문에 많은 취준생분들이 주제를 선정하는 것부터 어려움을 느낍니다.

제가 취업을 준비할 때만 해도 성장 과정은 부모님의 성향이나 가훈 등으로 시작하는 경우가 많았어요. 하지만 시간이 흐르며 자소서의 트렌드도 조금씩 변했기 때문에, 이제는 가족을 키워드로 성장 과정을 작성하는 것은 식상하게 여겨질 수 있습니다. 이번 챕터에서 여러분이 성장 과정 작성법을 명확히 이해할 수 있도록 출제 의도와 유의해야 할 점,

필수 구성 요소와 작성 예시까지 하나씩 살펴보도록 할게요.

> **별점 요약**
> - 난이도 : ★ ★ ★ ☆ ☆
> - 나에 대한 이해도 : ★ ★ ★ ★ ★
> - 기업에 대한 이해도 : ★ ★ ☆ ☆ ☆

> **관련 문항 예시**
> - "본인의 성장 과정에서 가장 중요한 경험은 무엇이며, 이를 통해 배운 점을 구체적으로 기술해주세요."
> - "본인의 성장 과정에서 가장 크게 영향을 준 사건이나 경험은 무엇이며, 이를 통해 형성된 가치관에 대해 기술해주세요."
> - "성장 과정에서 본인의 삶의 원칙을 형성하게 된 사건이나 경험을 설명해주세요."

> **출제 의도**
> - 지원자의 성장 과정으로부터 전반적인 성향과 가치관을 파악하기 위해
> - 지원자가 그동안 성장해온 배경을 통해 입사 후의 성장 잠재력을 파악하기 위해
> - 성장 과정에서 지원자가 직무에 필요한 역량과 소양을 쌓아왔는지 파악하기 위해
> - 어떤 환경에서 성장에 대한 동기부여를 느끼는 사람인지 파악하기 위해

성장 과정 작성 시 유의 사항

유년 시절의 일대기 나열하지 않기

성장 과정 항목에서 유년 시절 일대기를 나열하는 경우가 있습니다. "저는 엄격하신 아버지와 인자하신 어머니 밑에서 자랐습니다." 또는 "삼남

매 중 첫째로서 책임감을 배우며 성장했습니다."처럼 말이죠. 그러나 이와 같은 문장은 지나치게 식상한 느낌을 줄 수 있어 추천하지 않는 작성 방식입니다. 가족 구성원과 관련된 이야기보다는 나라는 사람을 중심으로 내가 어떻게 성장했고, 그 과정에서 어떤 중요한 배움을 얻었는지에 초점을 맞추는 것을 권장합니다.

성장 과정에 부합하는 경험 작성하기

다른 항목에서 썼던 성과나 업무 경험을 성장 과정 항목에 그대로 가져와 작성하는 분들이 종종 있는데요. 예를 들어, 이전 직장에서 성공한 프로젝트나 직무 관련 성과 경험을 어필하는 것인데, 이러한 소재는 성장 과정을 보여주기보다는 여러분이 이미 성장한 후 만들어 낸 결과물에 가깝기 때문에 본 항목의 출제 의도와는 부합하지 않습니다. 또한 자소서를 이미 많이 읽어본 채용 담당자 입장에선, 다른 항목에서 복붙했다는 것을 금방 파악할 수 있기도 하고요.

성장 과정은 지원자가 학창 시절부터 현재까지 어떤 중요한 경험이나 동기 부여를 통해 성장해왔고, 그 과정에서 어떤 가치를 배웠는지 파악하기 위해 출제하는 항목입니다. 따라서 결과나 성과 중심보다는 특정 경험들 속에서 얻은 본인만의 가치관, 그리고 성장 스토리에 대해 구체적으로 서술하는 것이 더 적합하다는 것을 기억해주세요.

성장 과정, 어떻게 작성해야 할까?

먼저 '내 성장 과정을 한 문장으로 정의하면 무엇일까?'를 떠올려보세요. 여러분이 어떤 상황과 환경에서 자랐는지, 나는 어떤 일을 계기로 성장했는지 생각하다 보면 여러분을 대표하는 한 문장을 찾아낼 수 있어요. '안전지대를 벗어나 계속해서 도전해온 사람', '결핍을 느낄 때마다 역으로 활용해 성장해온 사람', '결과보단 과정에 늘 집중했던 사람', '하나를 하더라도 끝까지 제대로 하는 사람'과 같이 말이죠. 이렇게 문장을 찾은 후에는 본 항목을 작성하는 것이 훨씬 수월해질 거예요.

이렇게 내 성장 과정을 대표하는 한 문장을 찾았다면, 그다음은 이를 가장 잘 보여주는 사례를 작성함으로써 신뢰도와 설득력을 높일 수 있습니다. 한 가지 팁으로, 성장 과정의 대표 키워드가 지원 직무에서 필요로 하는 성향, 가치관 등과 자연스럽게 연결까지 된다면 더 좋겠죠?

글의 구성 요소	설명
1. 성장 과정 요약	내 성장 과정을 한 문장으로 정의하면?
2. 성장 과정을 대표하는 경험	이러한 성장 과정을 잘 보여주는 경험 예시는?
3. 성장 과정에서 배운 점	이 과정에서 갖추게 된 역량, 배운 점은?
4. 지원 직무와의 연결 고리	이러한 성장 과정이 지원 직무와 어떻게 연결될 수 있는지?

자소서 작성 예시

Q. 본인의 성장 과정을 간략히 기술하되 현재의 자신에게 가장 큰 영향을 끼친 사건, 인물 등을 포함하여 기술하시기 바랍니다. (※작품 속 가상인물도 가능)

[1. 성장 과정 요약] 어린 시절부터 직장 생활에 이르기까지, 저의 성장 과정에는 항상 '소통'이라는 가치가 중심에 있었습니다. 초등학생 때 각종 말하기 대회에서 상을 휩쓸며 논리적인 말하기 능력을 길렀고, 고등학교 시절에는 영어 도슨트 봉사 활동을 통해 다양한 배경을 가진 사람들과 교류하며 소통의 중요성을 체감했습니다. 하지만 단순히 '말을 잘하는 것'이 소통의 전부가 아님을 깨닫게 된 결정적인 계기는 대학생 때 참여한 '삼성 드림클래스'에서의 경험이었습니다.

[2. 성장 과정을 대표하는 경험] 삼성 드림클래스에서 영어 수업을 진행하던 중, 수업에 전혀 참여하지 않으려는 학생을 만났습니다. 기본적으로 말하는 데 자신이 있었던 저는 다양한 방법으로 학생을 설득하려 했지만, 아무런 반응도 얻지 못했습니다. 그러다 문득, '내가 전달하고 싶은 메시지만 강조하는 것이 과연 올바른 소통일까?'라는 생각이 들었습니다. 결국 수업을 잠시 멈추고, 학생이 관심을 가질 만한 주제부터 대화를 시작했습니다. 그렇게 마음을 열게 된 학생으로부터 '영어에 대한 공포심 때문에 수업이 부담스러웠고, 이를 털어놓는 것조차 부끄러웠다'는 진심을 들을 수 있었습니다. [3. 성장 과정을 통해 배운 점] 이 경험을 통해, 진정한 소통은 '말을 잘하는 것'이 아니라 '상대방의 입장에서 이해하고 공감하는 것'임을 깊이 깨닫게 되었습니다.

[2. 성장 과정을 대표하는 경험] 졸업 후 외국계 제약사에서 콘텐츠 스페셜리스트로 근무하며, 소통이 조직의 성과와 직결되는 요소임을 다시 한번 배울 수 있었습니다. 당시 저는 회사의 디지털 트랜스포메이션 전략의 일환으로 카카오톡 채널을 신설하는 업무를 맡았습니다. 팬데믹으로 인해 비대면 영업이 필수가 되면서, 새로운 디지털 채널을 도입하는 것이 회사의 핵심 목표였지만, 이를 현장에서 받아들이는 영업팀의 반응은 예상과 달랐습니다. 영업팀과의 소통이 부족했던 탓에, 디지털 채널이 기존 대면 영업을 대체하는 것에 대한 불안을 느끼고 있던 것이었습니다.

저는 영업팀의 시각에서 문제를 바라보며, 디지털 채널이 '대체'가 아닌 '보완' 역할을 한다는 점을 강조하는 방식으로 커뮤니케이션 전략을 수정했습니다. 또한, 지역별 특성과 영업 방식의 차이를 고려하여 디지털 채널 활용 방안을 맞춤형으로 조정하고, 반응이 좋은 팀부터 점진적으로 적용하는 전략을 영업팀과 함께 논의했습니다. 이처럼 충분한 소통의 결과 영업팀의 적극적인 협조를 이끌어낼 수 있었고, 회사의 디지털 전환에도 기여할 수 있었습니다.

[3. 성장 과정을 통해 배운 점] 이러한 경험을 통해 저는 소통이 단순한 정보 전달이 아니라, 상대방의 입장을 이해하고 신뢰를 구축하는 과정임을 배웠습니다. 이는 고객과의 긴밀한 소통과 맞춤형 솔루션이 필수적인 영업 마케팅 직무에서도 핵심이 되는 중요 역량이라 생각합니다. [4. 지원 직무와의 연결 고리] 그동안 다양한 경험을 통해 배운 '상대방의 입장에서 생각하는 소통'의 가치를 바탕으로, 입사 후 고객의 고민을 진정성 있게 듣고 공감함으로써 최적의 해결책을 제시하는 영업 전문가로 활약하겠습니다.

CHAPTER 06

입사 후 포부

입사 후 포부 항목의 경우, 지원 기업에서의 커리어 목표를 제시하고, 구체적으로 기여할 수 있는 바를 서술하는 것이 핵심입니다. 채용 담당자는 지원자가 입사 후 본인의 역할을 잘 이해하고 있는지, 회사와 함께 성장할 의지가 있는지를 동시에 확인할 수 있습니다.

입사 후 포부를 현실성 있게 작성하기 위해서는 기본적으로 입사 후 내가 어떤 일을 하게 될 것인지에 대한 기본적인 이해도가 필요합니다. 이러한 이유로 취준생분들이 가장 어려워하는 항목으로 꼽기도 하는데요. 특히나 외부에 공개된 정보가 현저히 적은 기업과 직무에 지원할 경우, 어떻게 써야 할지 몰라 애를 먹기도 합니다. 하지만 입사 후 포부의 경우, 잘만 작성한다면 다른 지원자와 충분히 차별화될 수 있는 항목이기 때문에 전략적인 접근이 중요합니다.

> **별점 요약**
> - 난이도 : ★ ★ ★ ★ ★
> - 나에 대한 이해도 : ★ ★ ★ ★ ★
> - 기업에 대한 이해도 : ★ ★ ★ ★ ★

> **관련 문항 예시**
> - "입사 후 ○○○에서 이루고 싶은 목표와 계획은 무엇입니까?"
> - "○○에 입사한 후, 회사와 본인의 성장을 위해 어떻게 기여할 것인지 구체적으로 설명해주세요."
> - "입사 후 포부에 대해 기술해주세요."

> **출제 의도**
> - 입사 후 본인의 역할에 대해 잘 이해하고 있는지 알아보기 위해
> - 우리 회사에서의 커리어에 대해 깊이 고민해본 지원자인지 파악하기 위해
> - 지원자가 어떤 세부 직무 분야에 관심을 가지고 있는지 확인하기 위해
> - 장기적으로 우리 기업의 미래 성장 방향과 잘 맞는 지원자인지 파악하기 위해
> - 본인만의 명확한 커리어 비전을 가지고 있는 지원자인지 살펴보기 위해

입사 후 포부 작성 시 유의사항

특정 직위/직책 목표로 설정하지 않기

종종 입사 후 포부에 "5년 안에 대리가 되겠다.", "10년 후, CFO(Chief Financial Officer, 최고재무책임자)가 되겠다.", "최종 목표는 사장이 되는 것이다."와 같이 특정 직위나 직책에 대한 목표를 작성하는 경우가 있는

데요. 이러한 목표는 본인이 수행하고자 하는 구체적인 역할보다는 위치 그 자체에 초점이 맞춰져 있어 '단순히 직위를 위해 입사하려는 지원자'라는 오해를 받을 수 있어요. 그럼에도 불구하고 진심으로 CFO와 같은 특정 직책을 맡는 것이 목표라면, CFO가 어떤 역할을 하는 것으로 알고 있는지 먼저 서술한 후 CFO가 되고 싶은 이유와 커리어 비전을 명확히 제시해주세요.

추가로, 조직 내 역할이 명확히 규정되어 있는 CFO, CMO(Chief Marketing Officer, 최고마케팅책임자) 등이 아닌 대리, 과장, 차장과 같은 단순 직급에 대한 언급은 피하는 것이 좋습니다. 회사마다 직급 체계가 다를 뿐 아니라 직급별 역할도 다를 수 있어 지원자의 커리어 비전이나 철학을 보여주기 어렵기 때문입니다.

실천 방안은 없는 추상적 포부 나열하지 않기

구체적인 실천 방안이 없는 추상적인 포부도 피해야 합니다. 예를 들어 "업계 1위 회사를 만들고 싶습니다." 또는 "○○ 분야의 글로벌 전문가가 되겠습니다."와 같은 포부는 구체적인 계획이나 방법이 뒷받침되지 않을 경우 좋은 평가를 받기 어렵습니다. 따라서 포부를 제시할 때는 작은 실천 방안이라도 현실적으로 수행 가능한 내용을 적어주는 것이 더 좋습니다. 예를 들어 "입사 후, 신규 글로벌 고객사 파이프라인을 세 군데 이상 확보해 매출 증대에 기여하는 것이 목표입니다. 이를 위해 업종별 잠재 고객사를 리스트업하고, 세일즈 콜을 진행하겠습니다."와 같이 구체적인 목표와 실행 방안을 제시하는 것입니다.

입사 후 포부, 어떻게 작성해야 할까?

입사 후 포부는 지원 기업에서 이루고자 하는 커리어 목표 혹은 구체적으로 기여할 수 있는 바를 서술하는 것이 핵심입니다. 이때 포부는 기본적으로 지원 직무의 역할 및 기업의 방향성 모두에 부합하는 것이어야 하는데요. 예시로, 국내 영업에 지원하면서 "신기술을 빠르게 습득해 글로벌 시장 진출을 적극 지원하겠다."라고 한다면 기업의 방향성엔 부합할지언정, 지원 직무의 역할과는 맞지 않기 때문에 적절하지 않습니다. 반면 해외 영업 담당자가 동일한 포부를 말한다면 직무 역할 및 기업의 방향성과 잘 부합한다고 볼 수 있겠죠?

포부를 제시한 후에는 구체적인 실행 계획을 함께 제시하는 것이 좋습니다. 추상적인 목표는 누구나 쉽게 생각해낼 수 있는 아이디어일 뿐이기 때문이죠. 이때 직무 관련 강점과 유사 경험을 함께 언급하며, 목표와 포부를 실행으로도 옮길 수 있음을 어필한다면 설득력을 한층 높일 수 있어요. 끝으로 이러한 포부가 회사에선 어떤 성장이나 변화로 연결될 것으로 기대하는지를 제시하며 글을 마무리하면 됩니다.

글의 구성 요소	설명
1. 입사 후 포부	입사 후 달성하고 싶은 목표나 포부를 한 문장으로 정의하면?
2. 포부의 배경, 근거	왜 이런 포부를 가지고 있는지?
3. 관련 보유 역량	포부를 달성하기 위해 내가 가지고 있는 역량이 뭔지?
4. 구체적 실행 방안	구체적인 실행 방법이 뭔지?
5. 기대/기여하는 점	이를 통해 기업의 어떠한 성장, 변화를 기대/기여할 수 있는지?

자소서 작성 예시

Q. 본인의 지원 분야에서 어떤 입사 후 포부를 가지고 있는지 기술해주세요.

[1. 입사 후 포부] 입사 후 ○○ 기업의 고객 재방문율을 높이는 데 주력하는 것입니다.

[2. 포부의 배경, 근거] ○○는 이제 막 오픈한 복합문화 공간인 만큼, 오픈 후 최소 6개월은 서비스의 첫인상이 결정되는 중요한 시기라 생각합니다. 저 역시 어떠한 공간에 처음 방문했을 때 처음 느낀 경험이 꽤 오래 기억되는 편입니다. 재방문율은 고객이 '여기 다시 오고 싶다'라는 마음이 들게끔 하는 것으로 고객 만족도를 가장 잘 보여주는 지표라 생각하며, 이는 제가 재방문율을 입사 후 목표로 설정한 이유입니다.

[3. 관련 보유 역량] 높은 재방문율을 기록하기 위해선 현장 응대 분위기와 쾌적한 공간 조성이 핵심입니다. 저는 적게는 10명부터 많게는 1,000명 단위까지 다양한 규모의 행사 운영을 담당한 경험이 있습니다. 원활한 행사 진행을 목표로 고객 동선, 시설 위생, 프로그램 진행을 철저히 점검 및 시뮬레이션하며 현장 운영 역량을 길렀습니다. 다양한 돌발상황에 대처하는 다수의 경험을 통해 섬세한 고객 관점 역시 갖출 수 있었습니다.

[4. 구체적 실행 방안] 이러한 경험을 바탕으로 첫째, 청결과 온도 등 세심한 요소까지 살피는 현장 운영으로 방문 고객에게 최상의 경험을 제공하겠습니다. 둘째, 고객 피드

백 창구(현장 피드백, 자체 온라인 채널, 이벤트 등)를 적극 운영하며 고객 피드백을 수집하고 부족한 부분은 빠르게 찾아 개선해나가겠습니다. **[5. 기대하는 점]** 이러한 노력을 바탕으로 최상의 고객 경험을 제공하는 데 주력할 것이며, 이는 재방문율 상승은 물론 매출 증대로까지 연결될 것이라 기대합니다.

CHAPTER 07

문제 해결 경험

문제 해결 경험은 자소서뿐만 아니라 면접에서도 단골 출제되는 항목입니다. 실제 실무 환경에서는 크고 작은 문제가 발생하기 때문에 채용 담당자는 이 항목을 통해 지원자가 문제 발생 시 어떻게 해결하는 사람인지 알아보고자 합니다. 지원자가 문제를 정의하는 방법부터 해결 방안을 도출해내는 과정, 그리고 이를 실행으로 옮기는 프로세스를 파악할 수 있죠. 더 구체적으로는 문제에 직면한 상황에서 지원자의 논리적 사고력, 창의력, 성과 등을 파악함으로써 입사 후 역량을 예측할 수 있습니다.

문제 해결 경험을 작성할 때는 지원 직무와 관련된 경험 가운데 문제 해결 능력을 발휘한 사례를 들어 서술하는 것도 효과적인 방법입니다.

> **별점 요약**

- 난이도 : ★ ★ ★ ☆ ☆
- 나에 대한 이해도 : ★ ★ ★ ★ ☆
- 기업에 대한 이해도 : ★ ★ ☆ ☆ ☆

> **관련 문항 예시**

- "업무나 프로젝트 진행 중 예상치 못한 문제를 마주한 적이 있나요? 그 문제를 어떻게 해결했는지 구체적으로 설명해주세요."
- "문제를 해결하기 위해 기존의 방법을 바꾸거나 개선한 경험이 있나요? 그 과정에서 본인이 맡았던 역할과 성과를 서술해주세요."
- "기존의 방식으로 해결이 어려운 문제를 만났을 때, 창의적인 방법으로 이를 극복한 경험을 설명해주세요."
- "업무를 수행하면서 예상치 못한 장애물이나 변수를 만난 적이 있나요? 그 문제를 어떻게 해결했는지 설명해주세요."

> **출제 의도**

- 적극적인 문제 해결 의지를 가지고 있는지 파악하기 위해
- 문제 상황을 정확히 파악하고 정의할 수 있는지 알아보기 위해
- 논리적 사고를 바탕으로 해결 방법을 도출해낼 수 있는지 확인하기 위해
- 문제 해결 과정에서 창의적으로 접근하는지 살펴보기 위해
- 책임감을 가지고 문제를 끝까지 해결하는지 확인하기 위해

문제 해결 경험 작성 시 유의 사항

문제의 크기에 집착하지 않기

많은 취준생분들이 살면서 대단한 문제를 해결해본 경험이 없다고 걱정하는 것을 자주 봐왔는데요. 사실 더 중요한 것은 문제의 크기가 아니라 문제를 바라보는 관점, 해결 방안을 고민하고 실행하는 과정입니다. 다시 말해 문제의 원인을 정확히 파악하고 해결을 위해 어떤 노력을 기울였는지를 구체적으로 설명할 수 있다면 소재는 거창할 필요가 없다는 의미입니다. 단, 채용 담당자 입장에서는 지나치게 개인적인 소재보다는 직무와 연관이 있는 경험이 지원자의 입사 후 모습을 상상해볼 수 있어 평가하기가 더 수월하겠죠?

결과보단 해결 과정에 더 집중하기

문제 해결 과정은 짧게 설명하고, 초반의 상황 설명과 결과를 더 길게 작성하는 분들이 많은데요. 문제 해결 경험의 핵심은 '해결' 과정에 있습니다. 만약 해결 과정이 구체적으로 서술되어 있지 않다면 문제 해결력을 평가하기 어려울 뿐 아니라, 실제 지원자가 직면한 문제가 맞는지 신뢰성이 떨어질 수 있어요. 따라서 문제 해결 과정을 상세히 작성한 후, 이 경험을 통해 배운 점과 성장한 점을 함께 언급하며 마무리 지어주세요.

문제 해결 경험, 어떻게 작성해야 할까?

10명의 지원자에게 같은 문제가 주어지더라도 각자의 논리력, 창의성, 배경 지식, 기타 보유 역량에 따라 해결해나가는 접근 방식과 결과는 완전히 달라집니다. 즉, 문제를 해결해나가는 과정을 통해 지원자의 성향과 역량을 파악할 수 있죠.

따라서 이 항목에서는 문제를 정의하는 것부터 나름의 인사이트가 반영된 해결 과정, 결과와 배운 점까지 체계적으로 설명하는 것이 중요합니다.

글의 구성 요소	설명
1. 문제 정의	어떤 문제 상황이 주어졌는지?
2. 원인 분석	문제의 원인이 뭐라고 생각했는지?
3. 내 역할(생략 가능)	당시 내 역할은 무엇이었는지?
4. 문제 해결 과정	문제 해결 방안과 구체적 실행 과정은 어땠는지?
5. 결과, 성과	결과 혹은 성과가 어땠는지?
6. 배운 점, 교훈	이를 통해 배운 점이 뭔지?

자소서 작성 예시 1

Q. 해결하기 어려웠던 문제나 상황에서 남들이 하지 않은 새로운 시도/변화를 통해 기회를 창출하거나 문제를 해결한 경험에 대해 서술해주십시오.

[고객 pain point를 해결한 ○○○○ 경험]
○○ 지역경제 활성화 창업 공모전에서, 제가 느낀 pain point에서 영감을 얻은 ○○ ○○를 창업하여 대학생과 전문대생의 니즈를 연결했던 경험이 있습니다.

[1. 문제 정의] 당시 저는 원데이 클래스에 관심이 많았지만, 학생 신분으론 다소 부담스러운 가격과 지방의 낮은 지리적 접근성으로 수강을 망설이던 제 모습이 떠올랐습니다. [2. 원인 분석] 이에 약 500명의 대학생을 대상으로 설문조사를 진행한 결과, 취미 수업에 관심은 있지만 참여 경험이 없는 비율은 약 73%였고, 가장 큰 원인은 접근성 부족과 부담스러운 가격임을 깨달았습니다. [4. 문제 해결 과정] 저는 두 문제점을 해결하기 위해 첫째, 전문가가 아닌 전문대생을 강사로 고용하여 가격 경쟁률을 높였고 둘째, 지역 기반의 원데이 클래스 플랫폼인 ○○○○를 기획하여 지리적 접근성을 개선했습니다.

해당 아이디어로 장려상을 받았지만, 기획한 플랫폼을 실현하면 어떠한 성과를 낼지 확인해보고 싶었습니다. 개발자가 없었기에 스스로 공부해가며 신청 플랫폼을 만들기 시작했습니다. 이후 강사 초빙 및 커리큘럼 기획, 홍보 마케팅 등 서비스 운영에 필요한 A–Z 전반을 직접 담당했습니다. [5. 결과, 성과] 그 결과 클래스 만족도 4.5/5점을 얻으며 지역경제 활성화에 기여한 점을 인정받았으며, ○○ 구청장님 간담회에 청년 CEO로 초대받는 값진 기회를 얻을 수 있었습니다.

[6. 배운 점, 교훈] 이를 통해 내·외부 고객의 pain point를 명확히 공감하는 것이 비즈니스의 시작이며, 나아가 고객의 고민을 실질적으로 해결했을 때 성과로 연결된다는 것을 배웠습니다. 입사 후, 정량적 data와 VoC를 통해 도출한 고객의 pain point를 바탕으로 판매 정책을 고안하는 매니저로 활약하겠습니다.

자소서 작성 예시 2

Q. 새로운 아이디어를 통해 문제를 해결한 경험에 대해 작성하시기 바랍니다.

함께 아침 식사를 하는 간단한 아이디어를 통해 팀의 결속력을 높이고, 신규 입사자의 조직 적응을 도운 경험이 있습니다.

재직 기업에서 자율 좌석제와 재택근무가 시작되면서 동료들 간의 교류가 급격히 줄어든 적이 있습니다. [1. 문제 정의] 이러한 변화는 신규 입사자들의 적응에 영향을 미쳤고 팀에 적응하지 못한 직원들의 퇴사로 이어졌습니다. [2. 원인 분석] 저는 이러한 문제의 원인이 소통의 부재로부터 생겨났다는 생각에 삭막해진 분위기의 개선 필요성을 느꼈습니다.

[3. 내 역할] [4. 문제 해결 과정] 당시 저는 주니어 사원이었기에 팀의 분위기를 바꾸는 역할에 가장 적합했고, 문제 개선을 위한 아이디어로 아침 식사를 함께하는 방안을 떠올렸습니다. 재직 회사에서는 아침마다 간단한 식사(ex. 토스트, 과일, 요거트 등)를 제공했는데, 기존에는 각자 본인의 자리에서 혼자 먹으며 일하는 분위기가 주를 이뤘습니다. 저는 회사에 10분 일찍 출근해 팀원분들이 도착할 때마다 함께 식사하는 분위기를 만들기 시작했습니다. 처음에는 어색해하던 팀원분들도 시간이 지나자 편하게 합류하기 시작하면서 같이 아침을 먹는 새로운 문화가 조성되었습니다. 업무 시작 전 가볍게 근황을 공유하다 보니, 팀원들의 단합력은 이전보다 훨씬 돈독해질 수 있었습니다. [5. 결과, 성과] 오전 근무 전 10분 남짓의 짧은 시간이었지만 조직 내 활발한 교류의 장이 형성되면서 신규 입사자들의 적응 문제도 상당 부분 개선되었습니다.

[6. 배운 점, 교훈] 이 경험을 통해 저는 작은 변화가 조직 문화에 큰 영향을 미칠 수 있다는 교훈을 얻었습니다. 팀원 간의 소통 문제는 사소해 보일 수 있지만, 장기적으로 팀워크와 업무 성과에 중요한 영향을 미친다는 것을 깨달았습니다. 또한, 단순한 아이디어라도 실행에 옮기면 문제 해결의 실마리가 될 수 있다는 자신감을 얻었습니다.

BONUS CHAPTER

자유 양식 자소서 쓰는 법

우리가 지원하는 기업들 중에서는 자소서에서 특정 항목을 제시하는 경우가 있는 반면, 자유 양식 자소서를 요구하는 곳도 있습니다. 자유 양식 자소서는 정해진 틀 없이 자신을 표현해야 하기 때문에 오히려 더 막막하게 느껴졌을 텐데요. 이번 챕터에서는 취준 과정에서 한 번쯤은 만나게 될 자유 양식 자소서의 특징과 효과적인 작성 방법에 대해 알아볼게요.

자유 양식 자소서의 함정

여러분은 '자유 양식 자소서'라고 하면 어떤 생각이 가장 먼저 드나요? 제 수강생분들에게 물어보니 "기존 서류를 조합해서 내면 될 것 같다.", "아무래도 서류 제출까지의 부담이나 허들이 낮게 느껴진다.", "오히려 감을 못 잡겠다."라는 반응이 주를 이뤘어요.

취준생분들이 흔히 하는 자유 양식 자소서의 오해 중 하나는 기존 서류를 조합해서 제출하면 된다고 생각하는 것인데요. 이러한 오해 때문인지 실제 취준생분들 가운데 자유 양식 자소서 제출 시 기존에 작성해둔 자소서 항목을 소위 '짜깁기' 해 사용하는 경우를 자주 봅니다. 물론 이렇게 하면 자소서 작성에 필요한 공수를 대폭 줄일 수 있다는 장점이 있지만, 동시에 '우리 기업에 관심이 없는 지원자'로 보일 수 있어요. 자유 양식 자소서의 함정인 것이죠.

만약 타 기업에 이미 지원했던 자소서를 활용할 경우, 여러분이 기업 및 직무 맞춤형으로 작성했다는 전제 하에 각 항목마다 특정 기업 또는 직무와 관련된 내용들이 반영되어 있을 텐데요. 이를 다른 기업에 복붙해 지원한다는 것은 지수를 생각하며 쓴 러브레터를 갑자기 제니에게 보내는 것과도 같습니다. 채용 담당자들은 워낙 많은 서류를 검토하기 때문에 이 서류가 범용인지, 아니면 우리 기업을 대상으로 쓴 것인지, 다른 기업에 썼던 것을 조금 수정한 것인지를 단번에 알아차릴 수 있습니다. 따라서 자유 양식 자소서를 작성할 땐 지원 기업과 상관없는 내용을 쓰고 있지는 않은지 제출 전 반드시 확인해주세요.

기업 맞춤형 자소서로 합격률 높이기

일반적으론 규모가 크지 않은 기업에서 별도의 채용 플랫폼을 보유하고 있지 않을 때 자유 양식의 이력서나 자소서를 요청하는 경우가 많은데요. 이때 많은 분들이 기존에 작성해둔 범용 서류를 그대로 제출해도 된다고 오해하곤 합니다. 즉, 필수로 작성해야 하는 자소서 항목이 주어지는 기업에 비해 상대적으로 난이도가 낮다고 판단한 나머지, 기존에 작성한 서류에서 조금만 수정해 제출하는 것이죠.

이때 합격률을 확실히 높일 수 있는 꿀팁이 있는데요. 내 경쟁자들이 기피하는 지원 동기나 입사 후 포부 중 하나를 지원 기업 맞춤형으로 작성하는 것입니다. 일반적으로 스타트업, 중소기업, 중견기업에서 자유 양식 서류를 요청하는 경우가 많은데요. 자체 채용 플랫폼이 없다는 것은 즉, 채용 담당자가 접수된 서류를 일일이 확인할 가능성이 상대적으로 크다는 것을 의미합니다. 만약 90%의 서류에선 우리 기업에 대한 관심도가 낮게 느껴지는 반면, 나머지 10%의 자소서에서 우리 기업을 정말 잘 알고 있고 관심이 있다는 느낌이 든다면 어떤 서류에 더 눈이 갈까요? 당연히 후자에 해당하는 서류겠죠?

물론 평가 기준에서 역량도 중요하지만, 회사에 대한 관심도, 즉 로열티 역시 평가 과정에선 무시할 수 없는 요소입니다. 실제 제 수강생 분 가운데 눈에 띄는 스펙이 없었음에도 잘나가는 스타트업의 신입으로 입사한 케이스가 있었는데요. 면접 당시 회사로부터 "스펙은 다른 지원자에 비해 부족했으나, 자소서에 우리 기업에 대한 관심이 잘 드러나 있어 면접에 부르게 됐다."라는 피드백을 받은 적이 있습니다. 이처럼 자유 항목 자소서는 전략적으로 잘만 활용한다면 오히려 서류 합격률을 높일 수 있는 하나의 방법이 될 수 있어요. 따라서 여러분도 관심 있는 기업에 지원할 땐 자유 양식이라 하더라도 반드시 기업 맞춤형 서류로 작성해주세요.

자유 양식 자소서 추천 항목

자유 양식 자소서 작성 시, 어떤 항목을 선택해야 할지 매번 고민이었죠? 이때는 기업이 지원자의 어떤 점을 궁금해할지 역으로 고민해보면 쉽게 답을 찾을 수 있어요. 기업에서 자소서를 보는 이유는 이력서와 경력 기술서엔 담기 어려운 구체적인 역량, 업무에 임하는 태도, 성향 등을 글 속에서 어느정도 파악할 수 있기 때문입니다. 따라서 자유 양식 자소서에는 무엇보다 여러분이 가진 직무 관련 역량 및 경험을 가장 잘 보여줄 수 있는 항목이 들어가야 합니다.

제가 추천하는 항목은 다음 그림의 세 가지인데요. 가장 기본적으로, 어떤 기업을 지원하든 핵심 강점 두세 개는 필수로 작성하는 것이 좋습니다. 그다음, 합격에 대한 열망이 높을수록 삼각형의 아래에서 위까지 작성 항목 종류를 늘려주세요. 예를 들어, 꼭 합격하고 싶은 기업이라면 핵심 강점뿐 아니라, 대표 프로젝트 경험, 그리고 지원 동기까지 작성하는 것이죠.

참고로 자유 양식 자소서에 지원 동기를 작성하는 지원자는 굉장히 드뭅니다. 그만큼 지원 동기를 작성하는 것이 까다롭다는 의미겠죠? 그럼에도 불구하고 여러분이 지원 동기를 작성하기로 했다면, 범용 지원 동기가 아닌 해당 기업 맞춤형으로 작성해주세요. 수많은 지원자 사이, 훨씬 눈에 띄는 자소서가 될 수 있을 거예요.

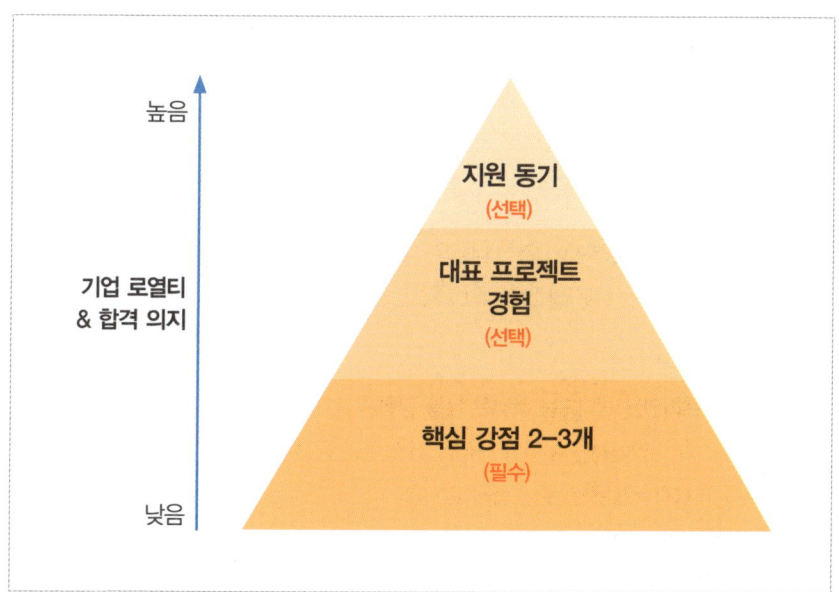

자소서 작성 예시 1

> Q. 자유롭게 본인을 소개해주세요. (글자 수 제한 없음)
>
> [지원 동기]
> ○○ 기업의 신선 식품 MD 직무는 제가 유통업에서 쌓아온 풍부한 경험을 충분히 활용할 수 있는 기회이자 ○○○라는 새로운 분야에 도전할 수 있는 강한 동기 부여를 제공한다고 생각하여 지원했습니다.
>
> ○○ 기업은 최근 퀵 커머스의 가파른 성장을 배경으로 신규 서비스 ○○을 론칭하며, 브랜드 인지도 강화 및 신규 고객 확보라는 주요 과제를 가지고 있는 것으로 알고 있습니다. 특히 론칭 3개월 차의 신규 서비스인 만큼 안정적인 사업 운영과 주요 과제의 목표 달성을 위해서는 유통 업계에서의 노하우와 풍부한 실무 경험을 가진 MD가 필요하다고 생각합니다.

저는 지난 6년 동안 유통 대기업인 ○○ 기업에서 근무하며 점포 근무부터 상품 기획, 온라인 서비스 기획까지 MD의 시야를 넓혀줄 폭넓은 실무 역량을 길러왔습니다. 신규 서비스의 안정화에 다방면으로 기여할 수 있을 뿐 아니라, 스타트업 환경에 걸맞게 주어진 역할을 넘어 제가 할 수 있는 일들을 주도적으로 찾아 수행할 수 있습니다.

○○ 기업에 입사한다면 제가 가진 다음의 세 가지 핵심 역량을 바탕으로, 이제 막 세상밖에 나온 ○○○ 서비스의 안정적인 상품 운영 및 매출 강화에 기여하겠습니다.

[핵심 보유 역량]
첫째, 온/오프라인을 넘나드는 폭넓은 유통 경험을 보유하고 있습니다.
6년 동안 ○○ 기업에서 근무하며 생생한 점포 현장 경험부터 MD, 전략 기획, 온라인 서비스 기획까지 폭넓은 직무 경험을 쌓았습니다. 개별 직무의 특성은 서로 달랐지만 유통인으로서 입체적인 시야를 갖춘 계기가 되었고, 이는 이후 제가 맡은 업무에서 탁월한 성과를 낼 수 있는 원동력이 되었습니다.

지원 직무와 유사 경력인 온/오프라인 MD직을 수행하며 기존 거래 업체의 상품군 확대 및 신규 업체 발굴과 입점을 담당한 경험이 있습니다. 매일 시즌 상품을 직접 만져보고 판매했던 과거 점포 근무 경험이 MD로서 좋은 상품을 고르는 데 많은 도움이 되었습니다. 그 결과 제가 담당했던 국산 과일 3종을 카테고리 상위 매출 상품으로 성장시키는 쾌거를 이뤄낼 수 있었습니다.

다음으로 전략 기획팀 근무 당시 새벽배송 UX 기획을 전담하였습니다. '우리가 준비한 최상의 상품을 온라인상에서 고객에게 어떻게 더 보기 쉽게, 편리하게 제공할 수 있을까?'에 대해 심도 있게 고민해볼 수 있었던 계기였습니다. 특히 ○○ 새벽배송 서비스 오픈 후에는 직접 고객이 되어 해당 서비스를 이용해보기도 했습니다. 나아가 고객 관점에서 불편 사항을 끊임없이 체크해나가며 세부 기능 개선에 기여하였습니다.

둘째, 신선식품 카테고리에 대한 전문성입니다.
청과팀 MD로 근무하며 신선식품 카테고리에 대한 전문성을 길러왔습니다. 고객에게 최적의 상품을 제공하기 위하여 월 1~2회 가락시장 경매시장에 나가 작황에 따른 스펙 및 가격을 설정하는 안목을 길렀으며, 실적이 저조한 상품에 대해서는 상권별 매출 분석을 진행하였습니다. 그 결과에 따라 업체별로 최적화된 스펙의 상품을 상권별로 나눠 고객에게 제공함으로써 담당 카테고리 매출을 전년도 대비 24% 높인 성과를 기록할 수 있었습니다.

또한, 저는 차별화된 상품 발굴을 위한 정기적인 신선식품 트렌드 리서치는 물론, 해외에 나갈 기회가 있으면 현지 마트에 방문하여 상품을 둘러보는 게 취미일 정도로 담당 분야에 대한 애정과 책임감을 가지고 있습니다. 업체와 담양, 양주 등의 신규 농가에 방문하며 프리미엄 점포에서 취급하는 ○○와 ○○ 상품을 출시했고, 출장 차 방문했던 일본 마트에서 봤던 'A상품', 지금은 이미 트렌드가 되어버린 'B상품' 및 'C상품'도 저의 제안에서 시작되었습니다.

이렇게 쌓아온 신선식품 카테고리에 대한 전문성을 ○○ 입사 후 신선식품 업체 및 상품 선정 시 발휘할 수 있으리라 확신합니다.

자소서 작성 예시 2

Q. 자유롭게 본인을 소개해주세요. (글자수 제한 없음)

제가 인사업무를 잘 수행할 수 있는 이유는 다음의 세 역량을 갖추고 있기 때문입니다.

먼저, 반복적인 업무를 꼼꼼하고 완성도 높게 수행할 수 있는 업무 처리 역량입니다.
채용 업무는 각 공고에 대한 지원자의 서류를 검토하는 것에서부터 합격/불합격 안내, 면접 운영까지 채용 전반의 프로세스를 담당하게 됩니다. 그렇기에 인사 담당자의 작은 실수가 지원자에게 부정적인 채용 경험을 줄 수 있다고 생각합니다. 제가 이전에 담당했던 수출 업무는 서류의 작은 스펠링 철자 실수 하나도 큰 사고로 연결될 수 있다는 특징이 있습니다. 저는 이러한 수출 업무를 한 달에 수십 건 이상 1년간 담당하며 큰 사고 없이 꼼꼼하게 업무를 처리해온 경험이 있습니다. 이러한 꼼꼼함과 업무 역량을 발휘해 후보자의 채용 경험을 완성도 있게 운영해 나가겠습니다.

두 번째, 일본에서 한국인 유학생회를 운영하며 채용 프로세스를 직접 운영한 경험을 보유하고 있습니다.
대학생 때 3년 동안 유학생회에서 활동하며 직접 유학생회 멤버와 리더를 선출한 경험이 있습니다. 당시 저는 20여 명 규모의 한국 유학생 회의 초기 멤버로서 조직의 규모를 키워야 하는 과제를 안고 있었습니다. 더 많은 멤버를 모으기 위해 온라인 주요 유학생 커뮤니티에 공고를 올렸고, 가벼운 면접을 통해 30여 명이 넘는 새로운 멤버를 선발할 수 있었습니다.

하지만 많은 인원이 동시에 유학생회에 들어오고 조직이 커지면서 예상치 못했던 문제가 새롭게 발생하였습니다. 당시 유학생회 내에는 총무팀, 운영팀, 대외협력팀 등 역할에 따라 팀이 세분화되어 있었는데 각 팀에 리더가 없다 보니 팀 인원들의 역할과 활동 등이 체계적으로 관리되지 못했던 것입니다. 이에 저는 조직의 체계를 잡기 위해 각 부서의 리더를 뽑자고 제안했고, 이 의견이 받아들여지면서 각 조직에 리더를 선출해 배치하였습니다.

멤버 수 증가와 리더 선출 이후 조직 내에선 긍정적인 변화들이 일어났습니다. 당시 저희 유학생회는 대학 축제 같은 큰 행사에 종종 참여하곤 했는데, 탄탄한 조직력과 단합력을 바탕으로 1등을 하는 일이 많아진 것입니다. 유학생회라는 작은 사회였지만 간접적으로나마 채용을 경험해보며 팀원을 뽑는 채용 과정과 사람을 보는 안목을 동시에 기를 수 있던 값진 기회였습니다. 이러한 유학생회 경험을 살린다면 ○○ 기업 입사 후 피플 매니저로서 회사를 성장시킬 우수 인재를 뽑는 데 기여할 수 있을 것이라 생각합니다.

세 번째, 원활한 소통 역량으로 다양한 사람들의 협업 과정에서 업무 성과를 만들었습니다.
인사 업무는 우리 회사에 지원한 지원자뿐만 아니라 채용하려는 업무 부서와의 소통이 잦은 직무입니다. 그래서 양쪽의 이해관계를 유연하게 조율할 줄 아는 원활한 커뮤니케이션 스킬이 필요하다고 생각합니다. 원활한 소통은 업무 파트너의 의견을 잘 듣는 것에서부터 시작됩니다.

대학교 시절 ㅇㅇㅇ 백화점에서 3주간 인턴십을 한 경험이 있습니다. 당시 인턴들에게 '백화점에서 해외 사업을 진행한다고 가정하고, 어느 나라에 어떤 상품을 팔 것인지 기획하라'라는 팀 미션이 주어졌습니다. 팀 내에선 미국, 한국, 중국 등 정보가 많고 익숙한 국가를 선정하자는 의견이 많았지만, 우승을 위해서는 다소 생소할지라도 투자 포인트가 명확한 국가를 선택하는 것이 더 좋은 전략이라 생각하였습니다. 저는 덥고 습한 말레이시아를 타깃으로 바디 제품을 판매하면 좋을 것 같다는 의견을 제안했습니다. 팀원들도 각자의 의견과 그렇게 생각하는 근거를 발표한 뒤 투표를 하자고 제안하였습니다. 팀 멤버들은 본인의 의견뿐만 아니라 서로의 의견에 대해서도 생각해볼 수 있었고, 충분한 소통과 투표 끝에 프로젝트 주제를 선정할 수 있었습니다. 저희는 더욱 단단해진 팀워크와 협업으로 팀 미션에서 1위를 수상했습니다. 이를 통해 구성원들의 의견을 경청하는 일의 중요성을 다시 한번 깨달았습니다.

인사의 역할은 사람을 잘 뽑는 것에서 끝나는 것이 아니라 입사한 직원들이 조직에 잘 적응할 수 있도록 지원하고, 이들이 계속해서 성장할 수 있는 교육 제도와 환경 등을 마련하는 것이라 생각합니다. ㅇㅇ 기업의 피플팀에 합류하여 성장 DNA를 가진 인재를 채용함으로써 ㅇㅇ 기업이 고객들에게 더욱 좋은 서비스를 제공할 수 있도록 열정과 성의를 다해 업무에 임하도록 하겠습니다.

Q 자유 양식 자소서의 경우, 글자수는 어느 정도가 적당할까요?

A 글자수 제한이 없다면 한 항목당 600자~1,000자 정도가 적당합니다. 가장 추천하는 분량은 1,000자예요. 하나의 주제에 대해 본인의 강점을 짜임새 있게 전달할 수 있는 적정 글자수이기 때문입니다. 단, 핵심 강점을 두 개 이상 작성할 경우, 강점 하나 당 하나의 항목이라 생각해주세요. 즉, 강점 하나 당 600자~1,000자 정도를 작성하는 것이죠.

Q 자유항목 자소서에 성장 과정, 성격 장단점은 쓰면 안 되나요?

A 말 그대로 자유 양식 자소서이기 때문에 정답은 없습니다. 다만, 자소서 작성의

목표는 우리가 가진 직무 강점을 효과적으로 어필하는 것인데, 성장 과정과 성격 장단점은 직무 강점을 직접적으로 보여줄 수 있는 항목이 아닙니다. 굳이 따지자면 우선순위에선 밀린다고 보면 될 것 같아요. 더 구체적으로는, 성장 과정의 경우 부모님 이야기를 작성하시는 분들이 꽤나 많다는 점, 성격 장단점의 경우 기업에서 물어보지 않은 상황에서 우리가 굳이 단점을 먼저 알려줄 필요가 없다는 점에서 추천하지 않습니다. 특히 단점의 경우, 실제 단점을 쓰는 분들이 거의 없고 대부분 장점 같은 단점으로 작성하기 때문에 되려 글의 신뢰도 측면에서 마이너스가 될 가능성도 높습니다.

전략적으로 접근해보자면 여러분이 가진 직무 역량과 기업 로열티를 가장 잘 보여줄 수 있는 항목인 지원 동기, 핵심 강점, 목표 달성 경험을 우선순위로 추천합니다.

PART 06

챗GPT를 활용한 자소서 작성법

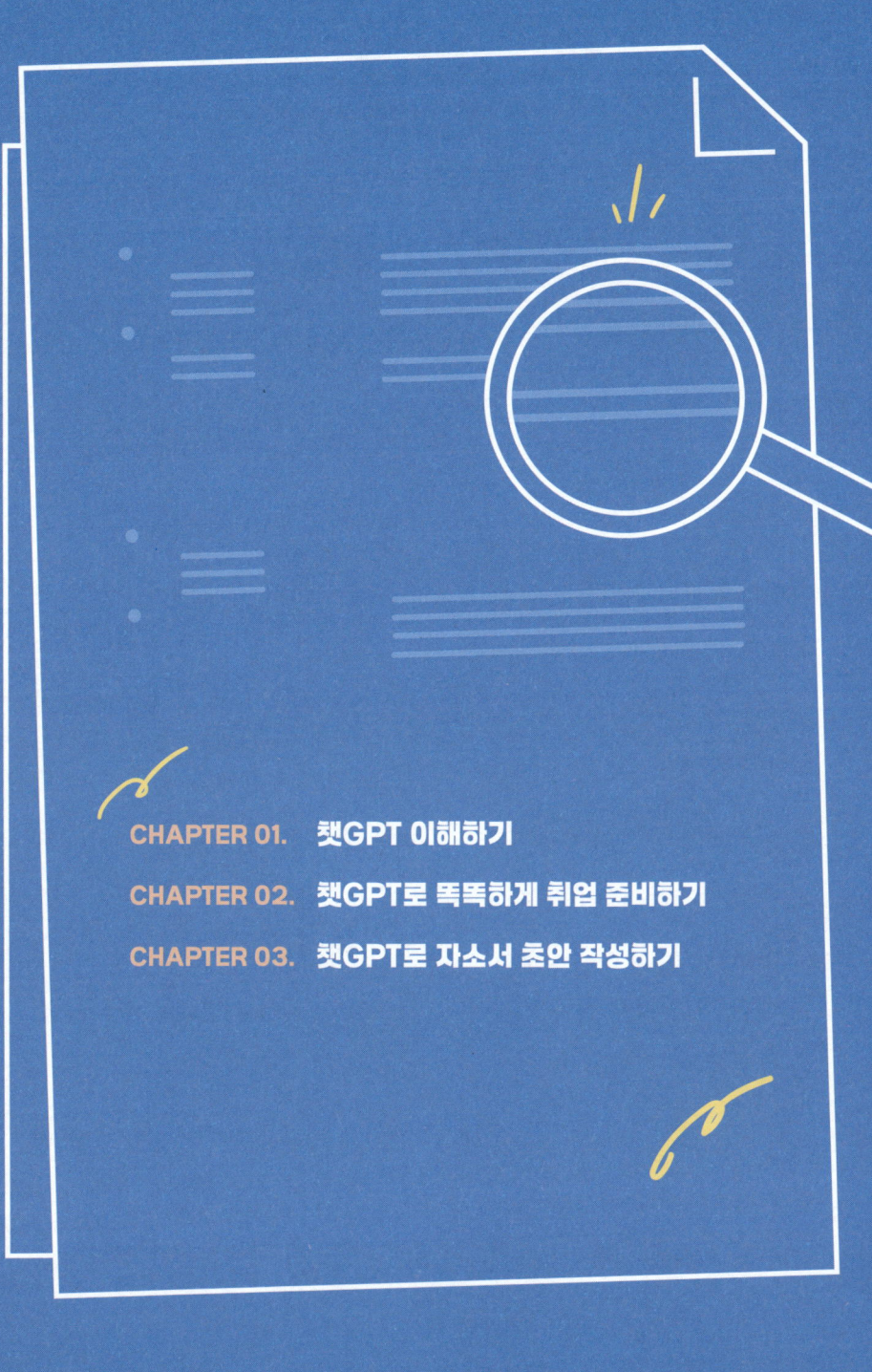

CHAPTER 01.　**챗GPT 이해하기**

CHAPTER 02.　**챗GPT로 똑똑하게 취업 준비하기**

CHAPTER 03.　**챗GPT로 자소서 초안 작성하기**

CHAPTER 01

챗GPT 이해하기

제가 운영중인 취업왕 이쌤 공식 SNS 채널(@jobking.lee)에서 가장 높은 조회수를 기록하는 콘텐츠는 챗GPT를 활용한 자소서 작성법입니다. 그만큼 최근 챗GPT에 대한 취준생분들의 관심이 부쩍 높아진 것을 체감하고 있어요.

취준 과정에서 챗GPT는 다양한 목적으로 유용하게 사용할 수 있는데요. 막막하게만 느껴졌던 기업 리서치를 부탁해 지원 동기나 입사 후 포부에 대한 아이디어를 얻을 수도 있고, 면접 전형 단계에서는 지원 공고에 대한 면접 예상 질문을 뽑거나, 챗GPT와 음성 기반으로 모의 면접을 진행할 수도 있습니다.

다만 챗GPT를 사용한 자소서에 불이익을 주는 케이스도 늘고 있는 만큼 지나치게 의존하기보다는 보조 도구로서 유연하게 활용하는 것이 좋습니다. 더불어 사용 시 유의해야 할 사항도 잘 알아두어야 하는데요.

이번 챕터에서는 취준 과정에서 챗GPT를 똑똑하게 활용할 수 있도록 챗GPT의 속성과 사용 시 유의사항을 차근차근 알아볼게요.

챗GPT란?

챗GPT는 OpenAI에서 개발한 대화형 인공지능(AI) 모델로, GPT(Generative Pre-trained Transformer)라는 기술을 바탕으로 작동하는 시스템인데요. 기본적으로 챗GPT는 대규모 텍스트 데이터를 학습하여 언어의 패턴을 이해하고 생성하는 모델입니다. 사용자는 챗GPT와 자연스러운 대화를 나누거나 다양한 주제에 대한 조언, 설명, 아이디어 등을 얻을 수 있다는 특징이 있습니다.

챗GPT 화면 구성과 기능 알아보기

다음 이미지는 웹 환경에서 챗GPT에 접속하면 나오는 화면이에요. 주요 구성 요소와 각각의 기능을 살펴볼까요?

1. 프롬프트 입력 창

챗GPT에게 답을 얻기 위해선 질문 값인 '프롬프트(Prompt)'를 입력해야 하는데요. 프롬프트란 챗GPT나 다른 언어 모델에게 어떤 내용을 생성하거나 질문에 답할 수 있도록 제공하는 텍스트를 의미합니다. 쉽게 말하면 "○○ 주제에 대해 이야기해줘."라고 모델에게 지시하는 명령이나

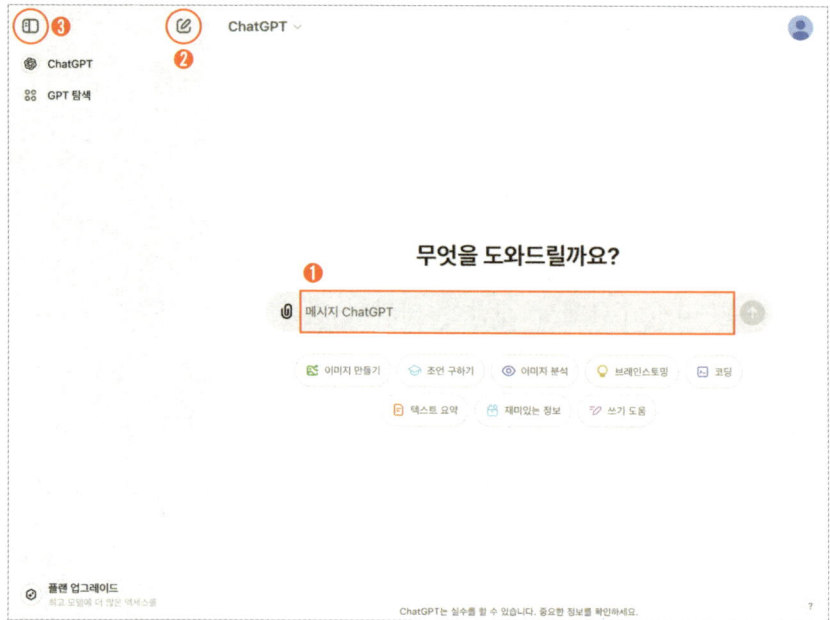

질문이 바로 프롬프트예요.

프롬프트의 구체성이나 방향에 따라 여러분이 챗GPT로부터 받게 되는 결과물도 달라지기 때문에, 원하는 답변이나 결과를 얻기 위해선 프롬프트를 어떻게 설정하느냐가 굉장히 중요합니다.

2. 새로운 채팅 시작하기

사용자가 챗GPT와 새로운 대화를 시작할 수 있는 기능입니다. 현재 대화와 독립된 새로운 주제로 질문하거나 대화를 시작하고 싶을 때 사용할 수 있습니다.

특히 여러 주제나 프로젝트를 동시에 진행할 때, 새로운 채팅을 통해 각각의 주제를 구분해서 이야기할 수 있습니다. 예를 들어, 이전 대화에서는 취업에 관해 질문했다면, 새로운 채팅에서는 맛집 추천, 번역 등 전혀 다른 주제로 이야기할 수 있죠.

3. 과거 대화 기록

사용자가 챗GPT와의 이전 대화를 저장하고, 필요할 때 이를 참고하거나 다시 확인할 수 있는 기능입니다. 사용자는 언제든지 이전 대화를 불러와서 이어갈 수 있어요. 특히 사용자가 대화를 장기적으로 관리하고, 다양한 주제를 효율적으로 다루는 데 유용합니다. 예를 들어, 이전에 특정 프로젝트에 대한 대화를 나눴다면 해당 기록을 불러와 추가 질문을 할 수 있죠.

대화한 내용이 쌓이면 챗GPT는 해당 데이터를 기반으로 더 정교하게 피드백을 줄 수 있습니다. 여러분이 어떤 기업을 지원한다고 가정했을 때, 그 기업의 산업 리서치부터 공고 분석, 자소서 초본 작성까지 동일한 대화창에서 진행하면 누적된 정보를 챗GPT가 학습해나가면서 기업 맞춤형 결괏값을 줄 가능성이 커집니다.

챗GPT 활용 시 유의사항

챗GPT는 잘 활용하면 다양한 정보를 쉽고 빠르게 얻을 수 있다는 이점이 있지만, 정확한 사용법을 숙지하지 않은 상태로 남용한다면 부작용이 뒤따를 수 있어요. 그러므로 다음 두 가지 유의사항을 반드시 명심해주세요.

지나치게 의존하지 않기

1:1 취업 컨설팅을 진행하다 보면 챗GPT에 지나치게 의존한 나머지, 챗GPT에게 얻은 답변을 그대로 활용하는 분들이 많은데요. 자소서는 여러분 고유의 생각이나 가치관이 자연스럽게 드러나는 글입니다. 이는 챗GPT가 대신할 수 있는 영역이 아니죠. 따라서 챗GPT를 현명하게 활용하기 위해선 나만의 고유한 생각, 가치관, 구체적 경험과 요청 사항을 최대한 구체적이고 명확하게 제시함과 동시에, 챗GPT로부터 얻은 정보를 본인만의 스타일로 한 번 더 가공할 것을 권장합니다.

데이터를 무조건 신뢰하지 않기

챗GPT가 생성하는 정보가 항상 정확한 것은 아니기 때문에 결괏값에 대한 비판적 사고를 갖는 것이 중요한데요. 특히, 중요한 의사 결정을 해야 할 때나 신뢰도가 중요한 자료를 수집하고자 한다면 챗GPT가 생성한 답변 외에 출처가 명확한 자료를 교차 확인하여 데이터 신뢰성을 검토해보는 것이 좋습니다. 또한, 챗GPT는 최신 정보 업데이트 시점 이후에 발생한 사건이나 변동 사항을 반영하지 못할 수 있습니다. 따라서 날짜가 중요한 정보를 사용할 때 특히 유의해주세요.

챗GPT를 더 알차게 활용하는 노하우

동일한 목적으로 챗GPT를 사용하더라도 이를 활용하는 방법이나 노하우에 따라 결과물의 퀄리티 역시 달라집니다. 챗GPT로부터 원하는 정보를 더 똑똑히 얻기 위한 노하우를 알아볼까요?

구체적인 질문하기

챗GPT는 질문이나 요청이 구체적일수록 정확한 답변을 제공합니다. "자기소개서 작성 시 중요한 점이 뭐야?"보다는 "A 회사의 콘텐츠 마케팅 직무 지원 시, 자기소개서에서 강조해야 할 핵심 역량은 뭐야?"와 같이 구체적으로 질문할수록 더 정확한 답변을 받을 수 있어요.

또한, 한번에 너무 넓은 범위를 다루는 질문보다는 하나의 주제나 개념을 집중해서 질문하는 것이 더 적합합니다. "디지털 마케팅의 장단점이 뭐야?"보다는 "디지털 마케팅 가운데 인스타그램을 활용한 마케팅의 장단점에 대해 알려줘."와 같이 질문의 범위를 세분화하면 더 유익한 답변을 이끌어낼 수 있어요.

배경 상황 제공하기

챗GPT에게 질문할 때 자신의 상황이나 목표를 짧게라도 설명해주면 맞춤형 답변을 얻을 수 있습니다. "나는 경영학을 전공한 취준생인데, 중견 이상의 IT 기업 콘텐츠 마케팅 직무에 주로 지원하고 있어. 최근 3

개월 동안 A 기업에서 자사 SNS 채널의 콘텐츠를 기획하는 역할을 맡았고, 트렌드를 빠르게 캐치하는 편이야. 핵심 강점으로 어떤 역량을 강조하면 좋을까?"처럼 자신의 상황을 덧붙이면 챗GPT가 질문자의 상황을 고려해 더 적합한 답변을 줄 수 있습니다.

예시 주고받기

챗GPT에게 질문할 때 기대하는 답변의 퀄리티와 글 형식이 있을 수 있는데요. 이때는 여러분이 기대하는 답변과 유사한 퀄리티와 형식의 예시를 먼저 제공하면서 "예시와 비슷하게 답변해줘."라고 요청해보세요. 반대로 여러분이 챗GPT에게 특정 예시를 얻고 싶을 때는 "A 기업의 콘텐츠 마케팅 직군에 지원할 건데, 아래 붙여둔 채용 공고 내용을 참고해서 핵심 강점에 대한 자소서 예시를 보여줘."와 같이 요청하는 것도 가능합니다.

적극적인 상호 피드백하기

작성 완료한 자소서에 대해 "아래 문단에 대해 피드백 줄 수 있어?", "아래 문단을 조금 더 친근한 문체로 수정해줘."와 같은 식으로 피드백이나 개선 제안을 요청할 수 있습니다.

만약 여러분이 받은 피드백이 만족스럽지 않거나 더 궁금한 점이 있다면 추가 질문을 던져 대화를 이어나가보세요. "방금 준 답변은 구체성 부분에서 조금 아쉬운데, 조금 더 자세히 수정해줘.", "지금 글이 조금

긴데, 중복되는 내용 줄여서 더 간결하게 바꿔줄 수 있어?"가 그 예시입니다. 이러한 적극적인 피드백 과정에서 챗GPT는 여러분의 스타일을 점차 학습하게 되고, 더 만족할 만한 답변을 제공하게 됩니다.

질문 방법	질문 예시
구체적인 질문하기	"자기소개서 작성 시 중요한 점이 뭐야?" → "A 회사의 콘텐츠 마케팅 직무 지원 시, 자기소개서에서 강조해야 할 핵심 역량은 뭐야?"
배경 상황 제공하기	"나는 경영학을 전공한 취준생인데, 중견 이상의 IT 기업 콘텐츠 마케팅 직무에 주로 지원하고 있어. 최근 3개월 동안 A 기업에서 자사 SNS 채널의 콘텐츠를 기획하는 역할을 맡았고, 트렌드를 빠르게 캐치하는 편이야. 핵심 강점으로 어떤 역량을 강조하면 좋을까?"
예시 주고받기	1. 예시를 먼저 제공하면서 "예시와 비슷하게 답변해줘."라고 요청하기 2. "A 기업의 콘텐츠 마케팅 직군에 지원할 건데, 아래 붙여둔 채용 공고 내용을 참고해서 핵심 강점에 대한 자소서 예시를 보여줘."
적극적인 상호 피드백하기	1. "아래 문단에 대해 피드백 줄 수 있어?" 2. "아래 문단을 조금 더 친근한 문체로 수정해줘."

CHAPTER 02

챗GPT로 똑똑하게 취업 준비하기

취준 과정에서 챗GPT가 활용되는 범위는 공고 분석부터 면접 준비, 그리고 합격 후 입사 준비까지 광범위한데요. 각 단계에서 챗GPT의 기능을 잘만 활용한다면 더 효율적으로 취업 준비를 할 수 있다는 장점이 있습니다. 그럼 구체적으로 챗GPT를 어떤 목적으로, 어떻게 활용할 수 있는지 알아볼까요?

STEP 1. 서류 전형

서류 전형 과정에서 우리가 준비해야 하는 자료는 대부분 글로 구성되어 있어 챗GPT를 활용할 수 있는 범위가 굉장히 넓습니다. 보통 상반기, 하반기 채용 피크 시즌이 오면 지원할 기업이 많아지는데요. 한정적인 시간에 최대한 많은 기업에 양질의 서류를 제출하기 위해서는 효율적인 일정 관리가 필수입니다. 이때 여러분을 도와줄 수 있는 AI 비서가 바로 챗GPT입니다. 서류 전형에서는 챗GPT를 어떻게 활용할 수 있는지 실제 예시와 함께 알아볼까요?

공고 분석하기

공고 분석은 취업 준비의 첫걸음입니다. 챗GPT를 활용하면 각 공고에서 요구하는 자격 요건, 직무에 필요한 역량을 더 쉽게 분석할 수 있어요. "이 공고에서 강조하는 핵심 역량이 뭐야?"라고 질문하면 공고에 나오는 키워드를 분석해 중요한 부분을 짚어줄 뿐 아니라, 여러분이 본인의 강점을 입력한다는 전제 하에, 여러분의 강점과 채용 공고를 어떻게 연결할 수 있는지 조언도 얻을 수 있습니다.

> **질문 프롬프트 예시**
>
> 나는 경영학을 전공한 취업 준비생이고, A 기업에서 3개월 동안 자사 SNS를 운영하는 콘텐츠 마케팅 인턴 경험이 있어. 이번에 아래 [공고 내용]에 지원하려고 하는데 이 내용과 [내 강점]을 자연스럽게 연결해줘.
>
> **[공고 내용]**
> **주요 업무**
> - 제품 상세페이지 기획 및 관리
> - 콘텐츠 매체(인스타그램, 유튜브, 블로그 등) 운영 및 관리
>
> **자격 요건**
> - 간단한 이미지 및 영상 디자인, 편집 (포토샵, 프리미어 프로 등)
> - 랜딩 페이지 제작하여 실행까지 해보신 분
> - 포트폴리오 제출 필수

우대 사항
- 콘텐츠 또는 프로모션으로 성과를 내보신 분
- SNS 운영 경험 보유자(브랜드, 개인 등)
- 온라인 이커머스에 대한 이해도가 있는 분

[내 강점]
- 콘텐츠 기획부터 디자인까지 모두 가능(포토샵 사용 가능)
- SNS 사용 시간이 길어, 평소 콘텐츠 트렌드 캐치가 빠름
- 함께 일하는 동료들로부터 창의성이 뛰어나다는 피드백 자주 받음
- 인턴 당시 SNS 채널을 운영하며 팔로워 수 1만 명을 늘린 경험 있음

실제 챗GPT의 답변

저는 경영학 전공자로서 A 기업에서 3개월 동안 자사 SNS 채널을 운영하며 콘텐츠 마케팅 인턴으로 근무한 경험이 있습니다. 특히 인스타그램을 비롯한 다양한 SNS 채널을 기획하고 운영하는 업무를 수행하며 팔로워 수를 1만 명 이상 늘린 성과를 거두었습니다. 이 과정에서 콘텐츠 기획뿐 아니라 포토샵을 활용한 이미지 제작까지 가능해져, 브랜드의 감각적이고 일관된 이미지를 효과적으로 전달할 수 있었습니다. 이러한 경험은 제품 상세페이지 기획 및 관리와 콘텐츠 매체 운영을 주요 업무로 하는 지원 직무와 밀접하게 연결됩니다.

또한, SNS 트렌드 캐치 능력이 빠르고 창의성이라는 강점을 가지고 있어, 주어진 콘텐츠 매체에서 고객의 관심을 끌고 지속적인 트래픽을 유도하는 능력에도 자신이 있습니다. 특히, 인턴 기간 동안 콘텐츠의 주제를 다각도로 기획하고 실행하며 성과를 낸 경험을 바탕으로, 브랜드가 필요로 하는 SNS 콘텐츠 전략에 기여할 준비가 되어 있습니다.

기업 및 산업 분석하기

취준생분들에게 취준 과정에서 제일 어려운 것이 무엇이냐고 물어보면 많은 분들이 지원 기업 분석이라고 답변하는데요. 챗GPT를 활용하면 기업의 비전, 미션, 주요 제품 등을 조사할 수 있을 뿐 아니라, 최근 산업 트렌드까지 파악할 수 있어 유용합니다. 기업 및 산업 분석 과정에서 시간을 아끼면 AI가 대신해줄 수 없는 영역에 더 많은 시간을 투자해 효율을 높일 수 있겠죠?

다음은 챗GPT를 활용한 기업 분석 예시예요. 다만, 제가 앞서 유의사항에서도 언급한 것처럼 챗GPT가 준 답변을 그대로 사용하기보다는 비판적 사고를 동시에 가져야 한다는 점을 꼭 기억해주세요.

질문 프롬프트 예시

나는 이번에 LG화학 생명과학사업본부에 지원할 예정인데, 산업 특성, 산업 트렌드, 최근 이슈, 그리고 앞으로의 전망에 대해 알려줘.

실제 챗GPT의 답변

[LG화학 생명과학사업본부 산업 분석]

1. 산업 특성

LG화학의 생명과학사업본부는 주로 항암제, 당뇨, 면역 및 대사질환 치료제 개발을 중심으로 하고 있으며, 특히 R&D 강화를 통한 신약 개발과 글로벌 시장 진출에 집중하고 있습니다. 이 분야는 고도로 연구 집약적이고 장기적인 임상 및 규제 승인이 필수적인 특성이 있습니다. LG화학은 현재 45개 이상의 신약 개발 파이프라인을 갖추고 있고, 이를 바탕으로 지속적인 성장을 목표로 삼고 있습니다.

2. 산업 트렌드

2024년 글로벌 생명과학 산업에서 가장 주목받는 트렌드는 AI 및 디지털 혁신, 파트너십을 통한 성장, 비용 절감입니다. 특히 Generative AI가 약물 개발 및 의료 서비스에 큰 변화를 일으키고 있으며, 이를 통해 연구 과정의 효율성 증가와 비용 절감이 이루어지고 있습니다. 또한, 글로벌 규제 환경 변화, 약가 인하 압력, 공공-민간 협력이 확대되는 것도 중요한 흐름입니다.

3. 최근 이슈

LG화학은 미국 FDA로부터 희귀병 치료제인 유전성 비만 치료제에 대한 승인과 3상 임상에 들어간 통풍 치료제 개발로 글로벌 시장에서 큰 주목을 받고 있습니다. 또한, 미국의 항암제 전문 회사인 AVEO 인수를 통해 항암제 분야에서의 시장 경쟁력을 더욱 강화하고 있습니다. 이러한 움직임은 LG화학이 글로벌 시장에서의 입지를 확장하고 있다는 것을 보여줍니다.

4. 향후 전망

LG화학 생명과학사업부는 2030년까지 최소 두 가지 이상의 혁신적 신약 출시를 목표로 하고 있으며, 미국 및 유럽 시장에서의 확장을 계획하고 있습니다. 신약 개발과 더불어 지속적인 AI 기술 도입을 통해 효율적인 연구 개발을 추진하고, 글로벌 파트너십을 통해 신약 파이프라인을 확대할 것으로 보입니다. 또한, 고가의 특수 의약품에 대한 수요가 증가하고 있어 LG화학의 생명과학사업부는 장기적으로 안정적인 성장이 예상됩니다.

이와 같은 분석을 바탕으로 LG화학의 생명과학사업본부는 혁신적인 기술과 글로벌 전략을 통해 고부가가치 시장에서 성과를 창출하고 있습니다.

질문 프롬프트 예시

고마워! 이 중, 영업 담당자로서 가장 중요하게 여겨야 할 부분이 있다면 뭘까?

> 💬 **실제 챗GPT의 답변**

LG화학 생명과학사업본부에서 영업 담당자로서 중요한 부분은 다음과 같은 요소에 중점을 두어야 합니다.

1. 제품 이해와 시장 트렌드 파악
생명과학사업본부에서 다루는 항암제, 당뇨 및 대사질환 치료제와 같은 특수 의약품은 고가이며, 의료진과 환자들이 제품을 선택할 때 큰 신뢰를 요합니다. 영업 담당자는 자사 제품의 치료 효과, 적응증, 부작용 등 상세한 정보를 명확히 이해하고 있어야 하며, 시장에서 경쟁 제품과의 차별점을 구체적으로 설명할 수 있어야 합니다. 이를 통해 고객(의료진, 약사, 의료기관)에게 제품의 강점을 명확하게 전달할 수 있습니다.

2. 신약 개발 및 임상 데이터의 중요성
LG화학은 신약 개발 파이프라인과 임상 데이터 강화를 통해 글로벌 시장 경쟁력을 확보하고 있습니다. 특히, 제품이 임상 시험 단계에서 어떤 효과를 보였는지, 각 신약의 개발 현황은 어떠한지를 숙지하고 있으면 고객 설득에 큰 도움이 됩니다. 의료계 종사자는 임상 데이터를 매우 중시하므로, 영업 담당자는 최신 데이터를 기반으로 제품의 효과와 안전성을 전달할 준비가 필요합니다.

3. Generative AI 및 디지털 기술 활용
생명과학 산업에서 AI 및 디지털 혁신이 가속화되면서, 영업 담당자 또한 디지털 툴을 활용한 효과적인 마케팅 전략을 도입하는 것이 중요합니다. Generative AI와 같은 기술은 고객 관리 및 시장 분석에 큰 도움을 주며, 고객과의 소통을 더욱 개인화하여 효율성을 높일 수 있습니다. LG화학은 혁신적인 기술 도입에 적극적이므로, 디지털 기술을 활용한 영업 전략은 차별화된 접근으로 평가될 수 있습니다.

4. 파트너십과 협업 능력
LG화학 생명과학사업본부는 글로벌 파트너십을 통해 시장 확장을 꾀하고 있습니다. 영업 담당자는 파트너사와의 협력 관계를 이해하고 신뢰를 쌓는 데 능숙해야 하며, 회사와 고객, 그리고 협력사 간의 원활한 소통을 지원해야 합니다. 공공기관, 병원, 약국 등과의 관계 구축을 통해 안정적인 공급망을 유지하고, 신약 출시 시 적극적인 지원을 할 수 있는 준비가 필요합니다.

> 이러한 요소들은 영업 담당자가 제품의 특성과 시장 변화를 바탕으로 고객과 신뢰 관계를 구축하고, LG화학 생명과학사업부의 혁신적 제품과 기술을 효과적으로 전달할 수 있도록 도와줍니다.

자기소개서 작성하기

챗GPT를 활용하면 자소서 소재에 대한 아이디어를 얻거나 글의 논리적 흐름을 잡아가는 데 도움을 받을 수 있어요. 지원 직무에서 어떤 강점을 어필하면 좋을지 물어볼 수도 있고, 구체적인 프롬프트를 제공하고 자소서 초본 작성을 요청할 수도 있습니다. (챗GPT로 자소서 초안을 작성하는 방법은 다음 챕터에서 구체적으로 알아볼게요.)

STEP 2. 면접 전형

면접 예상 질문 준비하기

챗GPT를 활용해 면접 예상 질문 리스트를 만들 수 있어요. 다음 예시를 참고해서 여러분이 면접을 보게 될 공고의 정보와 여러분의 직무, 보유 경험, 핵심 역량을 제공하면서 예상 질문을 요청해보세요.

> 👤 **질문 프롬프트 예시**

나는 마케팅 직군에 지원하는 신입 취업 준비생이야. 아래 공고 내용과, 내 강점을 기반으로 면접에서 나올만한 질문 리스트 20개 뽑아줘.

[공고 내용]

주요 업무
- 제품 상세페이지 기획 및 관리
- 콘텐츠 매체(인스타그램, 유튜브, 블로그 등) 운영 및 관리

자격 요건
- 간단한 이미지 및 영상 디자인, 편집(포토샵, 프리미어 프로 등)
- 랜딩 페이지 제작하여 실행까지 해보신 분
- 포트폴리오 제출 필수

우대 사항
- 콘텐츠 또는 프로모션으로 성과를 내보신 분
- SNS 운영 경험 보유자(브랜드, 개인 등)
- 온라인 이커머스에 대한 이해도가 있는 분

[내 강점]
- 콘텐츠 기획부터 디자인까지 모두 가능(포토샵 사용 가능)
- SNS 사용 시간이 길어, 평소 콘텐츠 트렌드 캐치가 빠름
- 함께 일하는 동료들로부터 창의성이 뛰어나다는 피드백을 자주 받음
- 인턴 당시 SNS 채널을 운영하며 팔로워 수 1만 명을 늘린 경험 있음

💬 실제 챗GPT의 답변

제품 상세페이지 기획 및 관리
1. 상세페이지 기획 시 가장 중요하다고 생각하는 요소는 무엇인가요?
2. 제품 상세페이지를 기획할 때 고객의 관심을 끌기 위해 어떤 전략을 사용했나요?
3. 상세페이지 제작 시, 어떤 디자인 도구를 주로 사용하나요?
4. 특정 제품의 상세페이지 기획 경험이 있다면 설명해주세요.

콘텐츠 매체 운영 및 관리
1. SNS 채널을 운영할 때 가장 중요하게 생각하는 점은 무엇인가요?
2. 인스타그램과 유튜브, 블로그 콘텐츠 기획 시 각각 어떤 차별화 전략을 적용하나요?
3. 팔로워 수를 늘리기 위해 어떤 콘텐츠 전략을 사용했나요?
4. SNS 트렌드를 빠르게 캐치하여 콘텐츠에 반영한 사례가 있나요?

이미지 및 영상 디자인
1. 포토샵과 프리미어 프로를 사용해본 경험이 있다면 소개해주세요.
2. 간단한 이미지나 영상을 디자인할 때 어떤 프로세스로 작업을 진행하나요?
3. 특정 콘텐츠의 이미지나 영상 디자인에서 창의성을 발휘한 사례가 있다면 설명해주세요.
4. 포토샵 외에 사용 가능한 다른 디자인 툴이 있나요?

콘텐츠 성과와 프로모션 경험
1. 인턴십에서 팔로워 수를 1만 명 늘리기 위해 사용했던 전략은 무엇인가요?
2. 프로모션을 기획하고 운영한 경험이 있나요?
3. 성과가 낮은 콘텐츠가 있다면 이를 개선하기 위해 어떻게 접근하나요?
4. 콘텐츠나 프로모션 기획 시 가장 큰 도전은 무엇이었나요?

SNS 운영 및 트렌드 캐치 능력
1. SNS 트렌드를 빠르게 파악하는 비결이 있나요?
2. 최근 인기 있는 콘텐츠 트렌드 중 본인의 콘텐츠에 적용한 사례가 있나요?
3. 팔로워 증가뿐만 아니라, SNS 채널의 지속적인 활성화를 위해 어떤 노력을 했나요?
4. 창의성을 발휘해 차별화된 콘텐츠를 기획한 경험이 있나요?

모의 면접 연습하기, 면접 후 피드백 요청하기

챗GPT에서는 텍스트뿐만 아니라 음성 기반으로도 대화를 주고받을 수 있어요. 이러한 기능 덕분에 우리는 챗GPT와 모의 면접을 진행할 수 있는데요. 연습하고 싶은 예상 질문을 미리 챗GPT에게 전달해도 좋고, 랜덤하게 질문해달라고 요청해 실시간 모의 면접 과정에서 즉각적인 피드백을 받을 수 있어요. 만약 음성 기반 대화가 부담스럽다면 텍스트 형태로 물어보거나, 마이크 버튼을 눌러 음성으로 답변을 하면 텍스트 형태로 변환된 질문을 제공할 수도 있습니다.

> **음성 기반의 프롬프트**
>
> "3일 뒤에 A 기업의 신입 콘텐츠 마케팅 직무 면접을 보는데, 지금부터 나한테 나올 만한 인성 및 역량 면접 질문을 랜덤하게 해주고 피드백도 바로바로 줄 수 있을까? 내 이력에 대해 간단히 이야기하자면, 경영학과를 졸업하고 B 기업에서 콘텐츠 마케팅 인턴을 3개월 하면서 자사 SNS 콘텐츠 운영을 맡았어. 주요 성과로는 인스타그램 구독자를 3개월 만에 1만 명 늘렸고, 유튜브는 내가 기획한 콘텐츠의 평균 조회수가 10만이었어. 참고로 나는 트렌드 캐치가 빠른 편이야."

실제 면접이 끝난 후, 답변했던 내용을 복기해 챗GPT에게 피드백을 요청할 수 있습니다. 이를 통해 면접에서 했던 답변을 돌이켜보고 답변이 부족했던 부분을 개선하는 시간을 가져보세요.

> **음성 기반의 프롬프트**
>
> "오늘 A 기업 신입 콘텐츠 마케팅 직무 면접을 봤는데, ㅇㅇ라는 질문에 △△라고 대답했어. 혹시 어떤지 피드백을 줄 수 있어? 추가로, 필요하다면 이 답변을 개선할 방법에 대해서도 알려줘."

STEP 3. 처우 협상

챗GPT는 자소서 및 면접 전형뿐만 아니라 채용 과정의 마지막 단계인 처우 협상 과정에서도 유용하게 활용할 수 있어요.

연봉 협상하기

여러분이 최종 면접에 합격했다면 이제 처우 협상 단계를 거치는데요. 처우 협상이란 입사 조건을 조율하는 과정을 의미합니다. 주된 협상 요소는 연봉, 근무 조건, 직급 등으로, 모든 조건에서 협의에 이르면 최종 합격으로 간주되어 지원자는 입사를 하게 됩니다.

처우 협상에서 가장 중요한 것은 결국 우리의 시장 가치와 직결되는 연봉 협상이겠죠? 이때 희망 연봉을 조율해나가는 과정에서 챗GPT에게 다음과 같이 이메일 작성법에 대한 조언을 구할 수 있습니다. 챗GPT로부터 받은 결과물을 그대로 사용하기보다는 여러분의 손을 거쳐 다듬은 후 활용해주세요.

> **질문 프롬프트 예시**
>
> 연봉 협상을 진행하는데, 회사에서 제시한 연봉이 내 기대보다 10% 정도 낮아서 추가 협상 여지가 있는지 인사 담당자에게 이메일을 보내려고 해. 어떻게 보내면 좋을지 조언해줄래?

> 📘 **실제 챗GPT의 답변**

연봉 협상 이메일은 긍정적이고 전문적인 톤으로 작성하는 것이 중요합니다. 인사 담당자와 감사와 이해를 표하면서 추가 논의가 가능한지 자연스럽게 여지를 남기세요. 아래는 예시입니다.

메일 제목: 연봉 제안 관련 추가 논의 요청

안녕하세요, [담당자 이름]님,

우선, A 기업에서 [포지션명]에 대해 제안을 주신 점 진심으로 감사드립니다. 이 역할을 통해 회사의 성장에 기여할 기회를 주신 것에 대해 매우 기쁘게 생각합니다.

제시해주신 연봉 패키지에 대해 감사히 검토하였습니다. 제 경력과 해당 포지션에서 예상되는 책임을 고려했을 때, 제 기대와 약간의 차이가 있는 부분도 있어 추가 협의가 가능할지 여쭤보고자 합니다.

현재 저는 [예상 연봉 수준] 정도를 기대하고 있으며, A 기업에서 제게 주어진 기회를 최대한 활용해 최상의 성과를 낼 수 있도록 준비하고 있습니다. 혹시 이 부분에 대해 조정이 가능할지 다시 한번 검토해 주실 수 있으실까요?

다시 한번 소중한 기회를 주신 데 대해 감사드리며, 긍정적인 답변을 기대하겠습니다.

감사합니다.

[지원자 ○○○ 드림]

입사 후 회사생활 팁

사회 초년생이라면 첫 직장 생활 전 궁금한 점이 많을 텐데요. 사소한 부분이라도 챗GPT와 대화하며 입사 전 필요한 정보를 습득할 수 있습니다.

질문 프롬프트 예시

나는 이제 막 대학을 졸업하고 다음 주 첫 입사를 앞둔 사회 초년생이야. 첫 직장 생활이라 걱정이 많은데, 혹시 신입 사원이 유의해야 할 점에 대해 조언을 구할 수 있을까?

실제 챗GPT의 답변

첫 직장 생활을 앞두고 걱정되는 마음 충분히 이해해요! 신입 사원으로서 유의하면 좋은 몇 가지 팁을 드릴게요.

1. 회사의 문화와 규칙을 잘 이해하세요 : 업무 방식이나 복장 규정, 의사소통 스타일 등 회사마다 문화가 다를 수 있어요. 첫 주에는 회사 분위기와 규칙을 파악하고 적응하려는 노력이 중요해요.

2. 정확한 지시 이해 : 상사나 동료에게 업무 지시를 받을 때 모호한 부분은 바로 질문하세요. 오해 없이 명확하게 이해하고 업무를 시작하는 것이 중요해요.

3. 시간 엄수와 꼼꼼함을 습관으로 : 처음엔 작은 실수도 큰 영향을 줄 수 있어요. 시간을 지키고, 꼼꼼하게 업무를 처리하는 습관을 들이면 신뢰를 얻기 쉬워요.

4. 기록을 남기세요 : 업무 중 중요한 내용이나 알게 된 점들을 기록해두는 습관을 들이세요. 기록은 추후 도움이 되고, 실수를 줄이는 데도 유용해요.

5. 긍정적이고 협력적인 태도 유지 : 주어진 업무에 최선을 다하고, 어려운 일이 있어도 긍정적으로 해결하려는 자세가 필요해요. 동료와 잘 협력하는 태도는 팀워크를 높이고 좋은 인상을 남깁니다.

6. 지속적인 자기계발 : 매일 조금씩이라도 배우려는 마음을 유지하세요. 업무와 관련된 스킬을 추가로 공부하거나 피드백을 통해 성장하는 자세는 빠른 적응과 함께 앞으로의 커리어에도 큰 도움이 될 거예요.

첫 출발인 만큼 천천히 적응해나가면 어느새 자신감이 붙을 거예요.

CHAPTER 03

챗GPT로 자소서 초안 작성하기

이제 본격적으로 챗GPT를 활용해 자소서 초안을 작성하는 방법을 알아볼게요. '초안'이라는 단어에서 힌트를 얻은 분도 있겠지만, 챗GPT로 작성한 글은 단어나 서술어가 다소 부자연스러운 부분이 있을 수 있어 결괏값은 글의 뼈대를 잡는 초안으로만 활용하길 권장합니다.

자소서 프롬프트 구성하기

챗GPT를 통해 여러분이 원하는 답변이나 결과를 얻기 위해선 프롬프트를 어떻게 설정하느냐가 굉장히 중요해요. 자소서 프롬프트를 구성할 때도 역시 마찬가지로 최대한 구체적으로 요청 사항과 배경 정보를 입력해야 양질의 결괏값을 얻을 수 있습니다. 글의 주제가 뭔지, 글자 수가 어떻게 되는지, 단락은 몇 개로 구성하고 싶은지, 주의할 점이 있는지 등을 구체적으로 입력하면 최대한 유사한 형태의 글이 결괏값으로 출력되죠.

자소서 항목 가운데 성장 과정을 작성한다고 가정해볼게요. 다음은 가상의 프롬프트예요. 중간중간 파란색으로 적힌 괄호는 사용자가 챗GPT에게 제공해야 하는 정보로, 여러분이 직접 작성해야 하는 내용입니다. 최대한 구체적으로 작성할수록 더 만족스러운 결과물을 얻을 수 있다는 점, 꼭 기억해주세요.

> **질문 프롬프트 예시**
>
> ※ 아래는 여러분의 이해를 돕기 위한 가상의 내용입니다.
>
> [내 소개]
> 나는 경영학을 전공하고 국제통상학을 복수전공한 취업 준비생이야. 평소 해외 비즈니스에 관심이 많은 편이고, 미국 어학연수 1년 경험을 가지고 있어.
>
> [개요]
> 아래 제공된 소스 정보와 핵심 키워드를 바탕으로 (항목 명) 주제의 자기소개서를 작성해줘. 글은 (자소서에 주어진 글자 수의 90% 입력_ex : 500자면 450자, 1,000자면 900자)자 이상, (자소서에 주어진 글자 수)이하로 작성하고, 4개의 단락으로 구성해줘. 각 단락은 다음과 같은 내용을 포함해야 해.
>
> 1. **첫 단락** : "제 성장 과정을 잘 보여주는 문장은 ~입니다."를 첫 문장으로, 첫 단락은 아래 소스 중 "내 성장 과정을 대표하는 문장"을 기반으로, 2문장 내로 작성해줘.
>
> 2. **두 번째 단락** : 성장 과정의 배경을 구체적으로 언급해주되, 전체 글의 5분의 1 이하로 작성해줘.
>
> 3. **세 번째 단락** : 내 성장 과정을 가장 잘 보여주는 대표 사례 하나를 구체적으로 작성하되, "이를 잘 보여주는 예시로~"와 같이 두괄식으로 시작해줘. 구체적으로는 당시 상황, 내 행동, 이를 통해 성장한 점이나 배운 점 순서로, 전체 글 5분의 3 정도의 분

량으로 작성해줘.

4. **네 번째 단락** : 이러한 성장 과정의 특징이 지원 직무에서도 강점으로 발휘될 것이라고 어필하며, 2문장 이내의 지원 기업에 대한 가벼운 포부로 마무리해줘.

- **내 성장 과정을 대표하는 문장 :** (대표 문장 입력)
  + TIP : 지원 직무랑 시너지가 나는 성향을 보여주면 플러스
- **내 성장 과정을 대표하는 키워드 :** (대표 키워드 입력)
  + TIP : 위 문장을 더 짧게 한 단어로 줄여보기
- **소스 정보 :**
  - 성장 과정 배경 : (구체적으로 작성)
  - 성장 과정 구체적 사례 : (구체적으로 작성)
    + TIP : 상황, 내가 했던 행동, 결과/얻은 기회/성과 등. 단, 지나친 자랑이나 과장하는 성과로 연결하진 말 것!
- **지원 기업 및 직무 :** (기업명), (직무명)
- **주요 업무 :** (주요 업무는 채용 공고에서 복사+붙여넣기)

[필수 사항]
1. 글은 전반적으로 두괄식 구조로 작성해줘.
2. 내 성장 과정 특징이 지원 직무와 적합하다는 것을 마지막 단락에서 자연스럽게 연결해줘.
3. 전체 글자 수는 요청 글자 수에서 반드시 90% 이상 채워줘.
4. 접속사, 연결어를 효과적으로 활용하며 문장과 문장이 자연스럽게 연결해줘.

[주의할 점]
1. 동일 서술어를 두 번 이상 반복하지 말아줘. (ex : 생각합니다. 될 것입니다. 등)
2. 영어식 수동태 표현(ex : "되어졌습니다")을 최대한 피하고, 능동적이고 명확한 표현을 사용해줘.
3. 자신감을 넘은 지나친 자기자랑과 잘난 척은 피해줘.
4. 성장 과정 소재로 부모님 얘기는 언급하지 말아줘.
5. 각 단락의 내용이 반복되지 않도록 해줘.

6. "나는", "나의"라는 표현은 쓰지 말아줘.
7. "드러냅니다.", "말해줍니다.", "나타냅니다."라는 표현은 쓰지 말아줘.

프롬프트에 정보 추가하기

집을 짓는 것으로 비유하자면 자소서의 프롬프트는 '설계도'로 이해하면 쉬워요. 설계도를 잘 짜야 집이 튼튼하고 멋지게 완성되는 것처럼 챗GPT로 자소서를 작성할 때 프롬프트는 자소서의 전체 틀을 만드는 과정과도 같습니다.

그럼 기본 뼈대를 잘 잡고 난 후엔 뭘 해야 할까요? 설계도 완성 후 벽지 색상이나 바닥재와 같이 구체적인 건축 재료와 색감 등을 골라 건축물이 세워지는 시공 단계로 넘어가는 것처럼 잘 짜인 프롬프트 뼈대에 우리의 구체적인 경험이나 성과 등을 채워 넣어주면 훨씬 완벽한 결과물이 나옵니다. 예를 들어, 프롬프트 뼈대에 '과거 마케팅 프로젝트에서 SNS 팔로워를 3개월 만에 1만 명 증가시킨 경험'과 같은 구체적 경험과 데이터를 넣어주면 훨씬 설득력 높은 글이 완성됩니다. 그럼 프롬프트에 구체적인 내용을 채워넣는 실습을 시작해볼까요? 파란색 글씨가 새롭게 추가한 정보입니다.

> 💬 **질문 프롬프트 예시**

※ 아래는 여러분의 이해를 돕기 위한 가상의 내용입니다.

[내 소개]
나는 경영학을 전공하고 국제통상학을 복수전공한 취업 준비생이야. 평소 해외 비즈니스에 관심이 많은 편이고, 미국 어학연수 1년 경험을 가지고 있어.

[개요]
아래 제공된 소스 정보와 핵심 키워드를 바탕으로 (성장 과정) 주제의 자기소개서를 작성해줘. 글은 (900자) 이상, (1,000자) 이하로 작성하고, 4개의 단락으로 구성해줘. 각 단락은 다음과 같은 내용을 포함해야 해.

1. **첫 단락** : "제 성장 과정을 잘 보여주는 문장은 ~입니다."를 첫 문장으로, 첫 단락은 아래 소스 중 "내 성장 과정을 대표하는 문장"을 기반으로, 2문장 내로 작성해줘.

2. **두 번째 단락** : 성장 과정의 배경을 구체적으로 언급해주되, 전체 글의 5분의 1 이하로 작성해줘.

3. **세 번째 단락** : 내 성장 과정을 가장 잘 보여주는 대표 사례 하나를 구체적으로 작성하되, "이를 잘 보여주는 예시로~"와 같이 두괄식으로 시작해줘. 구체적으로는 당시 상황, 내 행동, 이를 통해 성장한 점이나 배운 점 순서로, 전체 글 5분의 3 정도의 분량으로 작성해줘.

4. **네 번째 단락** : 이러한 성장 과정의 특징이 지원 직무에서도 강점으로 발휘될 것이라고 어필하며, 2문장 이내의 지원 기업에 대한 가벼운 포부로 마무리해줘.

- **내 성장 과정을 대표하는 문장** : (일찍 일어나는 새가 벌레를 잡는다.)
- **내 성장 과정을 대표하는 키워드** : (부지런함)
- **소스 정보** :
  - 성장 과정 배경: (고등학생 때부터 아침 6시에 일어나 운동을 하고 학교를 갔을 정도로 부지런함이 몸에 배어 있음. 대학교에 들어가서도 시간을 허투루 쓰지 않고 학과 수업부터 기타 자격증, 대외활동, 아르바이트 등을 통해 견문을 넓힘)

○ 성장 과정 구체적 사례 : (어떤 아르바이트를 하든 출근 시간 대비 30분 일찍 도착하는 습관이 있었음. 먼저 가서 하루 일과를 체크하고, 청소도 하면서 아르바이트를 시작함. 이를 좋게 봐주신 사장님께서 시급도 올려주셨고 일반 아르바이트생이 할 수 없는 실무 단계의 업무까지 시켜주시는 기회를 얻을 수 있었음. 해당 경험은 무슨 일을 하든 부지런하면 더 많은 성장 기회를 가질 수 있음을 깨달은 계기였음)
- **지원 기업 및 직무** : (가나다 기업), (글로벌 부티크 세일즈 해외 영업)
- **주요 업무** :
  - 글로벌 신규 부티크 파트너사를 발굴하고 공급계약 및 온보딩을 진행
  - 브랜드 및 컨템포러리 상품의 크로스보더 트레이딩시 발생하는 국내 및 글로벌 3PL 무역 프로세스 관리
  - 부티크 별 매출 목표 달성을 위한 판매 데이터 분석 진행하고 수익 극대화를 위한 세일즈 실행
  - 연동 부티크 매출 진작을 위한 부티크 데이터 최적화 관리 진행
  - 글로벌 신규 부티크 파트너사와의 비즈니스 미팅 어레인지 및 대 고객 세일즈

[필수 사항]
1. 글은 전반적으로 두괄식 구조로 작성해줘.
2. 내 성장 과정 특징이 지원 직무와 적합하다는 것을 마지막 단락에서 자연스럽게 연결해줘.
3. 전체 글자 수는 요청 글자 수에서 반드시 90% 이상 채워줘.
4. 접속사, 연결어를 효과적으로 활용하며 문장과 문장이 자연스럽게 연결해줘.

[주의할 점]
1. 동일 서술어를 두 번 이상 반복하지 말아줘. (ex : 생각합니다. 될 것입니다. 등)
2. 영어식 수동태 표현(ex : "되어졌습니다")을 최대한 피하고, 능동적이고 명확한 표현을 사용해줘.
3. 자신감을 넘은 지나친 자기자랑과 잘난 척은 피해줘.
4. 성장 과정 소재로 부모님 얘기는 언급하지 말아줘.

5. 각 단락의 내용이 반복되지 않도록 해줘.
6. "나는", "나의" 라는 표현은 쓰지 말아줘.
7. "드러냅니다.", "말해줍니다.", "나타냅니다."라는 표현은 쓰지 말아줘.

챗GPT 결괏값 점검하기

앞의 프롬프트로 자소서 초본을 요청해 다음과 같은 결괏값을 얻었어요. 최종으로 점검해봐야 할 점들을 지금부터 하나씩 알아볼게요.

실제 챗GPT 결괏값

제 성장 과정을 잘 보여주는 문장은 "일찍 일어나는 새가 벌레를 잡는다."입니다. 매사 부지런함을 통해 기회를 놓치지 않으며 성장해온 과정이 이러한 문장에 담겨 있습니다.

고등학생 시절부터 매일 아침 6시에 일어나 운동을 하고 학교를 다니면서 부지런한 생활을 몸에 익혀 왔습니다. 대학에 진학해서도 시간을 허투루 쓰지 않고 학과 수업 외에도 자격증 공부, 대외활동, 아르바이트 등을 병행하며 다양한 경험을 쌓아왔습니다. 이처럼 꾸준한 자기 관리와 노력은 언제나 새로운 배움과 성장의 원동력이 되어주었습니다.

이를 잘 보여주는 예시로, 아르바이트 출근 시마다 항상 30분 일찍 도착하여 하루 일과를 체크하고, 매장의 청결을 유지하며 근무를 시작했던 습관이 있습니다. 이 습관은 근면함을 중요하게 여기는 제 성향을 그대로 보여주며, 이로 인해 사장님으로부터 높은 평가를 받아 시급 인상과 더불어 실무 단계의 업무까지 경험할 기회를 얻게 되었습니다. 단순히 맡은 일을 하는 데 그치지 않고 미리 준비하고 주어진 환경을 최적화하려는 이러한 태도는, 무슨 일을 하든 기회를 더 넓히고 성장할 수 있는 기반이 됨을 깨닫게 해준 소중한 경험이었습니다.

> 이러한 부지런함과 적극적인 태도는 글로벌 부티크 세일즈 직무에서도 큰 강점으로 발휘될 것입니다. 새로운 파트너사를 발굴하고 관리하는 업무에서, 기회를 포착하고 발빠르게 대응하는 능력은 필수적인 요소입니다. 이에 더해, 다양한 데이터를 분석하여 전략적 성장을 이끄는 데에도 최선을 다하겠습니다.

글자 수 체크하기

일반적으로 기업 자소서를 작성할 때, 글자 수 제한이 있는 경우가 많습니다. 여러 번 테스트해본 결과, 챗GPT에서 특정 글자 수를 요청하더라도 아직까지는 정확도가 아쉬운 수준이에요. 앞의 결괏값 역시 프롬프트에서는 1,000자 기준 90% 이상을 채워달라 요청했지만 실제 공백 포함 751자의 결괏값이 나왔어요.

제가 권장하는 자소서 글자 수 분량은 기업에서 요청하는 글자 수의 90% 이상을 채우는 것입니다. 만약 글자 수가 1,000자 제한이라면 최소 900자 이상은 작성하는 게 좋습니다. 글을 통해 나에 대해 소개할 기회를 준 것인데 소중한 글자 수를 남길 필요가 없기 때문이에요. 앞의 결괏값처럼 챗GPT로부터 받은 결과물의 글자 수가 요청한 분량의 90% 이하일 경우, "(글자 수)자에 맞춰 다시 다듬어줘.", "(글자 수) 이하로 다시 다듬어줘."라고 재요청해주세요. 그럼에도 불구하고 글자 수가 맞춰지지 않는다면 여러분이 내용을 직접 추가해 글자수를 늘려주세요.

글 매끄럽게 수정하기

챗GPT로부터 받은 자소서 초본에서 부자연스러운 표현이나 반복되는 서술어 등은 반드시 체크하고 수정해야 합니다. 챗GPT가 점점 고도화되어가고 있긴 하지만, 사람이 직접 쓴 글만큼 자연스러울 순 없겠죠? 물론 기술이 더 발전되면 사람을 능가하는 필력이 나올 수도 있겠지만 아직은 어색한 부분도 많이 보입니다. 더군다나 최근 챗GPT 결괏값을 그대로 제출하는 지원자가 점점 늘어나면서 기업에서도 AI가 쓴 자소서를 걸러내기 위한 고민이 깊어지고 있는 추세라고 해요. 그럼 앞의 결괏값에서 어색한 부분을 함께 수정해볼까요?

> **실제 챗GPT 결괏값**
>
> 제 성장 과정을 잘 보여주는 문장은 "일찍 일어나는 새가 벌레를 잡는다."입니다. <u>매사 부지런함을 통해 기회를 놓치지 않으며 성장해온 과정이 이러한 문장에 담겨 있습니다.</u>
> 수정사항 : 문장 자체에 문제는 없으나, 더 매끄럽게 수정 필요
> → 수정 후 : 매사 부지런한 성향 덕분에 다양한 성장 기회를 얻어왔기 때문입니다.
>
> 고등학생 시절부터 매일 아침 6시에 일어나 운동을 하고 학교를 다니면서 부지런한 생활을 몸에 익혀 왔습니다. 대학에 진학해서도 시간을 허투루 쓰지 않고 학과 수업 외에도 자격증 공부, 대외활동, 아르바이트 등을 병행하며 다양한 경험을 쌓아왔습니다. 이처럼 꾸준한 자기 관리와 노력은 언제나 새로운 배움과 성장의 원동력이 되어주었습니다.
>
> 이를 잘 보여주는 예시로, 아르바이트 출근 시마다 항상 30분 일찍 도착하여 하루 일과를 체크하고, 매장의 청결을 유지하며 근무를 시작했던 습관이 있습니다. <u>이 습관은 근면함을 중요하게 여기는 제 성향을 그대로 보여주며, 이로 인해 사장님으로부터 높은 평가를 받아 시급 인상과 더불어 실무 단계의 업무까지 경험할 기회를 얻게 되었습니다.</u>
> 수정사항 : "성향을 그대로 보여주며"와 같은 어색한 표현, 문장 길이 축약 필요

→ 수정 후 : 이러한 성실함을 인정받아, 근무 3개월 만에 시급 인상뿐 아니라 정규 직원들이 담당하는 업무를 경험해볼 기회도 얻을 수 있었습니다.

단순히 맡은 일을 하는 데 그치지 않고 미리 준비하고 주어진 환경을 최적화하려는 이러한 태도는, 무슨 일을 하든 기회를 더 넓히고 성장할 수 있는 기반이 됨을 깨닫게 해준 소중한 경험이었습니다.
수정사항 : 주어진 환경을 최적화 → 표현이 어려우므로 더 쉽게 바꿀 필요성
→ 수정 후 : 어떤 일을 하든 성실하게 임했을 때 더 많은 성장 기회가 주어지는 '선순환 구조'를 깨달은 값진 계기였습니다.

이러한 부지런함과 적극적인 태도는 글로벌 부티크 세일즈 직무에서도 큰 강점으로 발휘될 것입니다. 새로운 파트너사를 발굴하고 관리하는 업무에서, 기회를 포착하고 발 빠르게 대응하는 능력은 필수적인 요소입니다. 이에 더해, 다양한 데이터를 분석하여 전략적 성장을 이끄는 데에도 최선을 다하겠습니다.
수정사항 : 본 경험 사례와 관련이 없는 "다양한 데이터 분석" 키워드가 나왔기 때문에 삭제하고 문장 재구성
→ 수정 후 : 글로벌 부티크 세일즈 직무로 입사하게 된다면, 제 가장 큰 강점인 성실함을 기반으로 새로운 파트너를 적극 발굴하고 기존 고객을 관리할 자신이 있습니다. 이를 통해 고객과의 파트너십 강화는 물론, 매출 증대로도 연결할 수 있을 것이라 생각합니다.

수정 반영한 최종 버전

제 성장 과정을 잘 보여주는 문장은 "일찍 일어나는 새가 벌레를 잡는다."입니다. 매사 부지런한 성향 덕분에 다양한 성장 기회를 얻어왔기 때문입니다.

고등학생 시절부터 매일 아침 6시에 일어나 운동을 하고 학교를 다니면서 부지런한 생활을 몸에 익혀 왔습니다. 대학에 진학해서도 시간을 허투루 쓰지 않고 학과 수업 외에도 자격증 공부, 대외활동, 아르바이트 등을 병행하며 다양한 경험을 쌓아왔습니다. 이처럼 꾸준한 자기 관리와 노력은 언제나 새로운 배움과 성장의 원동력이 되어주었습니다.

이를 잘 보여주는 예시로, 아르바이트 출근 시마다 항상 30분 일찍 도착하여 하루 일과를 체크하고, 매장의 청결을 유지하며 근무를 시작했던 습관이 있습니다. 이러한 성실함을 인정받아 근무 3개월 만에 시급 인상뿐 아니라 정규 직원들이 담당하는 업무를 경험해볼 기회도 얻을 수 있었습니다. 어떤 일을 하든 성실하게 임했을 때 더 많은 성장 기회가 주어지는 '선순환 구조'를 깨달은 값진 계기였습니다.

글로벌 부티크 세일즈 직무로 입사하게 된다면, 제 가장 큰 강점인 성실함을 기반으로 새로운 파트너를 적극 발굴하고 기존 고객을 관리할 자신이 있습니다. 이를 통해 고객과의 파트너십 강화는 물론, 매출 증대로도 연결할 수 있을 것이라 생각합니다.

프롬프트 보완하기

챗GPT 프롬프트 결괏값에서 유독 자주 나오는 단어나 서술어가 있을 수 있는데요. 전체 글에서 조화롭게 쓰이고 있다면 문제가 없지만, 영문 번역체의 느낌이 난다거나 특정 단어의 지나친 반복으로 인해 글이 부자연스럽다면 프롬프트에 문제를 반영해 개선할 수 있어요. 예를 들어, 프롬프트 유의 사항에 ["이러한"이라는 표현을 최소화해 사용해줘.]라고 추가하는 것이죠. 물론 챗GPT 프롬프트에는 정답이 없습니다. 사용 과정에서 시행착오를 통해 지속적으로 보완하고 테스트하며 여러분에게 최적화된 프롬프트를 만들 수 있을 거예요.

지원 기업과 직무 최적화

자소서는 회사와 직무에 맞춤형으로 작성하는 것이 핵심입니다. 물론 프롬프트에 지원 공고에 대한 정보를 입력하면 해당 내용이 반영되어

나올 가능성이 큽니다. 그럼에도 결괏값을 더블 체크하며 지원 기업에 대한 관심이 잘 드러나 있는지 체크하고 필요에 따라 보완해줄 것을 권장합니다.

PART 07

면접의 기본기 확실하게 다지기

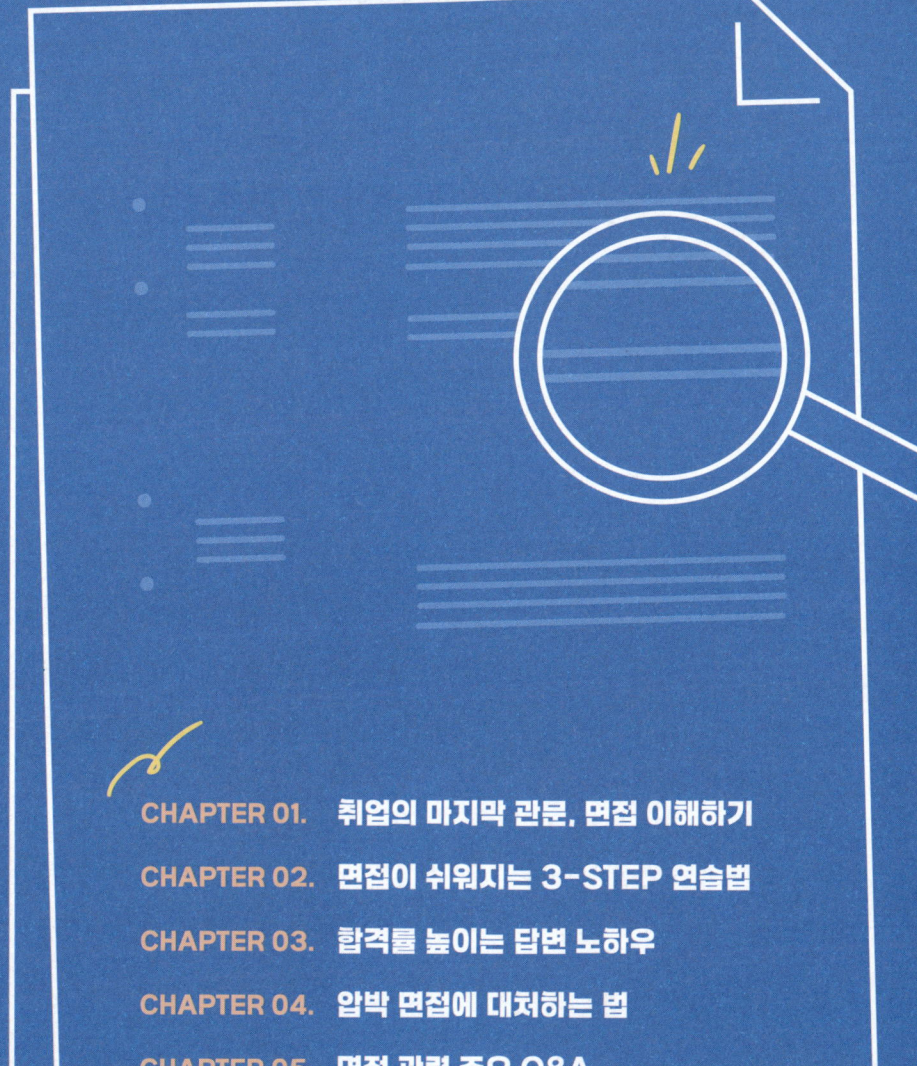

CHAPTER 01. 취업의 마지막 관문, 면접 이해하기
CHAPTER 02. 면접이 쉬워지는 3-STEP 연습법
CHAPTER 03. 합격률 높이는 답변 노하우
CHAPTER 04. 압박 면접에 대처하는 법
CHAPTER 05. 면접 관련 주요 Q&A

CHAPTER 01

취업의 마지막 관문, 면접 이해하기

서류 전형은 문서를 통해 여러분을 세일즈한 것이라면, 면접 전형은 기업에게 '나'라는 지원자를 직접 보여주며 보다 적극적으로 어필할 수 있는 기회입니다. 서류 전형과 면접 전형 모두 내 역량을 세일즈한다는 점에선 본질이 같지만, 전형의 특성 및 준비 전략에는 조금 차이가 있습니다.

이번 파트에서는 면접 유형별 특징부터 면접 준비 노하우, 주요 기출 질문에 대한 모범 답안, 자주 묻는 질문까지 세세하게 알아볼 텐데요. 차근차근 잘 따라만 온다면 이전보다 훨씬 높아진 합격률을 경험할 수 있을 거예요.

면접 불합격, 타격감이 더 큰 이유

취업 컨설팅을 하며, 서류보다 면접에서 떨어진 취준생분들이 더 큰 상실감과 좌절을 겪는 것을 자주 봐왔습니다. 나라는 사람을 직접 보여줬던 만큼 '내가 뭔가를 잘못했나?', '내가 그렇게 부족한가?'와 같은 부정적인 생각으로 스스로를 탓하기도 합니다. 저 역시 취준생 시절, 면접 불합격 후 오랜 시간 동안 마음을 추스르기 어려웠던 적이 있었기 때문에 충분히 공감하는 부분이에요.

일반적으로 서류 전형의 경쟁률은 적게는 수십 대 1부터 몇천 대 1로, 불합격자가 훨씬 많은 구조입니다. 이러한 이유로 서류 전형에서는 불합격하더라도 금세 마음을 다잡게 되죠.

반면 서류 전형을 통과해 면접 전형으로 가게 되면 이야기는 완전히 달라지는데요. 서류 전형에서 높은 경쟁률을 뚫었다는 기쁨과 더불어, 이제 마지막 단계만이 남아 있다는 설렘이 공존하기 때문에 떨어질 경우 타격이 훨씬 클 수밖에 없습니다.

게다가 자소서는 충분한 시간을 가지고 글을 다듬을 수 있지만, 면접은 한정된 시간 내에 모든 것을 보여줘야 한다는 압박이 따릅니다. 이러한 이유로 면접은 서류 전형보다 훨씬 부담스러울 수밖에 없죠.

저는 인턴을 포함해 약 8년 동안 커리어를 쌓으며 수차례 면접을 봤지만 연차가 쌓인다고 해서 결코 면접이 쉬워지는 것은 아니었어요. 그렇기 때문에 여러분이 면접 전 공포심을 느끼는 것 역시 너무나 자연스러운 현상이라고 생각합니다. 대신 면접의 특성을 이해하고 노하우를 길러나가다 보면, 두려움은 줄어들고 합격률은 높아지는 변화를 경험하게 될 거예요.

면접의 유형 다섯 가지

취업을 준비하다 보면 실무 면접부터, PT발표 면접까지 다양한 종류의 면접을 경험하게 되는데요. 면접에서 좋은 결과를 얻기 위해선 기본적으로 면접 유형별 특징이 무엇인지 명확히 이해하고, 각 유형에 맞는 전략을 세우는 것이 중요합니다. 그럼 지금부터 주요 면접 유형 및 특성에 대해 알아볼까요?

1. 역량/실무 면접

역량 면접은 지원자가 직무를 잘 수행할 수 있는지를 평가하는 면접입니다. "지원 직무를 잘 수행할 수 있는 본인의 보유 역량은 무엇인가요?", "직무 관련해 성과를 낸 경험에 대해 이야기해주세요."와 같은 질문들을 예상해볼 수 있습니다.

일반적으로 역량 면접의 면접관들은 여러분이 입사 후 함께 일하게 될 팀원, 사수, 팀장님일 가능성이 크고, 실무와 관련된 질문을 통해 지원자가 입사 후 직무를 잘 수행할 수 있을지 중점적으로 평가합니다. 따라서 역량/실무 면접에선 기업의 채용 공고에서 요구하는 지원 자격 및 우대 사항을 내가 가진 경험, 역량과 연결해 어필하는 것이 핵심입니다. 다시 말해 '직무 수행에 무리가 없는 지원자'라는 인상을 줄 수 있어야 하는 것이죠.

2. 인성 면접

인성 면접은 여러분이 어떤 성격, 인성, 가치관을 가진 지원자인지 파악하는 것이 목적입니다. "주변에서 본인을 어떤 사람이라고 하나요?", "살면서 가장 좌절했던 경험은 무엇인가요?", "성격 장단점이 어떻게 되나요?"처럼 여러분의 성격, 가치관, 생각 등을 묻는 질문이 주를 이룹니다.

면접관은 지원자의 대답을 통해 '같이 일하고 싶은 사람인가?', '우리 조직 문화에 잘 맞는 사람인가?'를 평가하게 되는데요. 평소 자기 이해도가 높았거나, 명확한 가치관을 가진 지원자일수록 인성 면접에 수월하게 임할 수 있겠죠?

3. PT/발표 면접

PT/발표 면접은 지원자가 직접 제작한 자료를 보며 면접관 앞에서 발표하는 형식으로 진행됩니다. 면접 전 미리 과제를 받고 준비하는 방식이 있는가 하면, 면접 당일에 주제를 받아 즉석에서 과제를 풀고 발표하는 방식이 있습니다. 이때 면접관은 지원자의 발표 역량을 파악할 수 있을 뿐 아니라 질의 응답 시간에는 발표 내용에 대한 이해도 및 논리성을 평가할 수 있어요.

PT/발표 면접은 시간 관리가 특히 중요한데요. 보통은 주어진 시간 내에 문제를 분석하고 해결 방안을 정리한 후, 발표까지 해야 하기 때문입니다. 따라서 PT/발표 면접 전, 대략적인 서론, 본론, 결론의 구조를 미리 계획하고 면접장에 들어간다면 어떤 발표 주제가 나오더라도 당황하지 않고 논리적인 흐름을 제시할 수 있을 거예요.

> **예시**
>
> PT면접이 잡혔다면 아래 예시와 같이 서론/본론/결론의 구조를 대략적으로 짜보는 것을 추천합니다. 그다음 예상 질문을 뽑아 4~5회 정도 발표 예행 연습을 해보세요. 아마 실제 면접에서 훨씬 자신감 있게 발표를 진행할 수 있을 거예요. 다만, 발표의 뼈대를 미리 준비하더라도 어떤 면접에서든 100% 적용 가능한 정답은 아닐 수 있으니 주어진 면접 환경, 주제, 상황에 따라 유연히 대응해주세요.
>
> **서론**
> - 간단한 자기소개 및 인사
> - 주제 소개 및 선정 이유
> - 발표 목차 간략히 소개
>
> **본론**
> - 구체적 아이디어/실행 방안 제시
> - 기대 효과
> - 예상되는 문제점, 장애물
>
> **결론**
> - 발표 내용 요약 및 마무리
> - Q&A 진행

4. 토론 면접

토론 면접은 지원자들이 특정 주제나 문제 상황에 대해 서로 의견을 나누고 결론을 도출하는 과정을 평가하는 면접 방식인데요. 주로 두 팀으로 나뉘어 서로 반대되는 의견을 펼치거나 팀을 나누지 않고 해결책을 모색하는 형태로 진행되는 것이 일반적입니다. 기본적으로는 주제에 관한 사전 지식이 요구되며, 상대방의 의견을 경청하고 합리적 근거로 반박하는 태도가 필요합니다.

이때 면접관은 지원자의 논리적 사고력, 의사소통 능력, 협업 태도, 문제 해결 능력을 관찰하는데요. 구체적으로는 지원자가 본인의 주장을 상대방에게 얼마나 논리적으로 설득할 수 있는지, 또한 지원자가 다른 지원자들과 얼마나 협력적으로 의견을 조율하는지, 반대 의견에도 공격적 성향 없이 차분히 대응하는지 등을 다각도로 평가한다는 점을 기억해주세요.

5. AI 역량 검사

인공지능(AI)을 활용해 지원자를 평가하는 새로운 면접 방식으로, 코로나19 팬데믹 이후 비대면 면접이 확대되면서 주요 대기업에서 도입하고 있습니다. AI 역량 검사에선 면접뿐만 아니라 게임 형태의 테스트 등을 통해 지원자의 성향, 역량, 문제 해결 능력을 다각도로 평가합니다. AI 면접은 사람이 진행하는 면접과 비교했을 때 더 객관적이고 일관된 평가 결과를 제공하는 것으로 알려져 있지만, 면접관의 반응을 살필 수 없다는 점에서 오히려 어렵게 느껴진다는 피드백도 있습니다.

일반적으로 면접 전 기업에서 사용하는 면접 프로그램에 대해 안내해주는 경우가 많기 때문에 체험 테스트로 진행 방식을 미리 익힐 수 있다는 특징이 있는데요. 다만 테스트 환경과 실제 면접 환경이 일부 상이할 가능성이 있기 때문에 지나치게 의존하기보다는 면접 진행 방식을 익힌다는 마음가짐으로 임하는 것이 좋습니다.

어떤 복장으로 가는 게 좋을까?

보통 서류에 합격하고 지원 기업의 인사팀으로부터 면접 전형에 대한 안내를 받을 때, 복장에 대한 정보도 포함되어 있는 경우가 많습니다. 기본적으로는 인사팀의 가이드에 따르면 되지만, 인사팀 가이드가 없는 경우엔 직무 특성이나 회사 분위기/업종을 고려해 복장을 선택하면 됩니다. 여러분들이 만약 패션 업계, 그중에서도 실무자로서의 개성이 중요한 직무에 지원한다면 지나치게 튀지 않는 선에서 적당히 나만의 패션 센스를 보여줄 수 있는 의상을 선택할 수도 있죠. 만약 대기업의 영업 직무를 지원했다면 대기업은 아직 정장을 입는 문화가 남아 있는 경우가 있기 때문에 무난하게 정장을 선택해도 좋습니다.

정장

요즘 면접에선 지원자들이 정장을 입는 추세가 많이 사라지고 있지만,

일부 대기업은 혹은 '영업 직군'과 같이 외부 클라이언트 미팅이 잦은 직무에선 여전히 정장을 선호하기도 합니다.

그러면 정장을 입어야 하는지 말아야 하는지 어떻게 구분할 수 있을까요? 먼저, 반드시 정장을 입어야 하는 경우라면 복장 가이드에 대해 면접 전 미리 안내해줄 가능성이 큽니다. 반대로 정장을 선호하지 않는 기업은 면접 안내 시 '복장'에 자유 복장 혹은 비즈니스 캐주얼이라고 명확히 명시하는 경우가 대부분이고요.

최근 수강생 한 분이 대기업 면접을 앞두고 인사팀으로부터 정장을 지양하라는 안내를 받아, "이럴 땐 정장을 입으면 안 되는 건가요?"라고 저에게 질문한 적이 있습니다. 정장을 지양하라는 명확한 지시 사항이 있었음에도 불구하고 정장을 입고 간다면 기업의 지시 사항을 따르지 않은 것으로 간주될 수 있어요. 따라서 복장에 대한 안내 사항이 있으면 문구 그대로 해당 안내 사항을 따르는 것이 좋습니다.

비즈니스 캐주얼

최근 면접 복장 트렌드는 차려 입은 정장보다는 비즈니스 캐주얼에 더 가깝습니다. 비즈니스 캐주얼이란 정장과 캐주얼의 중간 개념이에요. 비즈니스 미팅에서 입을 수 있을 정도로 적당한 격식은 차리지만 정장보다는 조금 더 캐주얼한 복장을 의미합니다.

일반적으로 남성분들은 깔끔한 셔츠에 슬랙스, 블레이저를 착용하며,

넥타이는 선택 사항입니다. 신발은 정장 구두 혹은 로퍼, 스니커즈를 추천드려요. 여성분들은 블라우스에 슬랙스 혹은 스커트, 블레이저 조합이 일반적이고, 편안한 구두 혹은 단화를 신으면 됩니다. 이때 블라우스 색상은 튀는 컬러를 제외한 화이트, 연한 핑크, 연한 스카이를 추천드려요. 패턴은 민무늬나 얇은 스트라이프가 가장 무난합니다. 참고로 봄, 가을, 겨울에는 깔끔한 브이넥, 라운드넥 니트도 많이 입는 편이나, 전반적으로 몸에 많이 붙거나 혹은 지나치게 펑퍼짐한 옷, 노출이 있는 옷이나 반바지는 지양해주세요.

자유 복장

만약 면접 전 지원 기업의 인사팀으로부터 '자유 복장'을 안내받았다면 여러분 입장에선 가장 어려운 복장 형태가 아닐까 싶은데요. 정장이나 비즈니스 캐주얼이 아닌 자유 복장을 명시한 기업은 구성원의 자율성과 창의성을 존중하는 조직 문화일 가능성이 큽니다. 특히, 패션 업종과 같이 개인의 개성이 중요하거나 IT 기업과 같이 자율성과 창의성을 중시하는 기업의 경우 면접에서도 자유 복장을 장려하는 경우가 많습니다. 혹시라도 자유 복장이 어렵게 느껴진다면 무난하게 앞서 설명드린 비즈니스 캐주얼을 입어주세요.

CHAPTER 02

면접이 쉬워지는 3-STEP 연습법

면접 컨설팅을 하다 보면 "면접 스킬은 타고나는 거 아닌가요?"라는 질문을 자주 받는데요. 물론 타고나게 면접을 잘 보는 사람들도 있습니다. 하지만 그동안 수백 명의 수강생들과 모의 면접을 진행하면서, 깨닫게 된 사실은 꾸준한 연습을 통해 면접 스킬을 충분히 향상시킬 수 있다는 것이었어요. 처음에는 답변 스킬이 부족하거나 콘텐츠가 미흡했던 분들도 반복적인 연습과 피드백을 통해 점차 나아졌고, 결국 최종 합격하는 모습을 수없이 봐왔기 때문입니다. 이처럼 면접은 타고나는 것이 아니라 연습으로 충분히 향상시킬 수 있는 영역이에요.

취준생분들에게 "평소 면접 준비는 어떻게 하세요?"라고 물어보면 생각보다 많은 분들이 예상 질문을 뽑아보고 대본을 작성해 암기하는 방식으로 준비한다고 대답합니다. 물론 면접 준비에는 정해진 규칙이나 정답은 없지만, 이처럼 대본을 만드는 방식은 오히려 비효율적일 때가 많습니다. 대본에 의존하다 보면 면접장에서 면접관과의 자연스러운 소통이 어려워질 뿐 아니라, 질문이 조금만 변형되어도 당황해서 머릿속이 하얘질 가능성이 크기 때문입니다.

이번 챕터에서는 제가 지난 8년 동안 다섯 번의 이직에 성공할 수 있었던 3-STEP 면접 연습법을 소개하려고 하는데요. 이 방법은 면접 컨설팅을 운영하며 수많은 수강생을 합격으로 이끌었던 실질적인 노하우이기도 합니다.

3-STEP 연습법이란?

'3-STEP 연습법'은 면접 준비 과정을 총 세 단계로 나누어 체계적으로 면접 스킬을 향상하는 방법입니다. 첫 번째 단계는 지원 공고에 맞춰 예상 질문 리스트를 작성해본 후 셀프 모의 면접을 진행하며 현재 스스로의 면접 준비 상태를 점검하는 것입니다. 두 번째 단계는 모의 면접에서 답변이 어려웠던 질문들을 분류하고 답변을 보완하는 단계, 그리고 마지막 세 번째 단계는 모든 질문에 완벽하게 답할 수 있을 때까지 소리 내어 반복 연습하는 것입니다.

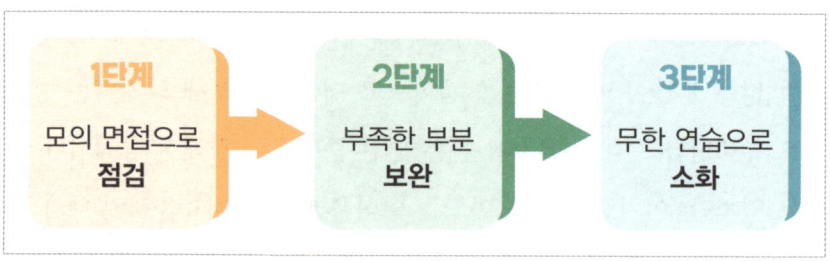

STEP 1. 셀프 모의 면접 진행하기

이 단계의 목표는 내가 자신 있게 답변할 수 있는 질문과 준비가 덜 된 질문을 걸러내는 것입니다. 면접의 승패는 내가 답변하지 못하는 질문을 얼마나 빨리 파악하고 대비하느냐에 따라 결정됩니다. 그렇기 때문에 본격적으로 면접을 준비하기 전, 셀프 모의 면접은 필수입니다.

셀프 모의 면접을 진행할 때는 다음 두 가지를 기억해야 하는데요. 첫째, 나에게 최적화된 예상 질문 리스트를 만드는 것입니다. 이때 직무별 빈출 면접 질문뿐만 아니라, 지원 공고에서 지원자에게 요구하는 조건을 참고해 질문 리스트를 구성하면 좋습니다.

> **예시**
> 1. 자기소개 부탁드려요.
> 2. 지원 동기에 대해 이야기해주세요.
> 3. 회사를 고르는 기준이 어떻게 되나요?
> 4. (경력) 현 직장 퇴사 이유는 무엇인가요?
> 5. (해당 시) 공백 기간 동안 무엇을 했나요?
> 6. 지원 직무에서 가장 중요한 역량은 뭐라고 생각하나요?
> 7. 어떨 때 주로 스트레스를 받고 어떻게 푸나요?
> 8. 최근 가장 관심 있는 기술 혹은 분야는 무엇인가요?
> 9. 우리 서비스와 상품의 장단점과 개선 사항은 무엇이라고 생각하나요?
> 10. 본인의 성격 장단점을 말해주세요.
> 11. 성과와 상관없이 가장 크게 도전했던 경험은 무엇인가요?
> 12. 이력서에 적어주신 ○○ 프로젝트에 대해 설명해주세요.
> 13. 실패하거나 좌절했던 경험에 대해 말해주세요.
> 14. 입사 후 우리 회사에 어떻게 구체적으로 기여할 수 있나요?

> **이쌤TIP**
>
> 모의 면접을 진행할 때는 카메라로 직접 녹화해보거나 네이버 클로바 노트를 활용하면 훨씬 효과적이에요.
> - 카메라 녹화 : 시선 처리, 표정, 제스처 등을 확인할 수 있습니다.
> - 클로바 노트 : 음성 녹음한 내용이 텍스트로 변환되어 나의 면접 답변을 확인할 수 있습니다. 모의 면접 시 질문도 함께 읽어주면 질문과 답변이 모두 텍스트화 되어 리뷰가 훨씬 용이합니다.

둘째, 첫 모의 면접에서 답변하기 어려웠던 질문을 원하는 컬러로 표시한 후 빠르게 다음 질문으로 넘어가주세요. 이렇게 하는 이유는, 현 시점에서 쉽게 답변할 수 있는 질문과 막히는 질문을 구분하기 위함입니다. 이때 대답하지 못한 질문들을 STEP 2에서 유형별로 분류하면 부족한 점을 효율적으로 보완할 수 있게 됩니다.

> **예시**
>
> 1. 자기소개 부탁드려요.
> 2. 지원 동기에 대해 이야기해주세요.
> 3. 회사를 고르는 기준이 어떻게 되나요?
> 4. (경력) 현 직장 퇴사 이유는 무엇인가요?
> 5. (해당 시) 공백 기간 동안 무엇을 했나요?
> 6. 지원 직무에서 가장 중요한 역량은 뭐라고 생각하나요?
> 7. 어떨 때 주로 스트레스를 받고 어떻게 푸나요?
> 8. 최근 가장 관심 있는 기술 혹은 분야는 무엇인가요?
> 9. 우리 서비스와 상품의 장단점과 개선 사항은 무엇이라고 생각하나요?
> 10. 본인의 성격 장단점을 말해주세요.
> 11. 성과와 상관없이 가장 크게 도전했던 경험은 무엇인가요?

12. 이력서에 적어주신 ○○ 프로젝트에 대해 설명해주세요.
13. 실패하거나 좌절했던 경험에 대해 말해주세요.
14. 입사 후 우리 회사에 어떻게 구체적으로 기여할 수 있나요?

앞의 예시를 살펴보면 쉽게 답변하지 못한 질문의 공통점은 지원 기업에 대한 질문이라는 점인데요. 기업에 대한 질문을 제대로 답변하지 못할 경우, 기업에 대한 이해도 및 관심도가 낮아보여 면접 평가에 부정적인 영향을 끼칠 수 있습니다. 따라서 이런 경우라면, 면접 전까지 기업과 관련된 질문을 우선순위로 대비하는 것이 좋겠죠?

STEP 2. 모의 면접으로 알아본 약점 보완하기

STEP 1에서는 현재 내가 어떤 유형의 질문에 자신 있게 답변할 수 있고, 반대로 어떤 질문을 어렵게 느끼는지 파악해보았는데요. STEP 2의 목표는 현재 내 면접 준비 상태를 객관적으로 점검함으로써 한정된 면접 준비 시간을 효율적으로 활용할 전략을 짜는 것입니다. 예를 들어, 어떤 분들은 모의 면접에서 인성을 묻는 질문에 어려움을 느끼는 반면, 어떤 분들은 회사에 대한 질문에 답변하기 어렵다고 느낍니다.

이처럼 모의 면접을 통해 본인의 약점을 발견했다면 가장 부족했던 질문 유형에 우선순위를 두고 면접 대비 계획을 짜주세요. 그다음, 면접 답변을 다시 구성해봄으로써 부족했던 부분을 점차 보완해나갈 수 있습니다.

> **이쌤TIP**
>
> 면접 답변을 만들 때는 스크립트를 만들기보다는 간단한 키워드로만 정리해보세요. 예를 들어, '본인이 가장 중요하게 생각하는 가치는 무엇인가요?'라는 질문에서 막혔다면
> **#시간**
> **#누구에게나 공평히 주어지지만 어떻게 쓰냐에 따라 결과는 달라지므로**
> 이처럼 핵심 키워드만 먼저 작성한 다음, 키워드만 보고 답변하는 연습을 해보세요. 이렇게 하면 대본을 만들지 않고도 방향성 키워드를 떠올리며 자연스럽게 답변을 발전시킬 수 있습니다.

앞서, 모의 면접 시 바로 답변이 어려웠던 질문은 컬러 변경으로 구분하라는 말씀을 드렸었는데요. 이후 해당 질문에 대한 답변이 가능해지면 다시 검은색으로 색을 변경해주세요. 이렇게 하면 아직 완벽히 준비되지 않은 질문들을 한눈에 확인할 수 있어 연습 시간을 효율적으로 관리할 수 있습니다. 또한, 기존에 색칠해둔 질문들을 원래대로 돌리는 과정에서 큰 성취감을 느낄 수 있을 거예요.

STEP 3. 연습 무한 반복하기

STEP 3의 핵심은 STEP 2에서 보완한 답변을 포함해 아직 부족한 질문을 소리 내며 무한 반복으로 연습하는 것입니다. 특히 막히는 질문들만 골라 집중적으로 연습해도 좋고, 처음 사용했던 셀프 모의 면접 질문지를 다시 꺼내 전반적으로 연습하는 것도 좋습니다. 부족한 부분을 채워 나가는 데 더 많은 시간을 투자할수록 답변의 완성도나 자신감이 함께 올라갈 거예요.

반복 연습한 내용이 정말 내 것이 되었는지 확인하기 위해 충분히 준비되었다 싶을 때 최종 모의 면접을 보는 것을 추천하는데요. '충분히 준비된 상태'란 답변의 완성도나 퀄리티를 떠나 일단 답변하지 못하는 질문이 거의 없는 시점을 의미합니다.

이렇게 마지막 모의 면접까지 마쳤을 때 색칠되어 있는 질문이 없다면 면접에서도 충분히 자신감 있게 임할 수 있을 거예요.

> 면접 준비 과정에서 지치더라도 절대 포기하지 마세요. 합격까지 단 한 번의 관문만이 남아 있을 뿐입니다. 노력은 절대 배신하지 않는다는 말처럼 여러분의 연습량은 면접에서 분명 빛을 발할 것입니다.

CHAPTER 03

합격률 높이는 답변 노하우

이번 챕터에서는 면접 합격률 높이는 답변 노하우를 전수해드리려고 하는데요. 지금부터 알려드릴 네 가지 방법은 의외로 간단하지만, 실전에서 많은 취준생분들이 놓치고 있는 요소이기도 합니다. 최근 면접에서 계속 불합격하고 있거나, 단기간에 면접 스킬을 높이고 싶은 분들이라면 꼭 한번 적용해보세요.

기업과 나를 연결하기

합격으로 가는 지름길은 결국 나와 기업을 연결하는 것입니다. 면접은 단순히 여러분의 역량을 어필하러 가는 것이 아니라 기업이 필요로 하는 역량이 여러분에게 있음을 보여주는 것이 목적이죠. 제가 '연결'이라는 키워드를 이야기할 때 항상 함께 설명하는 예시가 하나 있어요. 바로 소개팅인데요. 여러분은 소개팅에서 마음에 드는 사람을 만나면 어떻게 행동하나요? 작은 소재라도 계속 동일한 관심사를 찾아 상대방과 나를 연결하려 하지 않나요? 반면 관심이 가지 않는 상대에겐 굳이 공통점을 찾으려 노력하지 않을 거고요.

소개팅에서 성공하는 방법과 면접 필승 전략은 정확히 같습니다. 기업이 여러분에게 관심을 갖게 하려면 일방적으로 여러분이 하고 싶은 얘기만 해서는 안 됩니다. 대신 기업에서 궁금해할 만한 이야기나 기업과 여러분의 공통점에 초점을 맞추는 것이 중요한데요. 다시 말하자면, 채용 공고에서 파악한 기업이 원하는 인재의 조건을 여러분 자신이 가지고 있다는 점을 어필하는 것입니다.

기업과 나를 효과적으로 연결하려면 가장 먼저 둘 사이의 접점을 두 세 가지 키워드로 뽑아보세요. 그다음 해당 키워드를 중심으로 어필을 하는 것이죠. 지원자 A는 엔터 산업 군에서 근무 중이고, 엔터 기업인 B사에 지원한다고 가정해볼게요. 그렇다면 A와 기업 B의 첫 번째 접점 키워드는 '엔터 산업'이 되겠죠?

여기서 잠깐! 그럼 A가 단순히 "저 역시 엔터 기업에서 일했습니다. 따라서 입사 후 일을 잘 할 수 있어요."라고 하면 끝일까요? 키워드만 언급하면 '그래서?'라고 생각할 겁니다. 대신 이렇게 답변해보는 거예요.

"저는 지난 3년 동안 신인 K-POP 아이돌의 글로벌 투어 콘서트 업무를 지원하며, 그룹의 인지도 및 팬덤 확대에 기여한 바 있습니다. B사 역시, 올해 신인 아이돌의 공격적인 해외 진출을 계획 중인 것으로 알고 있는데요. 입사 후 제 유관 경력을 살려 B사 아이돌의 성공적인 해외 진출에 기여할 자신이 있습니다."

차이점이 느껴지나요? 이처럼 나만이 생각하는 내 장점이 아니라, 회사에서도 공감할 만한 둘 사이의 접점을 집요하게 고민한 후 어필하는 것이 중요합니다.

두괄식으로 말하기

두괄식은 자소서 작성 방법에서도 강조했을 정도로, 취업 준비 과정에서 친해져야 할 공식과도 같은데요. 두괄식의 장점은 크게 두 가지입니다. 첫째, 두괄식으로 답변하면 면접관은 여러분 말의 요지를 **빠르게 이해할 수 있고** 훨씬 더 몰입하여 경청하게 됩니다. 면접관은 하루에도 많게는 수십 명까지 면접을 보기 때문에 두괄식으로 답변하는 지원자는 반대의 케이스에 비해 소통이 원활하다는 인상을 남길 수 있어요.

둘째, 여러분이 면접에서 느끼는 어려움을 일부 해소해줍니다. 면접은 실시간 질의 응답 형태로 진행되기 때문에 면접 도중 의식적으로 답변을 제어하는 것이 어렵습니다. 많은 취준생분들이 면접을 본 후 "한참 답변을 하다가 갑자기 내가 무슨 말을 하고 있는지 까먹었다.", "내가 말을 너무 길게 하고 있는 것 같더라.", "말이 너무 짧은 것 같다."라는 아쉬움을 토로하는데요. 긴장되는 면접 상황에서 내 마음처럼 말하는 것이 쉽지 않기 때문입니다.

이때 두괄식 답변이 하나의 솔루션이 될 수 있는데요. 두괄식으로 답변하면 결론을 이미 말했기 때문에 혹시라도 다음 할 말을 잊어버렸거나 말을 길게 하고 있더라도 비교적 쉽게 다시 중심을 잡을 수 있습니다. 반면, 결론을 마지막에 이야기하는 미괄식 형태의 경우, 답변 중간에 길을 잃었을 때 머릿속이 새하얘질 가능성이 더 높겠죠.

그럼 두괄식 답변은 어떻게 연습할 수 있을까요? 질문을 따라 읽으면서 답변을 한 문장으로 얘기하면 됩니다. 간단하죠? 다음 질문에 대한 답변을 입 밖으로 소리내어 말하며 두괄식 답변을 실습해보세요.

> **실습**
>
> **Q. 가장 좋아하는 음식이 뭐예요?**
> A. 제가 가장 좋아하는 음식은 _____ 입니다.
>
> **Q. 살면서 가장 큰 도전 경험이 뭐예요?**
> A. 살면서 제가 했던 가장 큰 경험은 _____ 였습니다.
>
> **Q. 실패 경험에 대해 얘기해주세요.**
> A. 제 실패 경험은 _____ 입니다.
>
> **Q. 주변에서 본인을 무슨 사람이라고 해요?**
> A. 주변에서는 저를 _____ 라고 부릅니다.
>
> **Q. 입사 후 해보고 싶은 일 있어요?**
> A. 제가 입사 후 해보고 싶은 일은 크게 두 가지인데요.
>   먼저 _____ 와 다음으로 _____ 입니다.

추상적 단어의 정의 내려보기

면접에서 차별화된 답변을 만드는 효과적인 방법 중 하나는 추상적인 개념을 명확하게 정의내려보는 것입니다. 이는 면접관이 질문한 추상적 개념에 대해 내 경험과 관점으로 나만의 해석을 제시함으로써 답변의 설득력을 높일 수 있는 방법입니다.

예를 들어, 면접관이 "가장 기억에 남는 성공 경험은 무엇인가요?"라고 물었을 때, 많은 지원자는 자신의 성공 사례에 대해 답변하기 시작합니다. 하지만 '성공'이라는 정의는 사람마다 다를 수 있습니다. 예컨대 갓 졸업한 대학생이 생각하는 성공과 면접관으로 앉아 있는 20년 차 임원이 생각하는 성공의 정의는 다를 수 있겠죠. 이때 성공 경험을 말하기 전에 '성공'이라는 추상적 개념을 본인의 가치관이 잘 드러나도록 먼저 정의해보세요.

> **예시**
>
> "제가 생각하는 성공은 단순히 좋은 결과를 얻는 것이 아니라 과정에서 배움과 성장이 있었던 경험입니다. 이런 기준에서 저의 가장 큰 성공 경험은 A 동아리 활동에서의 리더 경험입니다." (중략)

이처럼 정의를 먼저 제시한 뒤, 구체적인 경험을 뒷받침하면 특정 주제에 대한 나의 가치관을 명확히 전달할 수 있을 뿐 아니라 설득력 있는 답변으로 면접관에게 훨씬 긍정적인 인상을 남길 수 있다는 장점이 있습니다.

정의를 내리며 시작하는 답변 방식은 '성공' 외에도 '실패', '소통'처럼 추상적인 가치를 묻는 모든 질문에 적용해볼 수 있는데요. '실패'로 예시를 하나 더 들어볼까요? "실패 경험에 대해 얘기해주세요."라는 질문을 받았을 때 다음과 같이 답변할 수 있어요.

> **예시**
>
> "제가 생각하는 실패란 도전했다가 좋지 않은 결과를 낳은 것이 아니라 오히려 도전조차 하지 않아서 나중에 후회하는 마음입니다. 이러한 기준으로 봤을 때, 가장 큰 실패 경험은 외국어에 대한 두려움으로 인해 해외 어학 연수를 포기한 것입니다." (중략)

어렵던 질문들이 훨씬 쉽게 느껴지죠? 이처럼 '정의 내려보기'는 면접에서 우리 스스로가 답변의 주도권을 잡고 나만의 관점으로 논리를 구성하는 데 효과적인 전략이에요. 특히 인성 면접 시 가치관을 묻는 질문에 유용하게 활용할 수 있다는 점, 꼭 기억해주세요.

> **이쌤TIP**
>
> 지원하는 직무에 대해 다음과 같이 여러분만의 언어로 정의를 내려보는 것 역시 추천해요. 이로써 직무에 대한 이해도, 진정성, 직무를 바라보는 시야를 자연스럽게 어필할 수 있습니다.
>
> - 마케터 : 브랜드와 고객을 연결하는 브릿지
> - 총무 : 회사의 살림을 책임지는 살림꾼
> - MD : 고객의 쇼핑 고민을 덜어주는 퍼스널 큐레이터

CHAPTER 04

압박 면접에 대처하는 법

면접에서 돌발 질문을 받았을 때, 또는 평소라면 어렵지 않게 대답할 수 있는 질문인데도 갑자기 머리가 하얘지면서 당황했던 경험, 누구나 한 번쯤 있을 거예요. 면접 경험이 아직 없는 취준생분들이라면 돌발 질문이나 압박 면접에 대한 막연한 두려움이 있을 거고요. 이번에는 그런 두려움을 없애는 마인드 컨트롤 노하우와 함께 돌발 질문이나 압박 면접 상황에서도 차분히 대처할 수 있는 방법에 대해 알려드릴게요.

압박 면접, 기억해야 할 두 가지 질문

면접을 보러 가기 전부터 '어려운 질문이 나오면 어떡하지?', '답변을 못 하면 어쩌지?'라고 걱정하는 분들이 많은데요. 면접에서 어려운 질문이 나오는 것과, 답변을 못하는 것은 전혀 이상한 일이 아닙니다. 오히려 빈번한 상황에 더 가까워요.

저는 취준생 때부터 경력직으로 커리어를 쌓는 동안 면접을 최소 20번 이상 보았는데요. 면접마다 어려운 질문을 받았던 것은 당연하고, 어떤 때는 답변을 아예 못했던 적도 있습니다. 이처럼 수많은 면접을 경험하면서, 모든 질문에 답변을 잘했다고 해서 반드시 붙는 것도 아니고 반대로 답변을 못한 것이 있다고 해서 무조건 불합격하는 건 아님을 깨달았죠. 그 이후부터는 면접에 임하는 마음가짐이 180도 달라졌습니다. 면접에서 어려운 질문이 나오는 것과 답변을 못할 수도 있다는 사실 자체를 받아들이게 된 것인데요.

면접을 두려움의 대상으로 생각하면 실제 그 상황이 펼쳐졌을 때 더 겁을 먹기 마련입니다. 그러니 면접에 임할 때 '어려운 질문이 나올 수 있지', '질문에 답변을 못할 수도 있지'라고 생각하며 마음을 편안하게 가져주세요.

BEFORE	AFTER
어려운 질문이 나오면 어쩌지?	어려운 질문은 당연히 나올 수 있지!
면접관의 질문에 답변을 못하면 어떡하지?	질문에 답변을 못할 수도 있지!

지금부터 압박 면접에 현명하게 대처할 수 있는 두 가지 특급 노하우를 전수해드릴 텐데요. 일단 여러분이 면접에서 당황스럽거나 어려운 질문을 받았을 때는 딱 두 가지 경우의 수만 생각하면 됩니다. 첫째, 고민하면 답할 수 있는 질문인가? 둘째, 대체 가능한 다른 경험이 있나?

1. 고민하면 답할 수 있는 질문인가?

○ IF YES	× IF NO
답변에 대해 잠시 생각할 시간을 가질 수 있는지 정중히 물어보기	답변을 대체할 지식 및 경험이 있는지 빠르게 판단하기

여러분들이 어떤 질문을 받았는데 순간적으로 답이 나오지 않아 당황했을 때 '이게 고민하면 답할 수 있는 질문인가?'를 빠르게 파악해야 합니다. 만약 면접관의 질문에 답변을 못했다면 그 이유는 두 가지 경우의 수 중 하나일 거예요.

첫 번째는 답변할 만한 소재는 있으나 순간적으로 당황해서 답을 하지 못하는 경우입니다. 조금만 시간을 가지고 고민하면 답을 떠올릴 수 있다는 의미죠. 보통 이럴 때 많은 취준생분들이 긴장한 탓에 아무런 말없이 고개를 숙이거나 망설이는 표정을 짓곤 하는데요. 침묵의 시간이 길어질수록 평가에 마이너스가 됩니다. 이런 경우에는 재빨리 "면접관님, 혹시 잠시 생각할 시간을 가져도 될까요?"라고 정중하게 물어본 후, 생각이 떠오르면 바로 답변해주세요.

2. 대체 가능한 지식이나 경험이 있나?

두 번째는 관련 경험이나 지식이 없어 고민해도 답하기 어려운 질문인데요. 이때는 답변을 대체할 지식과 경험이 있는지를 빠르게 판단해봐야 합니다. 실제 제가 면접에서 사용했던 대처 방식을 예시로 설명해볼게요.

○ IF YES	✕ IF NO
유사 경험인 B에 대해 이야기해도 될지 정중히 물어보기	관련 경험/지식이 없음을 빠르게 인정하고 추후 보완하겠다 답변

당시 제가 받은 질문은 "1억의 예산이 있다고 가정하고, 주요 매체별 광고 전략을 짜봐라."였는데요. 당시 저는 매체별 광고 예산을 직접 핸들링해본 경험이 없었어요. 그렇다고 경력직 면접에서 모르겠다고만 하는 건 평가에 굉장한 마이너스가 된다는 것을 직감할 수 있었죠. 그래서 고민 끝에 "면접관님, 제가 여러 광고 매체 전략을 수립해본 경험이 없어 1억이라는 예산을 기대하시는 만큼 효과적으로 분배하지는 못할 것 같습니다. 대신 제가 ○○ 광고 매체는 다채롭게 활용해본 경험이 있는데, 혹시 괜찮으시다면 1억의 예산을 가지고 ○○ 광고 매체를 활용한 전략을 제안드려도 괜찮을까요?"라고 역제안을 드렸어요. 다행히도 면접관분이 흔쾌히 수락한 덕에 제가 자신 있는 방향으로 답변을 했고, 결과적으론 면접에서 최종 합격할 수 있었습니다. "죄송합니다. 모르겠습니다."라고 하기보다는 그래도 가지고 있는 지식을 총 동원해서 답변해보려던 성의이자 노력이었죠.

참고로, 이렇게 역제안을 했을 때 면접관분들이 "안 됩니다."라고 거절할 가능성은 굉장히 낮습니다. 오히려 최대한 답변해보려는 의지와 융통성을 긍정적으로 평가할 수 있죠.

만약 아무리 고민해봐도 대체할 수 있는 경험이나 지식이 없다면 "추후에 기회가 된다면 오늘 제가 답변드리지 못한 ○○에 대해 숙지한 후 꼭 다시 말씀드리겠습니다."와 같이 부족한 점을 인정하면서 추후 보완하겠다는 방향으로 대처하면 됩니다.

굉장히 간단한 솔루션 같지만, 실제 면접에서 당황하면 순간적으로 머릿속이 하얘지기 때문에 아무런 답변을 하지 않은 상태로 계속 고민하는 경우가 많아요. 이럴 때 빠르게 본인의 현 상황을 인정하고 면접관분들에게 솔직하게 이야기하는 것 자체만으로도 본인이 모르는 것이 무엇인지를 알고 있다는 점, 즉 '메타 인지' 측면에서 감점을 최소화할 수 있습니다. 또한 부족한 부분을 즉시 '인정'했다는 점에선 다른 의미로 좋은 인상을 남길 수 있어요.

> 제가 여러분들에게 강조하고 싶은 이야기는 '모든 질문에 완벽히 대답할 수 있는 사람은 지극히 드물다'는 것입니다. 저 역시 그동안 수많은 면접을 봐왔지만, 실수를 한 적도 있고 대답을 못했던 경우도 있습니다. 다시 말해 면접에서 질문 몇 개에 제대로 답변하지 못했다고 해서 그것만으로 불합격하지 않으니 안심하세요. 면접은 여러분이 걸어 들어오는 순간부터 눈빛, 태도, 답변의 진정성, 경험, 역량, 성향 등 굉장히 다양한 요소를 복합적으로 평가하는 것이기 때문에 그렇습니다.
> 제가 수강생분들이 면접을 볼 때면 꼭 해드리는 이야기가 하나 있습니다. "나는 오늘 면접에서 최소 두세 개 정도의 당황스러운 질문을 만날 것이고, 대답을 못할 수도 있다."라고 마음속으로 쿨하게 인정하라는 것입니다. 그리고 수강생분들에게 가상의 쿠폰 세 장을 드려요. 당황스러운 질문이 나왔을 때 마음 속으로 쿠폰을 한 장씩 쓰는 것이죠. '그래도 세 장까진 괜찮다'라는 의미로요. 여러분도 이 꿀팁을 꼭 기억해주세요. 당황스러운 질문이 나오더라도 멘탈을 다잡을 수 있을 거예요.

CHAPTER 05

면접 관련 주요 Q&A

이번 챕터에서는 면접을 앞두고 있는 취준생분들이 반드시 알아야 할 다섯 가지 Q&A를 다룹니다. 실제 면접 컨설팅을 진행하면서 수강생분들로부터 가장 많이 받은 질문을 토대로 정리한 내용이니, 면접 전 꼭 참고해주세요.

Q1. 신입 면접과 경력직 면접의 차이는 무엇인가요?

경력직 채용에서 가장 중요한 평가 기준 중 하나는 '입사 후 바로 실무 수행이 가능한가?'입니다. 면접에서는 지원자의 직무 역량, 관련 실무 경험 보유 여부, 업무 성과 등을 주로 검증하게 됩니다. 이를 통해 해당 지원자가 우리 회사에 어떻게 기여할 수 있을지를 판단하는 것이죠. 따라서 경력직 면접을 준비 중인 분들이라면 열정과 배움의 자세를 강조하기보다는 경력의 연관성, 직무 전문성, 그리고 성과를 중심으로 자신을 어필해야 합니다.

반면, 신입 면접은 평가 기준에 차이가 있는데요. 면접관은 신입 지원자에게 높은 수준의 직무 전문성을 기대하지 않습니다. 그보다는 지원자가 그동안 지원 기업, 산업, 직무에 대해 얼마나 관심을 가지고 관련 경험을 쌓기 위해 노력해왔는지 평가하게 됩니다. 여기에 더해 신입은 입사 후 모든 업무를 새롭게 배워나가야 하므로 '배우고자 하는 열정이 있는 사람인가?', '회사에 잘 적응하며 성장할 가능성이 있는가?' 역시 면접관이 중요하게 보는 요소입니다.

Q2. 실무진 면접과 임원 면접의 차이는 무엇인가요?

일반적으로 실무진 면접에선 역량 면접의 비중이 크고, 임원 면접에선 인성 면접의 비중이 큰 경우가 많습니다. 하지만 언제나 예외는 있는데요. 1차 실무진 면접에서 인성 면접의 비중이 클 수도 있고, 2차 임원 면접에서 역량 면접의 비중이 높을 수도 있습니다. 따라서 실무진 면접=역량 면접, 임원 면접=인성 면접으로 딱 잘라 구분하기보다는 어떤 면접이든 인성 파트와 역량 파트를 두루두루 완벽히 준비하는 것이 가장 좋습니다. 그럼 일반적인 실무진 면접과 임원 면접의 특성을 알아볼까요?

실무진 면접의 특징

실무진 면접에서 면접관은 주로 여러분이 입사했을 때 함께 일하게 될 팀원, 사수, 팀장과 같은 분들일 가능성이 큽니다. 이 지원자가 우리 팀에서 업무를 잘 수행할 수 있는지, 실무 역량 보유 여부를 기본적으로 검증합니다. 나아가, 채용 후 함께 일할 직원인 만큼, 기존 팀원들의 성향, 조직의 문화 등을 고려했을 때 잘 맞는 사람인지, 인간적으로 함께 일하고 싶은 호감이 드는지에 대해서도 평가하게 됩니다. 이러한 이유로, 만약 지원 공고에 부합하는 역량은 가지고 있으나 1차 실무진 면접에서 탈락했다면, 팀의 문화와 성향적으로 잘 맞지 않았을 가능성도 배제할 수 없습니다.

임원 면접의 특징

임원 면접의 면접관들은 주로 조직의 부서장과 인사팀 리더인 경우가 많은데요. 여러분이 지원한 직무가 리더급이 아니라는 전제하에, 입사 후 임원분들과 다이렉트로 함께 일할 가능성이 낮다는 특징이 있어요. 따라서 실무적인 부분까지 깊게 들어가 여러분을 검증할 가능성은 그만큼 낮아집니다.

만약 여러분이 임원 면접을 본다면, 실무 면접을 통과한 후일 가능성이 크기 때문에 면접관들은 이미 여러분을 '기본적인 직무 수행 역량을 갖춘 지원자'로 판단할 가능성이 큽니다.

대신 임원들은 특정 조직을 이끌어나가며 실질적인 성과를 회사에 보여줘야 하는 위치에 있기 때문에 입사 후 여러분의 성과가 즉 임원들의 성과이기도 합니다. 따라서 임원 면접에서는 여러분 스스로가 회사의 성장을 함께 고민할 수 있는 사람이라는 점을 어필함과 동시에, 입사 후 도전해보고 싶은 일이나 기여할 수 있는 바를 얘기해도 좋습니다. 또한 임원들은 회사에 대한 높은 충성심을 가지고 있는 분들인 만큼, 여러분 역시 소속 조직에 대한 강한 충성심을 가진 지원자임을 어필해주세요.

Q3. 이미 답변한 소재를 또 활용해도 되나요?

면접을 보다 보면 이미 답변한 소재나 경험을 다시 언급해야 하는 상황이 생길 수 있는데요. 이런 경우 어떻게 대처해야 하는지 두 가지 경우로 나누어 알아보겠습니다.

핵심 강점 키워드를 반복하는 경우

"저의 강점은 커뮤니케이션 스킬입니다.", "저는 기획력이 뛰어난 마케터입니다."와 같은 핵심 강점 키워드의 경우, 면접 전반에서 단 한 번만 언급하고 끝나는 것이 아니라 두세 번 이상 활용해도 괜찮습니다. 그 이유는 면접 전반에서 일관된 키워드를 어필했을 때, 면접관들은 여러분을 더 잘 이해할 수 있기 때문입니다. 오히려 매 질문마다 새로운 강점을 제시하려고 하면 면접관 입장에서는 여러분의 강점이 무엇인지 헷갈릴 수 있겠죠? 그러므로 핵심 강점은 반복적으로 언급하되, 답변마다 이를 뒷받침하는 경험이나 사례 등을 조금씩 다르게 풀어내주세요.

특정 경험을 반복하는 경우

동일한 경험이라도 그 안에서 배운 점이나 느낀 점이 다양하다면 질문에 따라 다른 각도로 접근해 답변을 구성할 수 있습니다. 대학생 때 학생회 경험을 예시로, 한 번은 '문제 해결 능력'을, 또 한 번은 '협업의 중요성'을 강조하는 식으로 다르게 활용한다면 괜찮다는 의미입니다. 같은 경험과 배운 점을 그대로 반복해서 답변하는 것만 지양해주세요.

만약 여러분이 가진 경험 소재가 부족해 동일한 경험을 다시 언급해야 한다면 면접관분들에게 양해를 구하고 조금 다른 방식으로 이야기를 풀어내보세요. "질문 주신 성공 경험의 경우, 제가 앞서 말씀드렸던 A 경험과 동일합니다. 다만 이번에는 그 경험에서 극복했던 어려움에 대해 좀 더 구체적으로 말씀드려도 될까요?"처럼요. 같은 경험이라도 새로운 관점이나 추가적인 설명을 통해 답변할 수 있는 범위를 확장할 수 있을 거예요.

Q4. 1 : 1 / 1 : 多 / 多 : 多 면접은 전략이 다른가요?

혼자 면접에 들어가는 것과 다른 지원자와 함께 면접을 보는 것은 면접의 본질 자체는 같습니다. 하지만 여러분이 받을 수 있는 질문의 개수, 지원자 간의 중복 답변 리스크 등으로 인한 차이는 인지하고 면접에 임하는 것이 좋습니다.

1:1면접, 1:多 면접 특징

(지원자 : 면접관) 1 : 1 혹은 1 : 多 면접을 본다는 것은 면접관이 지원자에 대해 심층적으로 파악하겠다는 의미입니다. 주로 스타트업 신입 면접이나, 회사의 규모와 상관없이 경력직 면접에서 많이 사용되는 면접 형태입니다. 심층 면접의 경우, 길게는 40분에서 1시간까지도 진행됩니다.

여러분의 답변에 대한 꼬리 질문이 이어질 가능성도 높은 편이에요. 이때 답변 중에 사소하더라도 거짓말이나 과장을 한다면 면접관의 꼬리 질문으로 들통날 수 있다는 점을 명심해주세요. 모의 면접을 준비할 때 각 질문별 여러분의 답변에 추가로 예상되는 꼬리 질문을 함께 대비하는 것도 하나의 전략입니다.

면접관도 사람이기 때문에 특히 1 : 1면접에서는 여러분이 긴장하면 긴장할수록 면접관도 불편함을 느낄 수 있습니다. 소개팅을 할 때 상대가 지나치게 긴장하면 대화가 원활하게 이뤄지지 않는 것과 비슷한 이치인데요. 따라서 면접관과 대화한다고 생각하며 최대한 힘을 빼고 편안한 마음으로 임해주세요.

多 : 多 면접 특징

多 : 多 면접은 일반적으로 중견기업과 대기업의 신입 면접 시 많이 활용되는 면접 형태입니다.

多 : 多 면접의 경우 한정된 시간 내에 여러 명의 지원자를 검증해야 하

는 만큼 여러분이 받게 될 질문의 개수는 평균 5~7개 남짓으로 적은 편입니다. 이러한 이유로 면접을 보고 나면 '정말 이 정도 질문으로 평가가 가능할까?'라는 의문이 들 정도로 지원자를 알아가는 과정이 짧고 얕을 수 있어요. 따라서 답변 하나하나마다 신중하고 임팩트 있게 이야기하는 것이 핵심입니다.

또한 多 : 多 면접에선 타 지원자의 영향을 받지 않고 내 페이스를 유지하는 것, 즉 멘탈 관리도 중요한 요소 중 하나예요. 아무래도 여러 지원자와 함께 면접을 보다 보면 당연히 나와 상대방을 비교하게 되기도 하고, 내가 준비한 답변과 앞의 지원자의 답변이 일치해서 당황스러운 경우도 발생합니다. 하지만 이러한 상황적 특성은 내 옆에 앉아 있는 지원자에게도 동일하게 적용되기 때문에 어떻게 보면 공평하다고 볼 수 있습니다.

보통 多 : 多 면접에서는 앉은 순서가 초반의 답변 순서를 의미하지만, 면접 중간에 답변 순서를 역으로 한두 번 바꾸는 경우도 있기 때문에 순서에 너무 연연할 필요는 없습니다.

다른 지원자와 소재가 겹쳤을 때는 순발력 있게 다른 소재로 대체할 수 있다면 가장 좋겠지만, 만약 다른 소재가 떠오르지 않더라도 당황하지 말고 "앞에 답변하신 지원자분과 저도 생각이 비슷한데요."라는 말로 답변을 시작하면 됩니다. 면접 전에 미리 '내 답변과 다른 지원자의 답변이 겹칠 수도 있다'라고 마음의 준비를 한다면 실제 상황에서 훨씬 침착하게 대응할 수 있을 거예요.

만약 여러분 옆에 앉은 지원자가 여러분보다 훨씬 말도 잘하고 스펙도 뛰어나 보이면 쉽게 주눅들 수 있을 텐데요. 이때 여러분이 기억해야 할 점이 하나 있습니다. 바로 한 면접에서 두 명 이상의 합격자가 생길 수도 있다는 것입니다. 따라서 함께 면접보고 있는 지원자들을 이겨야 할 경쟁자로 여기기보다는, 오직 여러분 본인에게만 온전히 집중한다면 좋은 결실을 맺을 수 있을 거예요.

Q5. 대면 면접과 비대면 면접의 전략은 다른가요?

대면 면접이든 비대면 면접이든 면접의 본질은 같습니다. 다만, 면접 환경의 차이가 있기 때문에 차이점을 미리 숙지한다면 더 효과적으로 면접에 대비할 수 있겠죠?

대면 면접 특징

우리에게 더 익숙한 대면 면접을 먼저 살펴볼게요. 대면 면접은 면접관과 지원자가 직접 마주하며 진행되는 가장 전통적인 면접 방식인데요. 비대면 면접과는 다르게 대면 면접에서는 면접관이 여러분의 앉아 있는 자세, 눈빛, 목소리 톤, 손 제스처 등 작은 것 하나까지 입체적으로 평가할 수 있습니다. 답변 자체의 완성도뿐만 아니라 아이 컨택, 자세, 표정 같은 비언어적 요소 역시 중요하죠. 또한 면접관과 직접적인 상호 작용이 가능하기 때문에 소통 역량과 자신감을 갖춘 지원자에겐 훨씬 유리한 면접 형식입니다.

비대면 면접 특징

비대면 면접은 면접관과 지원자가 물리적으로 같은 장소에 있지 않고, Zoom, Google Meet 등 화상 회의 플랫폼을 통해 원격으로 진행되는 면접 방식입니다. 코로나19 팬데믹 이후 널리 사용되기 시작했고, 특히 해외나 원거리 지원자들의 면접에 효과적으로 활용되고 있기도 합니다. 비대면 면접은 장소와 시간의 제약을 줄여주는 큰 장점이 있지만, 화면을 통해 소통하다 보니 에너지나 자세 같은 비언어적 표현이 대면 면접만큼 잘 전달되지 않는다는 아쉬움도 있어요. 그러니 화면을 통해서도 여러분의 자신감과 메시지가 명확히 전달될 수 있도록 준비해야 합니다.

비대면 면접과 관련해 가장 많이 받았던 질문은 바로 "카메라를 봐야 할까요? 아니면 면접관의 화면을 봐야 할까요?"인데요. 비대면 환경에서는 면접관과 눈을 맞추는 것이 불가능하기 때문에 카메라를 직접 응시하기보다는 화면 상의 면접관 얼굴을 자연스럽게 바라보는 것을 추천합니다. 이와 함께, 중간중간 화면 상의 자신의 얼굴을 응시하며 표정이나 시선 처리가 자연스러운지 체크하는 것도 도움이 될 수 있어요.

보통 면접 진행 과정에서 답변을 고민할 때 시선이 상하 좌우로 움직이는 경우가 빈번한데, 이때 화면 속 본인의 얼굴을 응시하면 최대한 시선을 중앙으로 고정할 수 있으니 참고해주세요.

면접 전, 갑작스러운 오류에 대비해 화상 회의 프로그램을 미리 점검해보는 것도 중요한데요. 주요 기능을 사전에 테스트해보면서 면접 환경에 익숙해지는 것이 좋습니다.

PART 08

주요 면접 질문 마스터하기

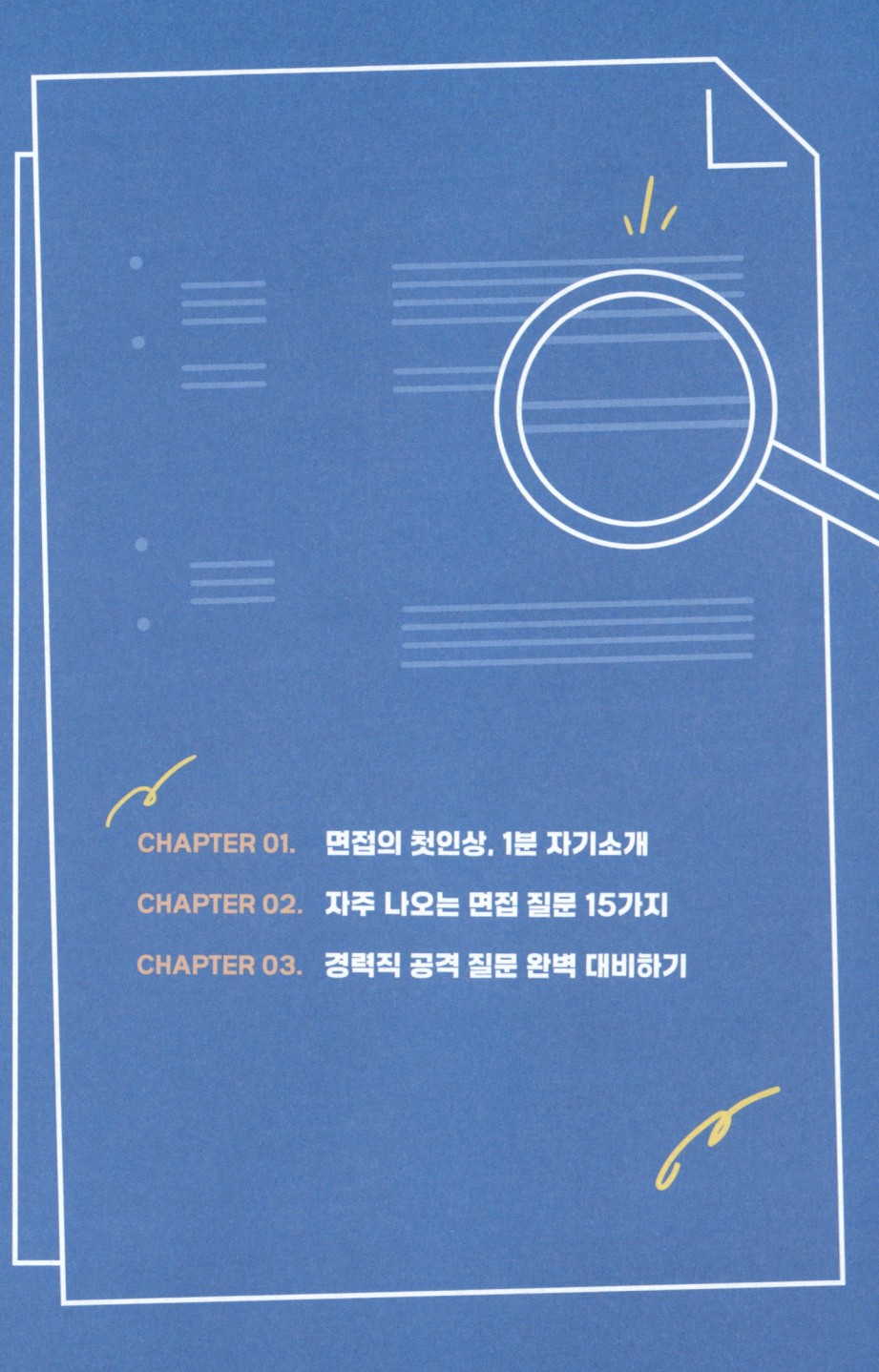

CHAPTER 01.   면접의 첫인상, 1분 자기소개
CHAPTER 02.   자주 나오는 면접 질문 15가지
CHAPTER 03.   경력직 공격 질문 완벽 대비하기

CHAPTER 01

면접의 첫인상, 1분 자기소개

 취업왕 이쌤의 영상 강의 확인하기

1분 자기소개가 중요한 이유 세 가지

1분 자기소개는 면접에서 가장 먼저 나오는 질문이자, 취준생분들이 가장 두려워하는 질문 중 하나입니다. 면접의 첫인상을 좌우하는 만큼 준비를 잘했을 때는 면접 전반에서 큰 이점이 되기도 하고, 반대로 제대로 준비하지 않을 경우 면접 전반이 여러분에 대한 검증 과정으로 변하는 트리거가 되기도 합니다.

1. 지원자의 첫인상

1분 자기소개가 중요한 첫 번째 이유는 여러분들의 첫인상을 결정하기 때문입니다. 첫인상은 3초면 결정된다는 이야기, 다들 한 번쯤 들어봤을 거라 생각해요. 한 번 각인된 첫인상을 바꾸는 것은 쉽지 않다는 말도 있죠. 면접관의 입장에서 1분 자기소개는 지원자와의 첫 대면에서 지원자가 어떤 사람인지 당사자로부터 직접 듣는 만큼 첫인상을 판단하는 중요한 근거가 됩니다.

면접 첫인상에서 점수를 잘 받으면 이후의 과정은 호의적으로 진행될 가능성이 큽니다. 반면 지원자가 자기소개를 제대로 하지 못하면 자기 이해도나 전반적인 면접 준비가 부족하다고 보여질 수 있는데요. 이 경우, 지원자에 대한 호감도가 다소 떨어질 수 있겠죠.

2. 주도적으로 어필할 수 있는 몇 안 되는 기회

1분 자기소개는 면접에서 여러분 자신에 대해 주도적으로 어필할 수 있는 몇 안 되는 소중한 기회입니다. 물론 면접 중간중간 어필할 기회가 있지만 자신이 원하는 방향으로 완벽히 답변할 수 있는 질문은 생각보다 많지 않습니다.

1분 자기소개는 면접 출제율 90% 이상이며 여러분이 면접에서 가장 어필하고 싶은 키워드를 정리해 자유롭게 말할 수 있는 절호의 찬스입니다. 그렇기 때문에 1분이라는 짧은 시간 내에 나를 가장 효과적으로 소개할 수 있는 방법을 전략적으로 고민해봐야 합니다.

3. 면접의 방향성 결정

여러분의 1분 자기소개는 면접관들의 질문 방향성에도 영향을 끼칩니다. 만약 지원자의 1분 자기소개에 특이한 경험이나 차별화된 키워드가 포함되어 있다면 자기소개가 끝난 후 해당 내용에 대한 질문을 받을 수도 있겠죠. 예를 들어, "저는 대학생 때 아르바이트를 하며 1천만 원을 모았고, 두 달 동안 세계 일주를 했습니다. 이때 방문했던 각 지역에서 제가 한국에서 가져간 기념품을 현지의 기념품과 교환했고, 한국에 돌아온 후에는 '전 세계의 기념품'을 주제로 작은 전시회를 열기도 했습니다."라는 얘기를 한다면 면접관들 머릿속에 호기심과 질문이 동시에 떠오르기 시작하겠죠?

또 다른 예로, 1분 자기소개에 '창의력', '데이터 역량'이라는 두 키워드를 집중적으로 어필했다고 가정해볼게요. 그럼 면접관의 머릿속에 여러분의 강점 키워드가 각인됨과 동시에 여러분이 어떠한 방법으로 창의력을 쌓아왔는지, 실무에서 데이터를 얼마나 다룰 수 있는지 추가 질문을 통해 지원자의 역량을 검증하려 할 것입니다.

그렇다고 해서 특이한 경험이라는 이유로 지원 직무와 전혀 관련없는 이야기를 하라는 의미는 아닙니다. 해당 경험으로 얻은 역량이나 가치관이 지원 직무와 어떤 연관이 있는지 반드시 함께 언급해주세요.

1분 자기소개, 피해야 할 세 가지 사항

1. 지나친 성과 자랑의 반복

1분 자기소개에 반드시 구체적인 성과 사례를 넣어야 한다고 생각하는 분들이 많은데, 반드시 그렇지는 않습니다. 그 이유는 소개팅으로 비유할 수 있는데요. 여러분이 만약 소개팅을 나갔는데 상대가 자리에 앉자마자 본인의 자랑을 늘어놓는다면 어떨까요? "나는 회사에서 인정받는 인재고, 억대 연봉을 받고 있다."라고 얘기한다면요. 물론 시간이 어느 정도 지난 후 상대와 가까워진 시점이라면 호감으로 느껴질 수 있겠죠. 하지만 처음부터 자기 자랑만 늘어놓는 사람에게 호감을 느끼는 경우는 많지 않을 거예요.

면접도 마찬가지입니다. 1분 자기소개는 면접관에게 여러분의 첫인상을 남기는 중요한 시간입니다. 면접관이 이 짧은 시간에 뛰어난 성과나 업적을 듣기를 기대할까요? 면접관에게 우리를 어필할 기회는 본 면접에서 충분히 주어질 테니 성과를 구체적으로 어필해야 한다는 강박은 잠시 내려놓아도 좋습니다. 대신 여러분이 어떤 사람인지 숲을 보여주는 것에 집중해주세요.

2. 너무 많은 강점 키워드

모의 면접을 진행하다 보면 본인의 강점을 최대한 어필하고 싶은 마음에 1분 자기소개에 수많은 키워드를 단순 나열하는 케이스를 종종 봅니다. 하지만 이는 면접관에게 '나'라는 사람을 각인시키는 데 있어 오히려 혼란을 줄 수 있어요. 예를 들어, "저는 성실하고 책임감 있고, 누구와도 잘 어울리며, 문제 해결 능력도 뛰어납니다."라고 소개한다면 면접관 입장에선 여러분이 어떤 사람인지 파악하기 어렵겠죠? 짬뽕, 짜장면, 탕수육 세 개의 요리만 판매하는 중국집과, 33가지의 중국 요리를 한 번에 취급하는 중국집을 다녀왔을 때, 여러분의 머릿속에 남는 이미지를 상상해보면 이해하기가 쉬울 거예요.

따라서 1분 자기소개를 구성할 땐 면접 전반에서 어필하고자 하는 핵심 키워드를 두세 개로 한정해 선택과 집중을 하는 것이 좋습니다. 이때 강점 키워드에는 명확한 근거가 뒷받침되어야 면접관의 신뢰를 얻을 수 있다는 점도 잊지 마세요.

3. 인위적으로 외운 나답지 않은 자기소개

자기소개는 말 그대로 '나'를 소개하는 것이죠. 자기 이해도가 높을수록 더욱 자연스럽고 자신감 있게 할 수 있는 질문입니다. 그러나 지나치게 외운 듯한 자기소개는 지원자 스스로에 대한 자신감과 이해도가 결여된 것으로 비춰져 부정적인 인상을 남길 수 있어요. 면접관은 그동안 수많은 면접을 경험했기 때문에 지원자가 준비한 내용을 단순 암기한 것인지 아니면 진심으로 본인을 소개하는 것인지 단번에 알 수 있습니다. 비록 외우더라도 최대한 자연스럽게 전달하는 것을 목표로 충분한 준비 시간을 투자해주세요.

신입 지원자 1분 자기소개 예시

신입 지원자의 자기소개에서는 지원 직무와의 적합성을 효과적으로 어필하는 것이 중요한데요. 직무와 관련된 강점과 이를 뒷받침할 간단한 경험을 간결하고 명확하게 전달하는 것이 핵심입니다. 다음은 제가 면접 수업에서 활용하는 신입 1분 자기소개 예시입니다. 어떤 구성 요소로 구조화되어 있는지 파악한 후, 여러분의 상황에 맞게 수정해 사용해보세요.

구성 요소

[인사+이름]
안녕하세요! ○○ 직무에 지원한 김지원입니다.
먼저 이렇게 소중한 면접 기회를 주셔서 감사합니다.
저는 지원 직무와 관련된 제 핵심 강점 두 가지를 기반으로 저를 소개해보고 싶은데요. 바로 #준비된 마케터와 #경험 부자입니다.

[직무 관련 핵심 강점 키워드 1]
저는 대학생 때부터 마케팅 분야에 큰 관심을 가져온 #준비된 마케터입니다. 지난 3년 동안 A, B와 같은 대학생 마케터 활동에 적극 참여하며 트렌드 서치, 콘텐츠 제작과 같은 마케팅 기본기를 길렀습니다. 이외에도 다양한 마케팅 뉴스레터, 콘텐츠를 소비하며 트렌드를 빠르게 파악하기 위해 노력하고 있습니다. 최근에는 주요 마케팅 이슈와 트렌드 아카이빙 목적으로 개인 마케팅 SNS를 개설해 운영하며, 직무 이해도를 더욱 높여나가고 있습니다.

[직무 관련 핵심 강점 키워드 2]
다음으로 저는 새로운 것에 도전하는 것을 즐기는 #경험 부자입니다. 마케터의 창의력은 본인이 가진 경험의 다양성에 비례한다고 생각하는데요. 저는 대학생 때부터 여행, 스포츠, 대외활동, 모임 등 분야를 가리지 않고 다양한 경험을 쌓아왔습니다. 입사 후 마케팅 과제 수행 시 제 경험 자산을 창의력의 원천으로 활용함으로써 고객들에게도 폭넓은 브랜드 경험을 제공하는 데 기여하고 싶습니다. 감사합니다.

경력 지원자 1분 자기소개 예시

1분 자기소개에서 경력직 지원자와 신입 지원자의 가장 큰 차이점은 경력 요약 부분이 추가된다는 점입니다. 신입 지원자 중에서도 근무 이력이 있는 중고 신입이거나 인턴 경험이 있다면 경력직 버전을 활용해주세요.

먼저 경력 요약 파트를 통해 면접관이 여러분의 전반적인 이력을 빠르게 이해할 수 있도록 돕고, 이어지는 핵심 강점 부분에서는 여러분이 지원 직무와 얼마나 적합한지를 명확히 어필할 수 있다는 특징이 있습니다. 다음 예시를 통해 경력직 자기소개를 효과적으로 구성하는 방법을 알아볼게요.

구성 요소

[인사+이름]
안녕하세요! ○○ 직무에 지원한 김지원입니다.
먼저, 오늘 이렇게 면접 기회를 주셔서 감사합니다.
저는 간략한 경력 요약과 직무 관련 핵심 강점 두 가지로 저를 소개해보고 싶은데요.

[경력 요약]
먼저 저는 지난 3년 동안 A 기업의 SNS 마케터로 근무하며, 1)자사 SNS 채널 콘텐츠 총괄, 2)광고 운영 및 성과 관리 업무를 맡아왔습니다. SNS 콘텐츠의 경우, 인스타그램과 유튜브를 메인으로 담당하며 릴스를 포함한 영상 콘텐츠의 기획부터 제작, 광고 집행까지 맡고 있습니다. 최근엔 B 브랜드사와 캐릭터 콜라보 콘텐츠를 제작해 고객들에게 색다른 경험을 제공했고, 온라인에서 7만 회 이상 바이럴되는 성과도 있었습니다.

[직무 관련 핵심 강점 키워드 1]
다음으로는 핵심 강점인데요. 저는 누구보다 트렌드에 빠른 마케터입니다. 소비자가 좋아하는 것을 가장 빠르게 파악할 수 있는 곳은 SNS라 생각하는데요. 저는 업무 시간 외, 매일 최소 한두 시간은 SNS 트렌드 파악에 투자하며 어떤 콘텐츠들이 반응을 얻는지, 그리고 업종 리더 브랜드들은 어떤 마케팅 시도를 하고 있는지 꾸준히 모니터링합니다. 이를 통해 마케팅 아이디어나 영감을 얻기도 하고, 소비자의 관심사를 현업 과제에 반영하며 더 높은 유저 인게이지먼트를 이끌어내기 위해 노력하고 있습니다.

[직무 관련 핵심 강점 키워드 2]
다음으로는 콘텐츠 제작 기술입니다. 콘텐츠는 의도한 기획대로 결과물이 제작되었을 때 빛을 발한다고 생각합니다. 저는 현 재직 기업에서 콘텐츠의 기획뿐 아니라 디자인 편집 툴을 활용해 일부 콘텐츠의 제작까지 담당하고 있습니다. B 기업의 경우 스타트업 환경인 만큼, 입사 후 콘텐츠 기획부터 제작까지 넓은 업무 반경으로 활약할 자신이 있습니다. 감사합니다.

앞의 1분 자기소개 만들기 팁과 예시를 참고하여 여러분의 직무 강점을 효과적으로 담아낸 자기소개를 다음 실습 파트에서 완성해보세요. 자신감 넘치는 첫인상으로 면접의 첫 스타트를 완벽하게 끊을 수 있길 응원합니다.

> **실습**

[신입 버전]

[인사+이름]

안녕하세요!

_____직무에 지원한 _____입니다.

먼저 이렇게 소중한 면접 기회를 주셔서 감사합니다.

저는 지원 직무와 관련된 제 핵심 강점 두 가지를 기반으로 저를 소개해보고 싶은데요.

바로 #_____ #_____입니다

[직무 관련 핵심 강점 키워드 1]

[직무 관련 핵심 강점 키워드 2]

감사합니다.

> **실습**

[경력 버전]

[인사+이름]

안녕하세요!

_____ 직무에 지원한 _____ 입니다.

먼저, 오늘 이렇게 면접 기회를 주셔서 감사합니다.

저는 간략한 경력 요약 및 직무 관련 핵심 강점 두 가지로 저를 소개해보고 싶은데요.

[경력 요약]

먼저 저는 지난 _____ 년 동안

[직무 관련 핵심 강점 키워드 1]

다음으로는 핵심 강점인데요. 먼저 _____ 입니다.

[직무 관련 핵심 강점 키워드 2]

다음으로는 _____ 입니다.

감사합니다.

CHAPTER 02

자주 나오는 면접 질문 15가지

취업왕 이쌤의
영상 강의
확인하기

지금부터 면접 단골 질문에 대비하는 시간을 가져볼 텐데요. 여러분이 가장 어려워하는 1분 자기소개부터 기업 지원 동기, 성격 장단점, 입사 후 포부까지 출제 의도와 합격에 가까워지는 답변 구조를 살펴보려고 합니다. 면접을 준비할 때 대본을 만드는 것보다 중요한 것은 여러분 스스로에 대한 이해입니다. 각 질문마다 여러분 자신에 대해 잘 들여다보면서 나를 가장 잘 어필할 수 있는 소재에 대해 고민해보세요.

Q1. 우리 회사에 왜 지원했어요?

많은 분들이 지원 동기에서 단순히 회사의 장점을 나열한 뒤 "회사의 성장성이 매력적으로 느껴졌습니다."라거나 "회사의 가치관이 저의 가치관과 일치합니다." 하는 식으로 접근하는 것을 자주 보는데요. 엄밀히 말하면 기업은 인격체가 아니기 때문에 지원자의 '가치관'과 기업을 동일선상에 두는 것은 다소 식상한 접근일 뿐 아니라 설득력도 떨어집니다.

대신 해당 기업이 지닌 차별화된 강점이나 성장 전략을 통해 여러분이 어떤 커리어 발전 기회를 얻을 수 있는지를 구체적으로 고민해보세요. 즉, 회사가 아니라 여러분의 커리어 성장을 주어로 설정한다면 답변이 더욱 진정성 있고 차별화된 인상을 줄 수 있습니다.

> **답변 예시**
>
> 빠르게 성장하는 ○○ 기업의 전략 기획 지원자로서 더 많은 커리어 성장 기회를 얻고자 지원했습니다.
> 스타트업에선 직원 한 명 한 명의 역량이 곧 회사의 성장과 직결된다고 생각합니다. 그만큼 구성원들에게 더 큰 역할과 그에 따른 책임이 주어지는 스타트업 환경에서 다이내믹한 사업 전략 업무를 경험해보고 싶습니다.
> 특히 ○○ 기업의 경우, 최근 200억 규모의 시리즈B 투자 유치에 성공한 것으로 알고 있습니다. 향후 조직 내 사업 전략의 중요성과 역할이 더 커질 것이라 생각하며, 이 과정에 합류하여 회사의 성장에 직접적으로 기여할 수 있다는 점이 기대되었습니다.

Q2. 회사를 고르는 기준이 어떻게 되세요?

이 질문은 지원 동기의 연장선상에서 해석할 수 있습니다. 만약 지원 동기에선 A라고 답변하고, 회사를 고르는 기준을 묻는 질문에선 전혀 다른 B를 답한다면 채용 담당자 입장에선 논리적 구조가 맞지 않다고 느낄 수 있습니다. 예를 들어, 회사를 고르는 기준으로 '관심을 가지고 있는 분야'라고 답변했는데, 지원 동기에선 해당 산업에 대한 관심도가 전혀 드러나지 않는 것과 같은 경우죠. 이러한 이유로, 지원 동기와 회사를 고르는 기준은 질문이 달라 보이지만 동일한 질문이라고 생각하고 함께 준비하는 게 좋습니다.

이때 회사를 고르는 기준만 답하고 끝내기보다는, 지원 기업이 이러한 기준에 왜 부합하는지까지 연결해 답변해주세요.

> **답변 예시**
>
> 제가 회사를 고르는 기준은 크게 두 가지입니다. 첫째, '지속적으로 흥미를 느끼고 열정을 갖고 임할 수 있는 분야인가?'입니다. 좋아하는 분야에서 일하면 업무에 더 몰입할 수 있고 큰 성취감을 느낄 수 있기 때문입니다. 둘째, 회사의 성장 가능성과 미래 비전을 살펴봅니다. 회사의 미래 비전이 명확할수록 구성원으로서 함께 성장하고 기여할 수 있는 기회도 많아질 것이라 생각하기 때문인데요.
> 이러한 기준에 미루어 봤을 때 ○○ 기업은 제가 큰 관심을 가지고 있는 코스메틱 분야에서 성장하고 있으며, 향후 일본, 중국, 대만 등 아시안 시장을 넘어 미주, 유럽까지 공격적인 해외 시장 진출을 목표로 하고 있다는 점에서 명확한 미래 비전을 제시하고 있다고 생각해 지원했습니다.

Q3. 우리가 왜 본인을 뽑아야 하나요?

이 질문은 쉽게 생각하면 지원자의 핵심 강점을 묻는 것이기도 한데요. 답변의 전략은 크게 두 가지 방향으로 나뉩니다.

첫째, 지원 회사의 고민을 파악한 다음, 자신의 강점을 바탕으로 이를 함께 해결해나갈 수 있음을 어필해주세요. 아래 답변 예시가 첫 번째 전략에 해당합니다.

둘째, 지원 회사의 고민과 직접적으로 연결되는 경험이 없다면, 지원 직무와 관련된 강점 키워드 두세 가지를 근거로 면접관을 설득해주세요. 이때 가능하다면 타 지원자와 차별화될 수 있는 본인만의 뾰족한 강점을 제시하는 것이 좋겠죠?

> **답변 예시**
>
> 물론 다른 뛰어난 지원자들도 많겠지만 그중에서도 저를 뽑으셔야 하는 이유는, 현재 A 기업의 가장 큰 마케팅 고민이자 목표인 SNS 채널 활성화와 브랜드 커뮤니케이션 강화를 주도적으로 이끌 자신이 있기 때문입니다. 이를 뒷받침하는 세부적인 강점은 다음과 같습니다.
>
> 먼저 저는 현 재직 기업에서 3년 동안 SNS 채널 담당자로 근무하고 있는데요. 입사 직후 유저 참여형 브랜디드 콘텐츠인 ○○를 기획해 1년 만에 팔로워 수를 기존 8천 명에서 4만 명으로 약 다섯 배 늘리는 성과를 만든 경험이 있습니다. 이러한 성공 사례를 A 기업의 마케팅 채널에도 적용해 성장을 이끌어보도록 하겠습니다.
>
> 둘째, 평소 트렌드 캐치가 빨라 동종 업계뿐 아니라 산업 내 리딩 브랜드들의 마케팅 성공 공식을 계속해서 스터디하며, 고객이 반응하는 콘텐츠가 무엇인지 잘 알고 있습니다.
>
> 이러한 강점을 살려, 입사 후 SNS를 통한 팬덤 확장에 적극 기여하겠습니다.

Q4. 공백 기간엔 뭐하셨어요?

공백 기간 동안 구체적으로 무엇을 했는지, 그리고 해당 기간 동안 성장한 부분과 얻은 것을 언급해주세요. 이렇게 하면 명확한 목적이 있는 취업 준비 기간으로 보이기 때문에 공백 기간이 부정적인 요소로 평가되는 것을 최대한 막을 수 있습니다.

반면, 커리어적으로 방황의 시기를 겪었거나, 자격증 시험 준비로 인해 공백이 발생한 경우도 있는데요. 만약 공백 기간이 6개월 이상이라면, 꼬리 질문에 대한 리스크가 더 클 가능성이 크기 때문에 공백기의 이유에 대해 솔직하게 답변하는 것이 더 나은 방법일 수 있습니다.

> **답변 예시**
>
> 대학 졸업 후 약 6개월 간의 공백 기간이 있었습니다. 공백이 생긴 이유는 진로에 대한 충분한 고민이 필요했기 때문입니다. 이 기간 동안 스스로가 어떤 일을 좋아하고, 또 어떤 분야에서 역량을 발휘할 수 있는지를 명확히 파악하는 시간을 가졌습니다. 구체적으로는 직무 관련 부트캠프와 실무자 멘토링 프로그램에 참여하며 여러 산업과 직무를 경험해보고, 스스로에게 잘 맞는 직무가 무엇인지 탐색했습니다. 그 결과 MD 직무가 제 흥미와 강점을 가장 잘 살릴 수 있다는 확신이 들어 이렇게 지원하였고, 덕분에 면접이라는 값진 결과를 얻게된 것 같습니다.

Q5. 본인의 성격 장단점에 대해 말해주세요

성격 장점을 말할 때는 인위적으로 직무와 직접적인 연관성을 강조하지 않아도 됩니다. 그보다는 자신을 가장 잘 표현할 수 있는 성격적 특징을 자연스럽게 얘기해주세요.

단점을 설명할 때는 장점 같은 단점(ex : 완벽주의 성향이 있다, 지나치게 신중하다)은 피하는 것이 좋습니다. 면접관 분들은 대부분의 지원자가 단점을 숨기려고 한다는 것을 경험을 통해 잘 알고 있어요. 따라서 이때 오히려 솔직하게 답변하는 지원자에게 더 큰 신뢰와 호감을 느낄 수 있는 것이죠.

다만 인성이나 협업에 치명적이지 않은 가벼운 수준의 단점을 고르고, 그 단점을 인식하고 개선하려고 노력하는 태도를 보여주세요. 단점 찾는 것이 어려운 분들을 위해 팁을 하나 드리자면, 여러분의 MBTI 단점을 인터넷에 검색해보세요(ex : INTP 단점). 그럼 수많은 단점 키워드들이 나올 텐데요. 그중 앞서 말씀드린 인성이나 협업에 치명적인 키워드는 제외한 후 실제 본인의 단점을 골라주면 생각보다 쉽게 답변을 완성할 수 있을 거예요.

> **답변 예시**
>
> 저의 가장 큰 장점은 밝고 긍정적인 에너지를 주변에 전파하는 것입니다. 실제로 함께 일했던 동료들에게서 '함께 있으면 즐거운 분위기가 만들어진다'는 피드백을 자주 받았습니다.
> 반면 제 단점은 다소 산만한 면이 있다는 것입니다. 한 상사분으로부터, 종종 에너지가 지나쳐 다소 산만하게 느껴진다는 지적을 받은 적이 있습니다. 이후부터는 업무 공간에선 공과 사를 구분하며 상황에 따라 말과 행동을 절제하려고 노력하고 있습니다.

Q6. 가장 큰 성공 경험은 무엇인가요?

성공 경험을 이야기할 때 반드시 화려한 성과나 특별한 업적만을 떠올릴 필요는 없습니다. 사람마다 처한 상황과 목표가 다른 만큼 '성공'에 대한 기준도 다양하게 정의될 수 있기 때문입니다.

가장 먼저 여러분이 생각하는 '성공'의 기준을 제시한 다음, 이러한 기준에 걸맞은 성공 경험과 그 과정에서 얻은 교훈은 무엇인지 구체적으로 설명해주세요.

> **답변 예시**
>
> 제가 생각하는 성공이란 거창한 성과가 아니더라도 스스로 세운 목표를 끝까지 포기하지 않고 완주하는 것입니다. 이러한 기준에서 저의 가장 큰 성공 경험은 미국 교환학생 시절, 현지 리더십 프로그램을 무사히 졸업한 일입니다.
>
> 미국 교환학생 시절, 재학 중인 대학의 리더십 프로그램에 지원해 한 학기 동안 활동했는데요. 저는 당시 영어 커뮤니케이션이 거의 불가한 초급 실력으로 프로그램에 참여하였습니다. 저와 같은 외국인 유학생이 많을 것이란 기대와는 달리 저 혼자만이 유일하게 영어를 못하는 외국인이라 프로그램을 따라가는 것이 쉽지 않았습니다.
>
> 매주 프로그램에 참여하는 시간이 고통스럽게 느껴졌지만, 저는 '적어도 중도 포기하지 말자'라는 목표를 세웠습니다. 프로그램이 종료될 때 초기 참여 인원의 약 30%가 중도 낙오되었지만, 저는 끝까지 남아 목표를 이룰 수 있었습니다. 해당 경험은 포기하지 않는 것이 얼마나 큰 성취감을 주는지 깨닫게 된 값진 계기였습니다.

Q7. 좌절 혹은 실패 경험을 말해주세요

앞선 성공 경험과 마찬가지로 이 질문에서도 본인이 생각하는 실패의 기준을 먼저 제시한 뒤 관련 경험에 대해 설명하는 것이 좋습니다. 면접관에게 여러분이 생각하는 '실패'에 대한 정의를 먼저 제시하면 서로 달랐던 눈높이를 어느 정도 맞춘 상태에서 이야기를 풀어갈 수 있기 때문에 설득력이 훨씬 높아집니다. 이때는 단순히 실패 상황을 나열하는 데서 그치지 말고 그 경험을 통해 무엇을 배웠는지, 어떻게 성장했는지에 대해서도 함께 답변해주세요.

> **답변 예시**
>
> 제가 정의하는 실패란 도전한 결과 자체가 나쁜 것보다 두려움으로 인해 아예 시도조차 하지 않는 것입니다. 그런 점에서 제게 가장 기억에 남는 실패 경험은 대학교 3학년 때 미국 교환학생 기회를 포기했던 일입니다.
>
> 당시 저는 6개월 동안 토플을 준비해 원하던 대학에 합격까지 했지만, 막상 출국을 앞두고 영어 실력에 대한 불안감과 낯선 환경에 대한 두려움으로 끝내 가지 못했습니다. 이는 2년이라는 시간이 흐른 지금까지도 제가 가장 후회하고 있는 일 중 하나입니다. 이 경험을 통해 저는 '도전 자체를 포기하는 것'이 진짜 실패라는 교훈을 얻었고, 이후부터는 성과를 보장할 수 없더라도 먼저 부딪혀보는 태도로 매사에 임하고 있습니다.

> **Q** "저는 실패 경험이 없는데 어떡하죠?"
>
> **A** 사람마다 경험의 폭이 다르기 때문에, 실패의 정의 역시 다르다는 것을 먼저 이해하면 좋을 것 같아요. 삼성전자 이재용 회장이 정의하는 실패와 우리가 정의하는 실패가 다를 수밖에 없는 것처럼요. 돌이켜보면 후회되는 순간, 실패라고 느꼈던 경험이 있을 거예요. 거창한 것이 아니라도 괜찮으니 여러분만의 실패를 정의하고 관련된 경험을 정리해보세요!

Q8. 함께 일하고 싶은 동료 VS 반대의 동료 타입은?

이 질문에서 가장 유의해야 할 점은, 함께 일하고 싶지 않은 동료에 대해 묘사할 때인데요. "자기자신만 아는, 이기적인 동료입니다."와 같이 특정 성향의 동료를 감정적으로 비판하는 경우가 그 예시입니다. 이러한 답변이 문제가 될 수 있는 이유는 여러분이 답변한 함께 일하고 싶지 않은 성향은 여러분 앞에 앉아 있는 면접관의 성향일 수도 있기 때문이에요. 따라서 함께 일하고 싶지 않은 동료에 대해 답변할 때는, 업무 성향적 특징으로 접근하는 것이 리스크가 적습니다.

또한 원하는 동료 유형은 곧 여러분의 업무 방식이나 가치관을 잘 보여주는 키워드이므로 이 점을 함께 염두에 두고 답변해주세요.

> **답변 예시**
>
> 저는 협력적이고 열린 소통을 추구하는 동료와 함께 일하는 것을 선호합니다. 서로의 의견을 존중하고 적극적으로 지원하는 협력적인 분위기 속에서 더 신속하고 효율적으로 조직의 목표를 달성할 수 있기 때문입니다.
> 반대로, 협업 의지가 부족한 동료와는 일하는 데 어려움이 있었던 것 같습니다. 이 경우, 공동의 목표 달성까지 더 오랜 시간이 걸리고, 업무 효율이 떨어질 가능성이 크기 때문입니다.

Q9. 가장 크게 도전했던 경험이 무엇인가요?

이 질문을 통해 면접관은 지원자의 도전적 성향 여부, 도전 과정에서 얻은 깨달음, 그리고 이후의 변화를 통해 성장한 모습을 평가하고자 합니다. 따라서 왜 그 경험이 여러분에게 '가장' 큰 도전이었는지, 그 과정에서 무엇을 배웠고 어떻게 성장했는지를 구체적으로 전달하는 것이 핵심입니다.

> **답변 예시**
>
> 제 가장 큰 도전 경험은 발표 공포증을 극복하기 위해 친구의 결혼식 사회를 직접 맡았던 일입니다. 대학 시절, 남들 앞에 서는 것을 두려워했던 저는 공포심을 극복하기 위해서는 의도적으로 무대에 서는 경험을 쌓아가야 한다고 생각했습니다. 그래서 결혼을 앞둔 친구에게 직접 사회를 보겠다고 제안했고, 300여 명의 하객 앞에서 사회자로서 마이크를 잡았습니다.
>
> 처음에는 긴장했지만, 행사를 무사히 마친 뒤로 사람들 앞에 서는 두려움이 눈에 띄게 줄어들었고, 자신감도 크게 향상되었습니다. 이 도전을 통해 어려움을 외면하지 않고 정면으로 마주함으로써 내적 성장과 변화를 이끌어낼 수 있음을 깨달았습니다. 평생 잊지 못할 이 경험은 새로운 도전을 주저하지 않는 원동력이 되고 있습니다.

> **Q** "평소 도전적인 성향이 아니라, 떠오르는 소재가 없어요."
>
> **A** 도전을 거창한 것으로 생각하지 말고, 기존의 나보다 더 큰 역량을 발휘해야 했거나, 두려움을 극복해야 했던 순간을 떠올려보세요. 내향적 성격이지만 판매 아르바이트를 했던 경험, 몸치였지만 댄스 동아리에 들어간 경험, 어학연수를 떠난 경험, 처음으로 팀프로젝트 조장에 지원한 경험 등, 이미 여러분에겐 생각했던 것보다 훨씬 많은 도전 경험이 있을지도 몰라요!

Q10. 주변에서 본인을 뭐라고 하나요?

이 질문은 지원자의 대인관계나 생활 습관, 성격적인 강점 등을 제3자의 시선을 빌려 묻는 질문으로, 여러분이 원하는 강점 키워드를 자연스럽게 어필할 수 있는 기회입니다. 단순히 '주변 평가'를 전달하는 것에 그치지 않고, 그 평가가 직무나 조직 생활에 어떻게 긍정적으로 작용할지 연결해보는 것도 하나의 방법입니다. 예를 들어 약속을 칼같이 지키는 사람, 장도연처럼 누구와도 잘 지내는 사람, 조직에 활기를 주는 비타민 같은 사람과 같이 타인이 보는 내 모습을 묘사한 후, 입사 후 이러한 캐릭터가 조직에 어떤 긍정적 영향을 끼칠 것인지 어필하는 것이죠.

다만 이때 "어떤 사람인지 들어본 적이 없습니다."라고 솔직하게 답변하는 분들이 종종 있는데요. 그보다는 여러분이 보이고 싶은 모습으로라도 답변을 하는 것이 훨씬 나은 방법입니다.

> **답변 예시**
>
> 주변 지인들로부터 "너는 24시간을 48시간처럼 쓰는 것 같다."라는 말을 자주 듣습니다. 평소 시간을 효율적으로 쓰는 편이라 이런 얘기를 자주 듣는 것 같은데요.
> 저는 그날 그날의 계획을 짜고, 이를 달성해나가는 과정에서 큰 만족감을 느낍니다. 친구들과 여행을 가도 대부분 제가 계획 짜는 역할을 맡을 정도로 계획에 진심이기 때문에 이러한 수식어를 얻은 것 같습니다. 이러한 제 성향을 바탕으로 입사 후 업무 과정에서도 시간을 허투루 쓰지 않고 주어진 역할을 성실하게 수행하겠습니다.

Q11. 조직 내 트러블이 난 경험이 있나요?

이 질문에서 중요한 것은 단순히 갈등을 소개하는 것이 아니라 갈등의 원인, 해결 과정, 그로부터 얻은 교훈까지 연결해 설명하는 것입니다. 먼저 문제 상황을 언급한 뒤, 이를 바로잡기 위해 어떻게 행동했는지를 단계적으로 설명해주세요. 그다음, 이 경험에서 얻은 교훈을 제시하면 협업에 대한 가치관을 보여줄 수 있을 뿐 아니라, 여러분이 조직 내에서 원만히 협업할 수 있는 사람임을 어필할 수 있습니다.

한 가지 유의할 점은, 트러블의 원인을 상대에게 돌리거나 혹은 동료의 행동을 비판하는 뉘앙스로 답변하는 것입니다. 이는 여러분의 조직 적응력이나, 협업 능력을 평가함에 있어 부정적인 영향을 끼칠 수 있으니 반드시 주의해주세요.

> **답변 예시**
>
> 대외활동 중 팀 프로젝트를 진행할 때, 한 팀원과의 의견 차이로 갈등이 발생했던 적이 있는데요. 당시 모두가 촉박한 일정을 소화하며 예민해진 상황이었고, 저 역시 감정적으로 상대를 배려할 여유가 없던 것 같습니다. 이에 저는 해당 팀원에게 사과하며 제 실수를 인정했습니다. 그 순간부터 대화의 분위기가 달라졌습니다. 상대 팀원 역시 자신의 입장을 이해해줘 고맙다며 사과했고, 비로소 서로의 상황을 이해할 수 있었습니다.
>
> 이후 저희는 다른 팀원들도 함께 충분히 논의하는 자리를 마련했습니다. 여기서 각자의 의견과 제안 사항을 명확히 공유하고, 팀 목표 달성에 대한 의지를 재확인함으로써 의미 있는 합의점을 찾아낼 수 있었습니다.
>
> 이 경험을 통해 저는 조직 내 갈등은 언제든 일어날 수 있지만, 중요한 것은 실수를 인정하는 것과 대화를 통한 조율임을 배웠습니다. 앞으로도 비슷한 상황이 발생한다면 잘못을 인정하고 빠르게 소통 채널을 열어 서로의 이해를 돕는 방식으로 문제를 해결하겠습니다.

Q12. 다른 직무로 배치 받으면 어떻게 할 건가요?

이 질문은 회사가 필요에 따라 인력 배치를 조정할 수 있음을 전제하고, 지원자가 얼마나 유연하고 협력적인 태도를 보여주는지 확인하려는 의도입니다. 혹은 실제 직무 재배치 가능성은 작으나, 지원 직무에 대한 지원자의 로열티를 확인해보기 위해 질문할 때도 있죠.

많은 취준생 분들이 이 질문을 받았을 때 고민없이 "네 저는 ○○ 회사에 입사하고 싶은 것이기 때문에, 어떤 직무든 상관없습니다."라고 답변하는데요. 제가 추천하는 모범 답안은 '직무 이동'에 바로 긍정하는 것이 아니라 먼저 지원 직무에 대한 의지와 열정을 명확히 밝힌 뒤, 필요한 경우 회사의 상황에 맞춰 유연하게 대응할 수 있음을 제시하는 것입니다. 이렇게 하면 지원 직무의 관심을 다시 한번 강조하면서도 회사의 상황에 유연하게 협조하는 태도를 보여줄 수 있습니다.

> **답변 예시**
>
> 만약 회사에서 저를 지원 직무가 아닌 분야에 배치한다면 두 가지 경우일 것 같습니다. 첫째, 제가 지원한 직무보다 다른 직무에서 더 높은 시너지를 낼 수 있다고 판단하신 경우, 둘째, 회사의 내부 사정이나 프로젝트 우선순위에 따라 추가적인 지원이 필요한 경우입니다.
> 저는 지원한 직무에 큰 관심과 강점을 갖고 있습니다. 다만 제가 가진 역량을 다른 분야에서 더 잘 활용할 수 있다면 조직 목표에 부합하는 방향으로 조율할 의향이 있습니다. 즉 회사의 상황에 따라 새로운 역할에도 유연하게 대처하고 성장해나갈 의지가 있다고 말씀드리고 싶습니다.

Q13. 3, 5, 10년 후 커리어 목표가 어떻게 되나요?

면접관은 이 질문을 통해 지원자가 지원 직무의 장기적 커리어 비전을 얼마나 진지하고 구체적으로 고민했는지 평가할 수 있습니다. 이때 단순히 직급이나 위치가 아니라, 각 시점(3, 5, 10년 차)에 어떤 역량을 갖추고 어떤 역할을 수행하고 싶은지 구체적으로 제시하면 좋습니다.

일반적으로 입사 3년 차는 직무 기초 역량과 실무 경험을 넓히는 단계, 5년 차는 쌓아온 역량을 바탕으로 주도적으로 성과를 낼 수 있는 시기입니다. 10년 차가 넘으면 축적된 전문성을 토대로 조직 성장에 핵심적 기여를 할 수 있게 되죠. 여기에 지원 기업의 비전이나 해당 직무 특성과 연계된 목표를 언급한다면 한층 설득력 있는 답변을 완성할 수 있어요.

> **답변 예시**
>
> 입사 후 3년간은 해당 직무의 핵심 역량을 갖추기 위해 다양한 실무를 두루 경험하며 시장 동향을 적극적으로 파악하는 시기로 삼고 싶습니다. 이로써 업무 프로세스 이해도와 전문성을 높여 팀 내에서 신뢰받는 구성원이 되고 싶습니다.
>
> 5년 후에는 이제까지 쌓은 경험을 바탕으로 주도적으로 업무를 이끌고, 성과 창출에 직간접적으로 기여하는 능동적인 역할을 하고자 합니다. 예를 들어, 프로젝트 운영을 책임지거나 특정 영역에서 새로운 시도를 제안하며 성과를 내는 시니어로 성장해나가고 싶습니다.
>
> 10년 후에는 그동안 길러온 직무 전문성을 바탕으로 조직이 새로운 비즈니스 기회를 모색하거나 전략적 의사결정이 필요할 때 적극 기여해보고 싶습니다. 또한 후배들에게 제가 가진 업무 노하우와 직무 역량을 나눔으로써 팀의 역량을 끌어올리는 핵심 구성원으로 자리매김하고 싶습니다.

Q14. 우리 회사에 궁금한 점 있어요?

최근 면접에서 90% 이상 출제되는 단골 질문으로, 지원자인 우리 입장에서 회사가 이번 공고에서 중점적으로 보는 역량이나 인재상을 확인할 수 있는 절호의 기회입니다. 제가 가장 추천하는 질문은, 어떤 지원자를 뽑고 싶은지 정중히 물어보는 것인데요. 제 경험상, 면접관에게 이 질문을 하면 채용 공고에 나와 있는 것 이상의 정보를 알려주는 경우가 많았습니다. 예를 들어 해당 공고를 낸 이유부터, 현재 조직의 상황, 입사 후 담당하게 될 업무 등을 구체적으로 얘기해주는 것이죠.

> **답변 예시**
> 만약 실례가 되지 않는다면 이번 채용을 통해 어떤 성향이나 역량을 가진 지원자를 뽑고 싶으신지 여쭤봐도 될까요?

이러한 정보를 얻게 되면 다음 면접의 전략을 짜는 데 실질적인 도움이 될 뿐 아니라, 회사가 원하는 인재상과 내가 가진 역량 사이의 접점을 파악하며 합격 여부를 대략적으로 점쳐볼 수 있다는 장점도 있습니다.

다음으로 추천하는 질문을 통해서는, 면접관이 여러분을 실제 팀원으로 가정해보는 상상력을 자극할 수 있는데요.

> **답변 예시**
> 제가 입사하게 된다면 팀 내에서 어떤 역할을 수행하길 기대하시는지 궁금합니다.

면접관이 여러분의 강점을 어떻게 파악하고 있는지, 그리고 어떤 기여를 기대하는지를 파악할 수 있다는 이점도 있습니다. 또한 입사 후 여러분이 맡게될 역할에 대해 대략적으로 예상해볼 수도 있겠죠?

이처럼 권장하는 질문도 있지만, 반대로 피해야 하는 않는 질문들도 있는데요.

> **이쌤TIP**
>
> **피해야 하는 질문**
> - ○○ 회사의 향후 비전이 어떻게 되나요?
> - 경쟁사 신규 서비스에 대해 어떻게 생각하시나요?

대표적인 예로, 지나치게 광범위하거나 민감한 주제에 대한 의견을 묻는 것입니다. 특히 위와 같은 질문들은 여러분의 의도와는 다르게 민감한 내부정보를 유도하거나, 면접관을 불편하게 할 수 있어 지양하는 것이 좋습니다.

Q15. 마지막으로 하고 싶은 말이 있나요?

이 질문에 종종 "없습니다."라고 답하는 분들이 있는데, 절대 추천하지 않는 방법입니다. 대신 면접 기회에 대한 감사의 마음을 간단히 전달하거나 회사와 함께하고 싶은 의지를 담백하면서도 간결하게 전달하는 것이 좋습니다.

추가로, "제가 아직 많이 부족하지만…"과 같이 자신을 과소평가하거나 결점을 강조하는 표현은 자신감이 없어 보일 뿐 아니라, 여러분에 대한 마지막 인상이 부정적으로 기억될 수 있습니다. 따라서 짧은 감사 인사와 함께 회사에 대한 관심을 재차 확인하는 정도가 가장 적절합니다.

> **답변 예시**
>
> 오늘 면접 기회를 주셔서 진심으로 감사드립니다. 이번 준비 과정을 통해 ○○ 회사의 비전과 가치, 그리고 사업 방향성을 더 깊이 이해할 수 있었습니다. 이러한 이해를 바탕으로 제가 회사에 기여할 수 있는 구체적인 방안을 구상해볼 수 있었습니다. 좋은 기회로 ○○ 회사의 일원으로 함께할 수 있다면 지금까지 고민해온 아이디어와 역량을 최대한 발휘하며 회사 성장에 기여하겠습니다. 감사합니다.

CHAPTER 03

경력직 공격 질문 완벽 대비하기

저는 약 8년 동안 인턴까지 포함하면 총 여섯 개의 회사를 다녔는데요. 그 과정에서 경력직으로 면접을 본 회사만 열 곳이 넘습니다. 첫 재직 회사를 제외하고는 이직 주기가 비교적 짧았기 때문에 면접을 볼 때마다 퇴사 이유에 대한 질문은 늘 저를 따라다녔어요. 사실 커리어를 쌓으면서 의도적으로 이직을 많이 하는 것을 목표로 삼는 경우는 드물다고 생각해요. 저 역시 그랬습니다. 커리어 성장의 필요성을 느끼던 순간마다 적합한 공고가 떴거나, 사내 리크루터 혹은 지인 추천을 통해 자연스럽게 기회가 주어진 적도 있었죠. 하지만 면접관분들은 이러한 속사정을 모르기 때문에 잦은 이직은 일단 부정적으로 여기는 경우가 많은 것 같아요.

이 책을 읽고 있는 여러분 중에도 저처럼 이직 횟수가 많거나 혹은 이직 주기가 짧다면 면접에서 "왜 이렇게 자주 이직하셨나요?" 같은 공격적인 질문이 나오진 않을까 걱정될 텐데요. 그런 걱정을 조금이나마 덜 어드리고자 이번 챕터에서는 제가 수많은 공격 질문을 극복하고 이직에 성공할 수 있었던 노하우와 팁을 아낌없이 공유하려고 합니다.

Q1. 왜 퇴사하려고 하나요?

퇴사 이유에 대한 답변의 핵심은 "이유가 없는 이직은 없었다."라는 메시지를 명확히 전달하는 것인데요. 면접관들은 지원자의 잦은 퇴사 이력에 대해 크게 세 가지를 걱정합니다.

- 힘들게 뽑았는데 우리 회사에 와서도 금방 이직하면 어떡하지?
- 직전(혹은 현) 회사에서 트러블이 있어서 이직하는 건 아닌가?
- 자주 이직했으면 직무 전문성이 부족한 거 아닌가?

먼저 이직을 2회 이상 한 분들이라면, 퇴사했던 회사마다 각각의 사유를 정리해보는 것이 중요합니다. 이때 이직 사유로 추천하는 키워드는 다음의 세 가지입니다.

추천하는 이직 사유 키워드 세 가지

1 커리어 확장 기회

커리어 확장과 성장 기회는 가장 비중이 높은 이직 케이스입니다. 운동 선수들이 더 높은 연봉을 받고 더 좋은 구단으로 이동하는 것이 가까운 예시인데요. 만약 여러분들이 업종을 변경하거나 더 큰 시장 규모를 가진 회사, 소위 말하는 '네임 밸류가 더 좋은 기업'으로 이직하는 경우에는 '커리어 확장, 더 넓은 시장으로의 도전'이라는 키워드를 써볼 수 있어요. 다만 이때 구체적으로 어떤 커리어 성장이나 확장을 기대하는지 덧붙여준다면 이직에 대한 설득력을 더 높일 수 있습니다. 예를 들어 "현 재직 회사에서 A라는 업무를 하고 있는데, 지원 기업에선 A와 B를 동시에 수행할 수 있어 역할 확대가 기대된다."처럼요.

2 헤드헌터/리크루터의 이직 제안

다음으로 활용 가능한 사유는 역으로 헤드헌터 혹은 기업의 사내 리크루터로부터 이직 제의를 받은 경우입니다. 회사를 다니던 도중 외부로부터 제안을 받았을 때, 스스로 잘할 수 있는 것이란 확신이 있었고 커리어 측면에서도 성장이 기대되어 이직을 결심했다고 답변하면 됩니다.

다만 이때는 "그럼 우리 회사 다니다가 다른 회사로부터 이직 제안 받으면 또 이직하겠네요?"라는 꼬리 질문을 받을 수 있는데요. 여러분이 지원 기업에서 어떤 명확한 커리어 목표를 가지고 있는지, 현재 이직할 회사를 얼마나 신중히 고르고 있는지 언급하면서 '가볍게 이직할 생각은 없다'라는 논리로 면접관을 안심시키는 것이 좋습니다.

3 경력과 최적화된 포지션

그동안 쌓아왔던 경력과 최적화된 공고를 발견할 때, 우리는 이직을 결심합니다. 저 역시 프로이직러 시절, '나한테 딱 맞는 업무다!'라는 생각이 들었던 공고가 몇 개 있었는데요. 실제 면접에 갔을 때도 "내 역량이 가장 잘 발휘될 수 있는 포지션이라 확신해 지원했다."라고 답변했어요. 입사 후 구체적으로 어떻게 기여할 수 있는지, 포부와 구체적인 계획까지 덧붙이면서요. 결과는 최종 합격이었습니다.

여러분도 이직 준비를 하다 보면, 마치 운명처럼 나와 꼭 맞는 공고를 발견할 때가 종종 있을 텐데요. 이러한 경우에는 "기존 경력을 기반으로 스스로가 가장 자신 있게 수행할 수 있는 업무라는 생각이 들어 지원했다."라고 답변해주면 됩니다.

> **모범 답안 예시**
>
> 재직 중인 직장에서 업무적으로 갈증을 느끼거나 커리어 성장 기회가 커보이는 곳이 있을 때 이동을 해왔습니다. A라는 첫 직장에서는 제가 담당했던 마케팅이 오프라인으로 한정되어 있었기 때문에 온라인 분야로의 업무 역량 확장이 필요하다고 생각해서 이직을 했습니다.
> 이후 B 회사에서 1년 3개월 정도 온라인 마케팅 업무를 수행해오던 중, IT 대기업인 C사의 리크루터로부터 이직 제안을 받았습니다. 해당 회사의 고객 수가 기존 재직 회사의 네 배 정도였기 때문에 마케터로서 훨씬 넓은 시장을 경험해볼 수 있다는 메리트로 이직을 하였습니다.
> C사의 경우 회사 내 조직 개편이 굉장히 많았는데요. 재직 중이던 1년 반 동안 거의 다섯 번의 조직 개편을 경험하면서 회사 내에서의 제 직무 전문성에 대한 불안감이 있었습니다. 그러던 찰나 제 경력과 최적화된 포지션을 발견했고, 해당 업무에서 퍼포먼스를 낼 자신이 있어 이직을 결심하게 되었습니다.

반면 퇴사 사유를 지나치게 솔직하게 답변하는 분들이 종종 있는데요. 퇴사는 주변에 빈번하게 있는 일이지만, 면접관의 성향이나 이직할 회사의 내부 상황에 따라 솔직함이 때론 불합격 사유가 될 수도 있다는 점을 기억해야 합니다. 그럼 지금부터 이직 사유에서 피해야 할 답변 키워드를 구체적으로 알아보겠습니다.

피해야 하는 이직 사유 키워드 세 가지

1 높은 업무 강도에 대한 불만

퇴사 사유로 높은 업무 강도를 언급하는 것은 주의가 필요합니다. 물론 업무 강도가 높았던 것이 사실일 수 있지만, 지원 기업이 야근이 많은 상황일 경우에 '아 그럼 이 지원자는 우리 회사에서도 업무 강도가 높으면 퇴사하겠구나'라고 생각할 수 있어요.

2 회사의 성장 가능성 지적

"현 회사는 성장 가능성이 없어 보여 퇴사하려 합니다."라는 답변을 할 경우, 자칫 '내 얼굴에 침 뱉기'가 될 수 있습니다. 면접에서는 현재 재직 중이거나 이전에 다녔던 기업에서 여러분이 얼마나 많은 성과를 냈고 역량을 쌓아왔는지 어필할 텐데요. 만약 회사의 성장 가능성 자체를 부정한다면 여러분이 그 회사에서 역량을 쌓았다는 것이 모순적으로 느껴질 수 있어요. 따라서 재직 중인 회사에 관한 부정적인 언급은 되도록 피해 주세요.

3 구성원 간의 갈등

퇴사 사유로 팀원이나 동료의 태도를 비난하거나 탓하는 것은 절대 금지입니다. 예컨대 "팀원들이 일을 제대로 하지 않아서 힘들었습니다." 라고 말하면 면접관은 오히려 지원자에게 의구심을 가질 가능성이 큽니다. 마음 속으로 '우리 회사에서도 동료와 갈등을 일으킬 가능성이 있겠구나'라고 생각할 수도 있겠죠.

마찬가지로 상사와의 갈등이나 조직 내 마찰을 언급하는 것도 주의해야 하는데요. "상사와의 갈등 때문에 퇴사했습니다."라는 답변 역시 협업 능력이나 조직 적응력 부족으로 보일 수 있기 때문입니다.

Q2. 왜 이렇게 이직이 잦나요?

잦은 이직 주기에 대한 질문이 들어왔을 땐 먼저 빠르게 인정한 후 방어하는 것이 중요합니다. 한 가지 안심해도 되는 점은, 이미 서류에 합격했다면 잦은 이직 그 자체만으로 면접에서 불합격할 가능성은 현저히 낮다는 것인데요. 잦은 이직 이력을 선호하지 않는 기업의 경우 이미 서류에서 필터링을 하기 때문이에요. 따라서 일단 여러분이 서류에 붙었다는 가정 하에, 이직 사유가 납득할 만하다면 충분히 합격할 수 있다는 의미입니다. 다음은 잦은 이직을 방어할 수 있는 키 포인트와 답변 예시입니다.

- 잦은 이직 주기를 인지하고 있어, 다음 회사는 더 신중하게 선택하는 중
- 각 기업의 퇴사/이직 사유에 대해 납득 가능한 이유 설명
- 잦은 이직 과정에서 성장한 부분도 있음을 어필
- '이직 많이 한 사람'의 프레임을 깨고, 입사 후 '성과를 낼 수 있는 사람'으로 어필

모범 답안 예시

면접관님이 보시기에 제 이직 주기가 충분히 짧다고 느끼실 수 있을 것 같습니다. 저 역시도 잦은 이직이 커리어적으로 마이너스가 될 수도 있다는 점에 공감하기 때문에 앞으로 입사할 회사는 오랜 기간 근무할 수 있는 곳으로 더 신중하게 선택하려 하고 있습니다.

잦은 이직에 대해 부연 설명을 드리자면, 세 번의 이직 중에서는 제가 능동적으로 지원을 한 경우도 있지만 회사로부터 먼저 제안을 받아서 지원했던 경험도 있었습니다. 이직을 결정한 결정적 계기는 커리어 성장뿐만 아니라 제가 해당 기업에 기여할 수 있을 것이란 판단 때문이었는데요. 이러한 두 가지 명확한 기준으로 이직을 선택했기 때문에 짧은 기간 재직한 회사에서도 개인적 역량 성장은 물론, 맡은 업무 내에서 성과를 내기도 했습니다. 이처럼 어느 조직에서든 입사 후 빠르게 실무에 적응해 성과를 냈던 경험은 오히려 잦은 이직 과정에서 갖춘 강점이라고 말씀드려보고 싶습니다.

Q3. 우리 회사에서도 금방 퇴사하는 거 아니에요?

종종 수강생분들로부터 "이번 회사는 정년퇴직까지 다닐 준비가 되어 있습니다.", "평생 직장이라 생각하고 다니겠습니다."와 같은 방향으로 답변해도 되냐는 질문을 받습니다. 하지만 이런 답변은 오히려 진정성

에 의심이 들 수 있어 추천하지 않습니다. 이미 이직을 경험한 경력직이라면 이러한 답변이 오히려 경솔해 보일 수 있죠. 대신 신중하게 지원한 기업인 만큼 장기 재직하며 다양한 프로젝트에 참여하고 성과를 내고 싶다는 포부를 확실히 어필해주세요.

> **모범 답안 예시**
>
> (살짝 고민하는 모습 보여주기)음, 아마 그럴 것 같지는 않습니다. 잦은 이직을 경험하며 스스로가 어떤 일을 하고 싶은지, 어떤 환경에서 좋은 성과를 낼 수 있는지 잘 알게 되었습니다. ○○ 기업은 제가 회사를 선택하는 기준에 따라 충분히 고민한 후 신중히 지원한 곳입니다. 이번에는 꾸준히 한 조직에 머물며 연속성을 가지고 프로젝트를 수행하고 성과도 내보고 싶습니다.

Q4. 이직이 잦은데, 직무 전문성이 있다고 볼 수 있나요?

이런 질문을 받았다면 이때는 '한 곳에 오래 다니는 것'이 직무 전문성이라고 생각하는 면접관의 프레임을 깨는 것이 중요합니다. 실제 업계에서 인정받는 사람들을 보면 분야를 넘나들며 회사를 옮겨다닌 능력자분들이 많기도 하고요.

면접관을 설득시키기 전, 여러분이 이해해야 할 부분은 '직무 전문성'이란 다양한 형태로 존재할 수 있다는 점입니다. 한 회사에서 오래 일한 것도 전문성이 될 수 있고, 직무 혹은 산업 일관성만 있다면 회사를 옮겼어도 더 넓은 시야로의 전문성을 길렀을 수 있습니다. 이러한 근거를 바탕으로, 이직은 잦았지만 그 과정에서 내가 쌓은 직무 전문성에 대해 차분히 설명해주세요.

> **모범 답안 예시**
>
> 저는 직무 전문성엔 다양한 형태가 있다고 생각하는데요. 예를 들어, 한 분야에서 깊이를 가진 전문성이 있을 수 있고, 혹은 한 분야에서 넓고 다양한 경험을 하며 쌓은 전문성도 있을 것입니다. 저는 제가 가진 전문성이 후자에 더 가깝다고 생각하는데요. 여러 번 이직하는 과정에서 각 회사의 다양한 관점으로 프로젝트를 수행해왔고, 이 과정에서 크고 작은 문제를 해결해나가며 지원 직무에서 더 폭넓은 시야를 갖추게 되었기 때문입니다. 제가 지원한 ○○ 직무는 단기 프로젝트를 빠른 속도로 수행하는 것이 특징입니다. 한 회사를 꾸준히 다닌 사람과는 또 다른 관점을 조직에 제안할 수 있고 이를 통해 성과에도 기여할 수 있을 것이라 기대하고 있습니다.

Q5. 구조조정으로 인해 퇴사한 건가요?

구조조정은 누구에게나 일어날 수 있는 상황이지만 자칫하면 지원자의 역량이나 업무 태도에 오해를 불러일으킬 수 있는 민감한 사안입니다. 이러한 케이스에서는, 회사의 상황을 솔직하게 이야기하되, 부정적인 감정이나 회사에 대한 불만을 드러내지 않는 것이 중요한데요. "회사의 사업 구조조정으로 인해 권고사직을 받았습니다. 하지만 이 과정에서 조직의 변화에 유연하게 대처하는 법을 배웠고, 새로운 환경에서 제 역량을 더욱 발휘하고자 이직을 결심했습니다."와 같이 구조조정을 단순히 부정적인 경험으로만 정의하지 않고, 이를 통해 배운 점이나 커리어 목표와 연결짓는 것도 현명한 답변 방법입니다.

이처럼 당시 상황과, 이에 대한 본인의 대처 방식을 객관적으로 면접관에게 설명한다면 구조조정과 권고사직이란 이유만으로 여러분을 불합격시킬 가능성은 낮으니 너무 걱정하지 않아도 됩니다.

> 지금까지 오직 경력직분들만을 위해 퇴사 질문에 완벽하게 대비하는 팁을 다뤄봤습니다. 잦은 이직은 그 자체만으로 부정적인 것은 아닙니다. 이직을 통해 본인의 역량을 시장에서 인정받고 있는 사례를 많이 볼 수 있기 때문이죠.
> 여러분이 이직을 자주 하고 있다면 여러분의 커리어가 흥하고 있고, 많은 회사들에서 여러분들의 경쟁력을 알아주고 있다는 의미입니다. 그러니 커리어 성장 과정에서 이직도 효과적으로 활용하면 좋을 것 같아요. 저 역시 프로 이직러로서 앞으로도 여러분의 커리어가 기업으로부터 충분히 인정받으며 승승장구하길 진심으로 응원합니다.

▲마지막으로 이쌤의 셀프 모의 면접 영상 강의까지 확인하세요!

PART 09

취준의 끝, 처우 협상 잘하는 법

CHAPTER 01.   처우 협상에 대한 이해

CHAPTER 02.   손해보지 않는 연봉 협상 전략

CHAPTER 03.   협상 관련 주요 Q&A

CHAPTER 01

처우 협상에 대한 이해

처음 이직했을 때는 최종 면접을 합격하면 모든 것이 끝나는 줄 알았어요. 하지만 면접 이후엔 연봉, 근무 조건, 직급 등을 조율하는 '처우 협상'이 남아 있었고, 실제 이 과정에서 협상이 결렬돼서 입사하지 않았던 경험도 몇 차례 있습니다.

연봉 협상은 그동안 쌓아온 내 역량과 커리어의 가치를 평가받는 동시에, 회사와 내가 상호 만족할 수 있는 협의 지점을 찾는 중요한 과정입니다. 아는 만큼 보인다는 말처럼, 연봉 협상도 구체적인 프로세스나 실제 협상 사례 등에 대해 많이 알수록 훨씬 유리하게 협상을 진행할 수 있다는 특징이 있습니다.

이번 파트에서는 여러분의 성공적인 처우 협상을 위해, 제가 그동안 수많은 이직 경험을 통해 터득한 협상 노하우를 아낌없이 전달해드릴게요!

처우 협상 프로세스

앞서 이야기했듯 최종 면접을 합격했다고 바로 '최종 합격'이 되는 것이 아니라 다음과 같은 프로세스를 통해 처우 협의가 성사되어야 공식 채용 프로세스가 마무리됩니다.

1. 처우 협상

첫 단계는 협상의 핵심이라 볼 수 있는 연봉, 직급, 기타 보너스 등에 대한 처우 협의입니다. 기본적으로 지원자의 기존 연봉과 직급을 베이스로 협상을 진행하는데요. 사이닝 보너스나 스톡 옵션 제도를 운영하는 회사들은 이 과정에서 연봉 외의 기타 처우를 제안하기도 하죠.

또한 이 단계에서 레퍼런스 체크를 진행하는 기업도 있는데요. 레퍼런스 체크란 지원자의 재직 중인 회사 또는 이전 직장에 컨택해 지원자의 이력 및 재직 당시 평판을 확인하는 과정입니다. 레퍼런스 체크는 지원자에게 진행 여부를 사전 고지해주고 지원자가 직접 레퍼런스 체크해줄 사람을 지정하는 것이 일반적이나, 지원자 모르게 비공식적으로 진행되는 경우도 종종 있습니다.

2. 협상 승낙

처우 조율이 어느 정도 진행되면 기업의 오퍼를 최종적으로 승낙할 것인지를 결정해야 하는데요. 이 단계에서 만약 회사에서 제안한 처우가 마음에 들지 않는다면 협상은 결렬, 즉 종료되기도 합니다.

지원자가 회사의 최종 오퍼를 승낙하면 근로계약서를 작성하게 되는데, 여기에는 최종 확정된 연봉을 포함해 노사가 준수해야 할 의무와 책임이 명시되어 있습니다.(종종 입사 후에 계약서를 작성하는 기업도 있어요.) 자주 있는 케이스는 아니지만, 실제 제 수강생분들 가운데 최종 면접 합격 후 협상까지 마무리했지만 합격 기업의 내부 사정으로 인해 갑작스레 채용 자체가 취소되면서 난감한 상황에 처한 경우가 있었어요. 따라서 현 직장에 퇴사 고지를 하기 전, 가능하다면 합격 기업 인사팀과 근로 계약서를 미리 작성하는 것이 좋습니다.

3-1. 입사 일정 조율

처우 협상이 마무리된 후에는 입사 일정을 조율합니다. 이때는 새롭게 입사하는 기업과 입사 일정을 조율하는 것만이 아니라 현재 재직 중인 회사에 언제까지 근무할 것인지, 즉 퇴사 일자를 동시에 협의해야 합니다.

대부분의 회사는 지원자가 빨리 입사하기를 바랍니다. 이런 이유로 지원자 입장에선 '빠르게 입사하지 않으면 채용이 취소되거나 하는 불이익이 있진 않을까'라는 고민이 생기기도 하는데요. 결론부터 이야기하면, 오늘내일 당장 사람을 뽑아야 하는 긴급 채용 건이 아닌 이상, 기업도 지원자의 입사까지 최소 2~4주 정도 소요된다는 점을 잘 알고 있습니다. 우리는 취업할 때 근로계약서를 쓰는데, 그 안에 회사에 속한 근로자에게 적용되는 필수 규칙 사항을 명시해놓은 '취업 규칙'이 있어요. 세부 규정은 회사마다 조금씩 다를 수 있지만, 근로자는 일반적으로 퇴사 1개월 전에 회사에 사전 고지를 하는 것으로 명시되어 있습니다. 이러한 이유로라도, 입사할 기업에서 '1~2주 안에 오지 않으면 합격이 무효다'라고 고지할 가능성은 굉장히 낮습니다.

또한, 퇴사 후 입사하기 전 잠깐의 휴식 시간이 필요한 분들도 있을 텐데요. 이때는 소신껏 합격한 기업과 입사 일자를 조율해볼 것을 추천합니다. 협상이 마무리되고 입사 일자를 정하는 시점까지 왔다면 기업 입장에서도 갑자기 여러분의 채용을 취소하고 다른 지원자를 뽑는 것은 훨씬 더 많은 리소스와 비용이 드는 일입니다. 입사 일자는 어느 정도 유연하게 조율할 수 있는 여지가 있다는 점, 꼭 기억해주세요.

3-2. 재직 회사에 퇴사 고지

직장 생활을 하다 보면 지금 같이 일하는 동료들과 언제 어디서 다시 마주칠지 모르기 때문에 이직에 성공했다고 해서 현 재직 중인 회사를 너무 급하게 뛰쳐나가는 듯한 인상을 남기지 않는 것이 좋습니다. 회사와 관계가 좋았든 나빴든, 팀 내에서 충분히 소통하며 마지막 근무 일자를 정하고 인수인계까지 책임감 있게 마무리할 것을 권장합니다.

이 단계에서 종종 현 재직 회사로부터 카운터 오퍼를 받는 경우도 있는데요. 카운터 오퍼란 여러분이 현 재직 기업에 퇴사 의사를 밝혔을 때 여러분을 붙잡기 위해 더 좋은 처우를 제안하는 것입니다. 카운터 오퍼가 흔한 케이스는 아니지만 여러분이 회사 내에서 인정 받는 인재이거나, 퇴사 시 진행 중인 프로젝트에 큰 피해가 있을 경우 종종 일어나는 일이기도 합니다. 이때 여러분이 회사의 오퍼를 승낙한다면 회사에 남게 되고, 이직을 하기로 최종 결정했다면 회사와 의논해 퇴사 일정을 정하고 담당하던 업무를 정리하면 됩니다.

> **Q** 퇴사할 땐 회사에서 누구에게 가장 먼저 보고해야 하나요?
>
> **A** 퇴사를 결심했다면 사수나 파트장, 팀장 등의 리더에게 퇴사 면담을 신청하는 것이 일반적입니다. 기업마다 인사팀에서 정해둔 퇴사 절차가 있고 리더들이 이 과정을 잘 알고 있기 때문입니다. 보통 사수와 먼저 이야기를 나누면 사수가 직속 상사에게 해당 내용을 전달해 단계적으로 면담이 진행될 가능성도 있습니다. 여러분의 사수나 리더들은 이미 많은 직원들의 퇴사를 경험해보았을 겁니다. 그러니 너무 긴장하지 말고 차분하게 퇴사 의사를 전달해보세요. 퇴사와 이직은 직장인이라면 누구나 한 번쯤 겪게 되는 자연스러운 과정이기도 합니다. 회사를 떠나는 순간도 커리어의 한 부분이라 생각하며, 마지막까지 동료들에게 유종의 미를 거둬주세요.

CHAPTER 02

손해보지 않는 연봉 협상 전략

'연봉 협상'은 커리어를 쌓는 사람이라면 누구나 한 번쯤 겪는 과정입니다. 물론 처음엔 어렵고 부담스럽게 느껴지지만, 처우 협상 노하우는 딱 한 번만 잘 익혀두면 커리어 전 과정에서 두고두고 유용하게 써먹을 수 있다는 특징이 있어요.

이번 챕터에서는 처우 협상에 대한 전반적인 설명은 물론, 여러분의 입장에서 최대한 유리하게 협상하는 노하우, 협상 관련 주요 Q&A를 다뤄보려고 합니다. 이 내용들을 잘 숙지한다면 자신감 있게 협상에 임할 수 있을 뿐 아니라 훨씬 만족스러운 결과를 낼 수 있을 거예요.

연봉 협상, 모르면 손해보는 이유

연봉 협상의 중요성을 단적으로 보여주는 실제 연봉 협상 사례를 이야기하려고 합니다. 3년 차 경력직 수강생 분이 대기업 A에서 대기업 B로 이직에 성공한 적이 있었어요. 기존 재직 회사에서 4천만 원 정도의 연봉을 받고 있었는데, 이직할 대기업에서 처음 제안 받았던 연봉이 4,400만 원이었죠. 여기까지만 본다면 '아 10% 정도 올랐구나.' 싶죠?

그런데 이분의 지인이 대기업 B에 재직 중이라 회사의 신입 연봉 정보를 확인해보니 신입 초봉이 본인이 제안 받은 4,400만 원보다 높았습니다. 즉 경력직 입사임에도 불구하고 신입보다 연봉이 낮은 상황이 된 거예요. 제 수강생 분은 바로 B 기업의 인사팀 담당자에게 연락을 했고, 본인의 연봉이 신입 연봉보다 낮은 이유를 알고 싶다고 문의를 했어요.

이 전화 한 통으로 이분의 연봉은 얼마가 되었을까요? 무려 20% 정도가 추가로 인상되었어요. 만약 이직하는 기업의 초봉 정보를 몰랐다면 처음에 제안 받은 것처럼 10%만 인상된 연봉으로 입사했을 아찔한 상황이었던 것이죠. 이처럼 연봉 협상에 어떻게 임하냐에 따라 손해를 볼 수도 있고 반대로 이득을 볼 수도 있어요. 연봉 협상이 중요한 이유죠.

협상 전 알아두면 좋은 다섯 가지 팁

1. 내 협상 성향 파악하기

연봉 협상 전, 협상에 공격적으로 임할 것인지 보수적으로 임할 것인지 대략적인 스타일을 정하는 것이 중요합니다. 전자의 경우 본인이 희망

하는 인상률을 공격적으로 제안하는 것을 의미하는데, 보통은 복수의 회사로부터 오퍼를 받고 있는 경우이거나 보유하고 있는 실무 경험과 스킬이 충분히 시장 경쟁력이 있을 때 이러한 스타일을 고수해볼 수 있어요. 다만 요구하는 인상률이 지나치게 높을 경우, 기업에서 이를 낮추려 하거나 협상이 결렬될 리스크도 존재합니다. 따라서 연봉 책정에 대한 근거를 데이터, 기존 성과, 실무 경험 등을 기반으로 설득력 있게 제안하고 최대한 부드러운 어투로 협상을 이끌어나가야 합니다.

반면, 협상 결렬 리스크를 최소화하고 싶을 때는 조금은 보수적으로 접근해볼 수도 있는데요. 보통 기업의 첫 제안에 쉽게 동의하거나 약 5~10% 정도의 평균 인상률을 요구하는 것이 그 예시입니다. 다만, 이 경우에도 최소 연봉 마지노선을 명확히 정해둬야겠죠. 이렇게 자신의 협상 스타일을 기반으로 협상에 임한다면 결과를 받아들이기 훨씬 수월할 거예요.

2. 연봉 정보 리서치하기

채용 시장에서 자신의 가치를 정확히 파악하는 것은 성공적인 연봉 협상의 핵심인데요. 희망 연봉을 합리적으로 책정하기 위해서는 다양한 정보 채널을 활용해 지원 기업뿐만 아니라 유사 직무 및 업계 전반에 걸친 연봉 수준을 파악해야 합니다. 이렇게 수집한 데이터는 협상 과정에서 여러분의 자신감을 높여줄 뿐 아니라, 근거 기반의 설득 논리를 마련하는 데에도 큰 도움이 될 수 있습니다. 그럼 지금부터 누구나 쉽게 활용할 수 있는 리서치 방법들을 하나씩 살펴보도록 할게요.

1 채용 플랫폼 및 연봉 정보 사이트 활용

잡플래닛, 사람인, 잡코리아와 같은 플랫폼에서는 다양한 회사의 연봉 정보를 확인할 수 있어요. 이 연봉 정보들은 플랫폼 자체 수집 데이터, 기업이 공시한 경영공시자료, 보도자료, 기타 자료(국민연금) 등을 토대로 통계 분석하여 추정된 데이터입니다. 특정 직무, 연차 등 각자의 상황에 맞는 데이터를 쉽게 찾을 수 있어 협상 전 적정 연봉을 책정하는 데 큰 도움이 될 수 있습니다.

다만, 플랫폼 사에서도 실제 기업의 연봉과 차이가 있을 수 있음을 명시하고 있는 만큼 참고용으로만 활용하길 권장합니다.

2 네트워킹을 통한 정보 수집

주변 지인이나 선배, 같은 업계에서 일하는 사람들과 이야기하며 실질적인 연봉 수준을 알아보는 방법도 있습니다. 이는 정보의 신뢰도 및 정확성 측면에서 가장 유용한 방법이기도 합니다. 직접적으로 연봉을 묻는 것이 어렵다면 신입 초봉 혹은 연간 연봉 인상률과 같은 정보를 물어보고 여러분에게 해당되는 연차의 연봉을 간접적으로 유추해보는 것도 하나의 방법이 될 수 있어요.

3 전문 컨설턴트 활용

경력직이라면 헤드헌터나 취업 컨설턴트를 통해 상대적으로 신뢰도 높은 연봉 정보를 얻을 수 있는데요. 특히 헤드헌터는 다양한 기업의 내부 연봉 정보를 알고 있는 경우가 많아 산업군, 직무 및 연차에 따른 구체적인 연봉 협상 전략을 짜는 과정에서 현실적인 도움을 받을 수 있습니다.

3. 감정에 휘둘리지 말기

연봉 협상을 하다 보면 종종 휘둘리게 될 때가 있는데요. 저 역시 수많은 연봉 협상을 경험하면서 높은 인상률에 날아갈 것처럼 기뻤던 때도, 반대로 현 연봉과 거의 비슷하거나 더 낮은 연봉을 제안받아 기분이 좋지 않았던 경험도 모두 가지고 있습니다.

이처럼 다양한 케이스를 경험하며 제가 내린 결론은, 협상 과정에서 기업의 제안이 기대에 못 미치거나 여러분이 제안한 조건이 거절당한다고 해서 실망하거나 감정적으로 대응하는 것은 금물이라는 것입니다. 감정이 앞서면 협상의 주도권을 잃거나 의도치 않은 갈등으로 협상이 중단될 가능성이 있기 때문입니다.

따라서 기업에서 받은 오퍼가 만족스럽지 않더라도 "제시해주신 조건에서 추가 협상의 여지가 있을까요?" 또는 "이러한 점에서 제 기대와 조금 차이가 있는데, 책정 근거에 대해 더 자세히 설명해주실 수 있을까요?"와 같은 답변을 통해 협상의 여지를 남기며 절충안을 모색해보는 것이 좋습니다.

4. 이직의 본질적인 목표 정하기

연봉 협상 전, 본인이 이직하려는 이유에 따라 연봉 협상에서 임하는 자세도 달라질 수 있는데요. 연봉 상승은 이직의 중요한 요소이지만 이직 시 경력 확장성, 직무 만족도, 성장 가능성, 통근 환경, 조직 문화 등 비금전적 요인도 함께 고려하게 됩니다. 예를 들어, 연봉이 다소 낮아지더라도 커리어 성장 기회를 다양하게 제공하는 회사라면 장기적인 관점에서 긍정적인 선택이 될 수 있죠. 이처럼 협상 전 이직의 명확한 목표를 정한다면 여러분이 원하는 연봉 수준으로 협상이 진행되지 않더라도 후회를 최소화하는 의사 결정을 할 수 있을 거예요.

5. 협상 마지노선 미리 정하기

연봉 협상에 앞서 타협할 수 있는 연봉 마지노선을 정해두는 것이 중요한데요. 마지노선이 없으면 협상 과정에서 상대의 제안을 그대로 수용하거나, 협상 결과에 대한 후회를 남길 가능성이 크기 때문이에요. 마지노선은 단순히 내가 원하는 금액이 아니라 그 이하로는 받아들일 수 없는 최소 기준을 의미합니다.

기업의 제안이 나의 기준에 부합하지 않을 경우, 재협상을 요청하거나 입사를 포기하는 옵션을 고려해볼 수 있습니다.

신입 VS 경력직 연봉 협상 차이점

신입과 경력직의 연봉 협상은 특징이 조금 다른데요. 신입의 경우, 우리가 흔히 생각하는 '연봉 협상'이 진행되는 경우는 굉장히 드뭅니다. 아직 경력이라고 할 만한 이력이 없기 때문에 협상을 진행하기 어렵기 때문이죠. 다만, 중고 신입은 종종 연봉 협상을 진행하는 경우가 있으나 제안할 수 있는 폭이 일반 경력직에 비해 제한적이에요. 예를 들어, 일반 경력직이 10~20% 정도 상승을 제안한다면, 중고 신입의 경우 3~5%를 제안해볼 수 있는 정도입니다. 이처럼 소수의 스타트업, 중소기업을 제외하고 대부분의 중견기업, 대기업은 회사가 이미 정해둔 연봉 테이블 내에서 지원자에게 연봉을 통보하는 것이 일반적이에요.

반면 경력직은 지원자의 역량, 연차, 입사 후 기여할 수 있는 바 등을 고루 고려해 협상이 이루어지는데요. 경력직 협상에서는 연봉뿐 아니라 직급, 근무 조건, 인센티브 같은 요소도 협상 요소가 될 수 있어요.

신입이든 경력직이든 이런 차이를 이해한다면, 각자 상황에 맞는 협상 전략을 세우고 자신 있게 협상에 임하는 데 큰 도움이 될 것입니다.

백전백승 연봉 협상 가이드

신입 지원자 연봉 협상 가이드

신입 지원자의 경우, 연봉 협상 가능성이 크진 않지만, 그렇다고 가능성이 아예 없는 것은 아닙니다. 실제 일부 스타트업과 중소기업에서는 연봉 협상을 하는 경우도 있기 때문인데요. 신입 공고에 지원해 연봉 협상을 할 때는 딱 두 가지만 기억하면 됩니다.

① 첫째, 최종 면접 합격 후 희망 연봉을 물어봤는지 여부

신입 사원의 경우엔 연봉 협상이 아니라 연봉을 통보받는 경우가 상대적으로 많습니다. 따라서 연봉을 먼저 알려주지 않고 희망 연봉을 제시하라는 제안을 받았다면 협상의 여지가 아주 작게라도 있는 셈이에요. 다만, 이는 동시에 양면성을 지니고 있기도 합니다. 여러분이 회사에서 생각하는 연봉보다 많이 받을 수도 있지만 실제 회사에서 받을 수 있는 연봉보다 적게 부를 경우 적게 받을 수도 있기 때문입니다.

따라서 철저한 리서치를 통해 적정 연봉 수준을 파악하고, 손해보지 않을 연봉 선을 제시하는 것이 굉장히 중요합니다.

② 둘째, 합격 회사에 대한 신입 연봉 정보가 있는지, 없다면 동종 업계 신입 연봉 정보를 알고 있는지

만약 여러분이 연봉 협상을 하게 된다면 가장 먼저 연봉 정보를 제공하는 채용 플랫폼에서 합격 기업의 신입 연봉 정보를 찾아볼 것을 당부 했는데요. 만약 합격 회사의 연봉 정보가 있다면 해당 연봉을 참고해서 비슷한 수준으로 제시하면 됩니다.

만약 합격 기업 연봉 정보가 없을 경우엔 다음의 두 가지 대안이 있습니다.

먼저 경쟁사나 동종 업계의 신입 연봉을 찾아보는 방법인데요. 경쟁사나 동종 업계의 경우 연봉 선이 비슷할 가능성이 크기 때문에 참고 자료가 될 수 있습니다.

그럼에도 불구하고 정보를 아예 찾을 수 없다면 소신껏 제안하기를 권합니다. 이 소신이라는 것은 제가 앞서 '연봉 협상 전 유의 사항 다섯 가지'에서도 알려드린 협상 전 연봉 마지노선을 명확히 정하는 것인데요. 어차피 정보가 없는 상황이라면 우리는 기업과 눈치 싸움을 할 수밖에 없습니다. 이때 만약 여러분의 희망 연봉이 회사 입장에서 지나치게 높다고 판단되더라도, 바로 채용 취소를 하는 것이 아니라 "그 정도는 맞춰주기 어렵다."라고 알려줄 가능성이 크니 크게 걱정하지 않아도 됩니다. 따라서 1차적으론 내가 받고 싶은 연봉을 내 현재 역량, 업계 평균 등을 고려해 소신껏 제안해본 다음, 회사의 반응을 보면서 조율해나가는 방향을 추천합니다.

신입 연봉 협상 성공 사례

신입 디자이너로 취업을 준비했던 한 수강생 분의 연봉 협상 케이스를 소개해드리려고 하는데요. 스타트업 A사 최종 면접 합격 후, 기업에서 먼저 희망 연봉을 물어봤기 때문에 협상의 여지가 있는 곳이란 전제로 접근했던 사례였습니다.

A사는 규모가 크지 않은 스타트업 회사였기 때문에 연봉 정보를 찾기 쉽지 않았어요. 당시 수강생 분이 희망했던 연봉은 3천 초반이었으나, 합

격한 산업군 자체가 연봉이 높기로 유명했어요. 결국 채용 플랫폼을 활용해 모기업부터 시작해 동종 업계 기업들의 연봉 정보를 서치하기 시작했습니다. 해당 정보를 모두 종합해 대략적인 기준치를 잡을 수 있었고, 결국 기업에 연봉 4천만 원을 제안했습니다. 다시 말해 최초에 수강생 분이 희망한 연봉 대비 33%를 높게 불렀던 거죠. 결과는 어땠을까요?

회사에서 바로 승낙해 4천만 원으로 연봉 계약을 하게 되었습니다. 수강생 분의 희망 연봉 대비 무려 1천만 원 가까이 더 받았기 때문에, 신입 연봉 협상 가운데 성공적이었던 협상 사례로 꼽아볼 수 있을 것 같아요.

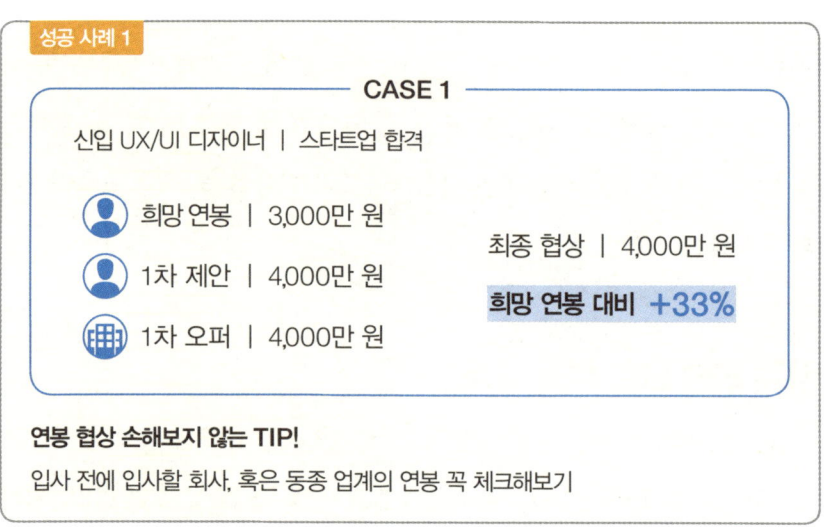

그럼 또다른 사례를 살펴볼까요? 이 수강생 분은 물류 업계에서 경력이 1년 있는 중고 신입 취준생이었습니다. 직무를 HR로 변경하면서 신입으로 지원을 하게 된 케이스였는데요. 당시 합격한 스타트업 B사는 별도의 연봉 협상 없이 합격 후 바로 연봉을 고지해줬습니다. 즉 협상의 여지가 거의 없다는 걸 의미했겠죠?

회사에선 3,200만 원을 제안했는데, 당시 수강생 분이 기존에 다녔던 회사의 연봉이 3,400만 원이었어요. 다시 말해 연봉을 깎고 입사하는 상황이 된 것이죠. 그래서 고민 끝에 B사에 추가 협상 여지를 확인하기 위한 이메일을 보내기로 했습니다. 그리고 "이전에 했던 일과 지원 직무는 다르지만 충분히 이전 업무 역량을 활용할 수 있는 직무적 공통점이 있다. 중고 신입이지만 연봉을 깎고 가는 것은 아쉽기 때문에 이전 연봉인 3,400으로 맞춰주었으면 한다."는 메시지를 최대한 예의를 갖춰 전달했죠. 결과는 어땠을까요?

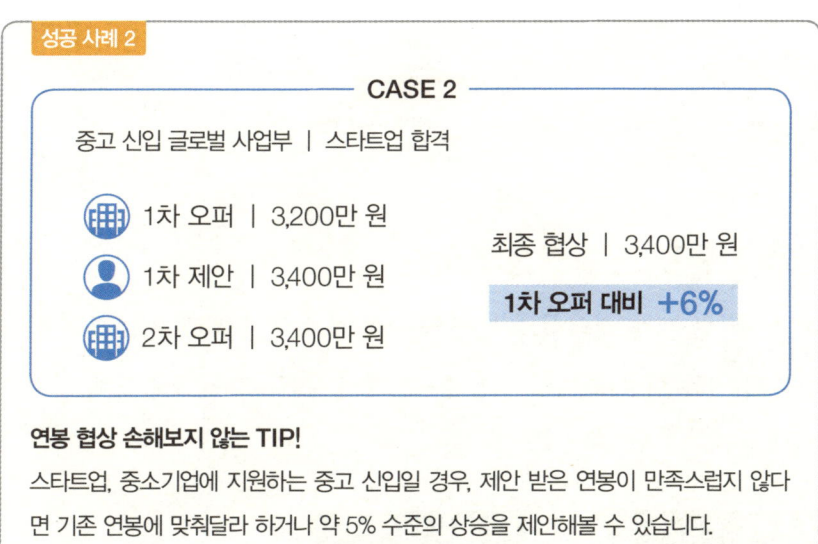

결국 B사에서 3,400만 원을 수락하면서 협상에 성공했습니다. 누군가는 '200만 원이면 적은 금액 아냐?'라고 생각할 수 있지만, 처음 제안 받

은 금액보다 약 6% 정도를 올린 셈이거든요. 직장인에게 6% 인상이 어떤 의미인지 설명드리면, 잡코리아에서 연봉 협상을 완료한 직장인 632명을 대상으로 설문을 진행한 결과, 평균 인상률이 5.7%인 것으로 나왔어요. 여기서 5.7%는 평균이기 때문에 이보다 적게 상승하는 회사도 많다는 의미입니다. 즉, 여러분이 추가로 6%를 인상 받았다면 약 1년치의 연봉을 더 올린 것이기 때문에 결코 적은 금액이 아닙니다.

신입 지원자라도 지원 직무와 관련된 경험 혹은 기술이 있거나 '면접을 잘 본 것 같다'라는 생각이 든다면 5% 정도 선에서는 추가 인상을 제안해봐도 좋습니다. 단, 이때 연봉 테이블이 일반적으로 정해져 있는 대기업과 중견기업은 예외입니다. 특히 요즘엔 중고 신입 지원자가 많은데, 이직하는 회사에서 기존 연봉보다 낮은 금액을 제안한다면 최소한 맞춰 달라는 요청을 한 번쯤 해볼 것을 권장합니다.

경력 지원자 연봉 협상 가이드

지금부터는 제가 경력직으로 이직할 때 자주 활용했고, 경력직 수강생 분들의 연봉 협상 시에도 적용해왔던 연봉 협상 가이드에 대해 알아볼게요.

희망 연봉 제시
- 희망 연봉 대비 5~10% UP

조정 연봉 제시
- 회사의 1차 오퍼 대비 UP
- 인상 근거 제시
- 추가 협상 요소 제안

1차 오퍼
- 지원자 1차 희망 연봉 대비 Down

2차 오퍼
- 지원자 2차 희망 연봉 대비 Down

경력직 이직 시, 많은 기업이 처우 협상 단계에서 합격자에게 희망 연봉을 먼저 물어봅니다. 저의 경우는 연봉 협상을 공격적으로 하는 스타일로, 희망 연봉을 제시하는 첫 단계에서 실제 희망하는 연봉보다 5~10%를 정도를 높게 제시하는 편이었어요. 일반적으로 기업은 협상 과정에서 합격자가 제안한 희망 연봉보다는 낮은 연봉을 제시할 가능성이 크기 때문에 이를 감안해 실제 희망하는 금액보다 조금 올려서 제안하는 것이죠.

이때 여러분은 1차 오퍼를 수락할 것인지, 조정 연봉을 추가로 제시해볼 것인지를 결정해야 하는데요. 사람마다 연봉 협상에 임하는 성향이 다르기 때문에 협상 과정에서의 리스크를 가져가고 싶지 않다면 바로 승낙을 할 수 있겠고요. 만약 결렬이 되더라도 마지노선은 지키고 싶다면 조금 더 공격적으로 조정 연봉을 제시할 수 있습니다. 다만 이 단계에서 내가 제시하는 연봉의 설득력을 높이기 위해서 인상 근거를 명확히 제시하는 것이 중요합니다.

> **이쌤TIP**
>
> 연봉 협상의 근거로 사용할 수 있는 소재는 다음과 같아요. 여러분의 상황에 맞는 내용이 있다면 연봉 협상 과정에서 적극 활용해볼 것을 추천합니다.
>
> **1. 이전 직장에서의 검증된 성과 지표 제시**
> 직전 혹은 현 재직 회사에서 달성한 매출 성장률, 인사 평가 이력, 프로젝트 성공 사례 등 수치나 결과물로 증명 가능한 성과를 제시하며 어필할 수 있습니다.
>
> **2. 해당 분야 전문성과 희소성 강조**
> 시장에서 쉽게 대체될 수 없는 경쟁력을 보유하고 있을 경우(지원 분야에서 희소한

역량 및 프로젝트 경험) 이를 강조하며 추가 연봉 인상에 대한 설득력을 높일 수 있습니다.

3. 유사 직무의 시장 내 연봉 근거
헤드헌터, 잡 서치 플랫폼, 업계 네트워크 등을 통해 해당 직무의 시장 평균 연봉이나 동종 업계 상위권 연봉 수준을 파악하고, 이를 책정의 근거로 제시할 수 있습니다.

4. 경쟁 오퍼 활용
경쟁사 대비 매력적이지 않은 조건이라면 다른 기업으로부터 받은 제안이나, 외부 헤드헌팅에서 제안한 조건 등을 적절히 언급하며 인상 가능 여부를 요청해볼 수 있습니다.

5. 업계 인맥 및 네트워크 자산 제공 강조
기존에 쌓아놓은 산업 내 네트워크, 주요 벤더나 고객사와의 관계, 파트너십 형성 능력 등을 통해 회사의 사업 확대나 시너지 창출에 기여할 수 있음을 어필합니다.

이처럼 연봉 협상 과정에서는 희망 연봉 제시 및 조정 요청이 반복되면서 양측이 모두 동의하는 지점으로의 협의가 이뤄지는데요. 저는 이러한 방법으로 실제 스타트업 A사와의 연봉 협상 과정에서 처음 제안 받았던 연봉 대비 1천만 원 가량을 추가로 올렸던 경험도 있습니다. 최종적으론 협상이 결렬되긴 했지만, 기업마다 협상의 폭이 천차만별이라는 것을 체감하게 된 사례였어요.

물론 기업마다 경력직 연봉 책정 가이드라인이 있기 때문에 우리가 아무리 협상을 시도해도 기업에서 정해놓은 연봉 선에서 드라마틱한 차이가 없는 경우도 있습니다. 실제 제가 재직했던 B사가 그런 케이스였는데요. 제가 처음 희망한 연봉보다 대략 20% 낮은 연봉으로 제안이 왔고, 한 번 더 인상을 요청했으나 '추가 인상은 불가하니 최종적으로 결정하라'는 안내를 받았어요. 정말 가고 싶었던 기업이었기 때문에 해당 연봉을 수락하고 입사를 했었습니다.

연봉 협상 과정에서 '집요함'이 필요한 이유는, 협상 과정에서 무리한 요구를 하지 않는 이상, 인상을 요청한다고 해서 지원자가 얻는 불이익은 거의 없기 때문입니다. 오히려 기업이 주는 연봉을 무조건적으로 수용하는 것보다는 본인이 책정한 자신의 시장 가치를 기업에 설득하는 것이 더 건강한 협상 과정이라는 것을 잊지 마세요.

경력직 연봉 협상 성공 사례

이번에는 실제 경력직 연봉 협상 성공 사례 두 가지를 소개해드리겠습니다. 먼저 첫 번째 사례는, 중견기업에서 8년 차 해외 마케팅 경험을 쌓은 수강생이 동일 직무로 대기업에 합격한 경우인데요. 이분은 소비재 업종에서 제약 업종으로 이직하는 상황이었고, 본격적인 협상에 앞서 지원 기업 및 동종 업계의 연봉 테이블을 조사했어요. 그 결과 동일 연차와 직무의 연봉이 약 8천만 원 수준인 것을 확인했고, 이를 근거로 동일하게 8천만 원을 제안했습니다.

그 결과 합격 기업으로부터 기존 연봉 대비 약 1.5배 상승한 7천만 원을 제안받았습니다. 여기서 추가 협상을 시도하는 대신, 현실적인 상승폭을 고려해 승낙을 결정하며 협상은 마무리되었습니다. 이 사례는 지금까지도 제 수강생들 중 가장 높은 연봉 인상률을 달성한 성공 사례로 남아 있습니다. 만약 철저한 사전 조사 없이 10% 인상을 제시했다면 이

> **성공 사례 3**
>
> ── **CASE 2** ──
>
> 8년 차 해외 영업 | 현 연봉 4,600만 원 | 중견기업 → 대기업
>
> 1차 제안 | 8,000만 원   최종 협상 | 7,000만 원
>
> 1차 오퍼 | 7,000만 원   **현 연봉 대비 +50%**
>
> **연봉 협상 손해보지 않는 TIP!**
> 이직할 회사의 연봉 테이블이 현 연봉보다 훨씬 높은 편이라면 1차는 이직할 회사의 연봉 기준으로 제시하는 것을 추천합니다.

정도의 높은 인상률을 얻기 어려웠겠죠?

두 번째 케이스는 스타트업에서 4년 차 기획 업무를 하던 수강생의 대기업 이직 사례입니다. 기존 연봉이 5천만 원이었고, 합격 기업에서 1차 제안한 연봉도 동일한 5천만 원이었습니다. 합격 기업에선 지원자의 이직 주기가 짧다는 근거로 연봉을 동결한 것이었죠. 그러나 수강생은 대기업으로의 이직임에도 인상률이 0%인 상황에 아쉬움을 느껴, 입사 후 기여 가능한 부분을 정리하여 인사 담당자에게 추가 인상을 요청하는 이메일을 보냈습니다.

> **성공 사례 4**
>
> ──── CASE 2 ────
>
> 4년 차 기획자 | 현 연봉 5,000만 원 | 스타트업 → 대기업
>
> - 1차 오퍼 | 5,000만 원
> - 1차 제안 | 5,500만 원
> - 2차 오퍼 | 5,500만 원
>
> 최종 협상 | 5,500만 원
> **1차 오퍼 대비 +10%**

그 결과 5,500만 원, 즉 10% 인상된 조건으로 2차 제안이 왔습니다. 만약 1차 제안을 그대로 수락했다면 놓쳤을 수 있는 500만 원을 이메일 한 통으로 확보한 셈이죠.

이 두 사례를 통해 강조하고 싶은 핵심 포인트는 첫째, 인맥이나 정보 검색을 총동원해 이직할 기업의 연봉 테이블을 반드시 파악하라는 것입니다. 정확한 시장 정보를 알고 협상에 임하면 현실적인 범위 내에서 유리한 조건을 이끌어낼 수 있을 가능성이 큽니다.

둘째, 1차 제안을 바로 수락하기보다 한 번쯤은 추가 인상을 요청해보는 것이 좋습니다. 만약 기업 측에서 추가 인상을 거절하더라도 손해볼 것은 없으니까요.

연봉 협상은 여러분이 쌓아온 커리어의 시장 가치를 평가받을 수 있는 소중한 기회입니다. 제가 알려드린 협상 노하우를 바탕으로, 만족할 만한 협상 결실을 맺길 진심으로 응원하겠습니다.

CHAPTER 03

협상 관련 주요 Q&A

이번 챕터에서는 협상 과정에서 취준생분들에게 가장 많이 받았던 질문을 모아 Q&A를 준비했습니다. 실제 협상 사례를 기반으로 작성한 내용인 만큼, 여러분도 잘 기억해두었다가 향후 협상 과정에서 유용히 활용하길 바랍니다.

Q1. 높은 연봉을 제시하면 채용이 취소될까 걱정돼요

결론부터 이야기하면 높은 연봉을 제시한다고 해서 그 즉시 채용이 취소되는 일은 거의 없습니다. 최종 합격 후, 지원자가 연봉 협상에서 자신의 가치를 연봉으로 제안하는 것은 지극히 자연스러운 과정일 뿐 아니라, 기업 입장에서도 경력직 채용 과정에서 많은 시간과 에너지를 투자했기 때문에 최대한 지원자와 원만히 협상하려는 의지를 갖고 있습니다.

다만, 명확한 근거 없이 지나치게 높은 인상률을 요청할 경우, 협상 결렬 가능성이 아예 없는 것은 아닙니다. 예를 들어, 합격한 기업의 동일 연차 연봉 수준이 5천만 원인데 지원자가 1억 원을 요구한다면, 협상이 성립되기 어렵겠죠? 반면 여러분이 업계 평균 수준 혹은 본인이 보유한 역량의 시장 가치에 기반하여 희망 연봉을 제시한다면 회사도 이를 심사숙고해 최종 연봉을 제안할 것입니다.

Q2. 현재 연봉이 낮은 편인데, 이직할 회사의 연봉 테이블 기준으로 협상을 시작해도 될까요?

새로운 회사의 연봉 테이블을 기준으로 협상을 진행하는 건 아주 일반적인 협상 전략이에요. 특히 여러분이 현재 받는 연봉이 시장 평균보다 낮은 경우라면, 새로운 회사의 기준에 따라 연봉 협상을 진행하는 것이 훨씬 유리할 수 있습니다. 따라서 이직할 회사의 동일 연차 연봉 테이블이 훨씬 높은 편이라면, 1차 제안에는 합격 기업의 연봉과 비슷한 수준으로 제시해보세요. 다만, 내가 가지고 있는 역량과 회사가 기대하는 수준 사이의 갭이 있다면 회사를 설득하기 위한 명확한 근거를 제시하는 것이 좋습니다.

Q3. 대기업 경력직 연봉 테이블이 정해져 있나요?

공채를 운영하는 대기업, 중견기업은 스타트업에 비해 내부 연봉 테이블(직급별, 연차별 기준)이 정해져 있을 가능성이 크긴 합니다. 특히 신입 공채나 임직원의 승진 과정에서는 이러한 테이블이 일괄적으로 적용되는 경우가 많죠.

반면 대기업 경력직 채용의 경우, 일반적으로 지원자의 기존 연봉, 보유한 역량, 그리고 지원하는 직무의 중요도에 따라 연봉 협상이 진행됩니다. 물론 스타트업과 비교했을 때 협상의 범위가 제한적일 수 있지만, 우수 인재를 유치하기 위해 협상 과정에서 예외를 두는 경우도 있습니다.

Q4. 경력 이직 시 어느 정도 올리면 잘 올린 건가요?

특정 고연봉 직군 케이스를 제외하고, 경력직 이직 시 연봉 인상률은 약 10~13% 수준이 가장 일반적입니다.

다음은 실제 협상 사례를 통해 살펴본 연봉 인하 및 인상 케이스인데요. '인하'라는 단어에서 알 수 있듯, 이직 시 무조건 연봉이 오르기만 하는 것은 아니에요. 이직의 목표에 따라, 그리고 지원 기업의 규모에 따라 다양한 이유로 연봉이 깎이는 경우도 있습니다. 그럼 실제 연봉 인하 케이스와, 인상 케이스를 각각 살펴볼까요?

연봉 인하 케이스

연봉이 꽤 높았던 대기업을 퇴사하고 1년 간의 휴직기를 가진 후 새롭게 이직을 준비한 경력직 수강생의 사례입니다. 약 8년 동안 패션 업종에서 MD커리어를 쌓다 생활 용품 MD로 업종을 변경했고, 동시에 스타트업을 선택하면서 연봉이 약 1천만 원 정도 깎이게 되었는데요. 주된 이유는 산업군을 옮기면서 기존 경력을 100% 인정받지 못했기 때문입니다. 합격 회사에선 직무는 같더라도 산업 전문성이 부족하니 기존 연봉을 맞춰줄 수 없다는 입장이었어요. 당시 이 수강생 분의 최우선 목표는 업종 변경이었기 때문에, 연봉 인하도 감내하겠다는 의지가 있어 결국 수락하고 입사를 하게 되었습니다. 이처럼 경력직의 경우, 기존 연봉이 지나치게 높았거나, 새롭게 이직할 회사의 연봉 테이블이 업계 평균 이하이거나, 혹은 분야를 변경할 때 기존 연봉이 깎일 가능성이 있다는 점을 참고해주세요.

연봉 인상 케이스

무려 50%라는 큰 폭의 연봉 상승을 이룬 경력직 연봉 협상 사례인데요. 이 수강생 분은 새롭게 이직하는 회사에서 필요로 하는 역량과 실무 경험을 정확히 가지고 있었고, 특히 기존 경력을 바탕으로 입사할 회사에 어떻게 기여할 수 있는지에 대한 청사진이 굉장히 구체적이었어요. 게다가 이직할 회사의 경우 연봉이 높은 편에 속하는 제약 분야였기 때문에 50%라는 높은 인상률로 협상을 성공적으로 마무리할 수 있었습니다.

Q5. 연봉 협상 결과를 가지고 현재 회사와 카운터 오퍼를 해봐도 될까요?

카운터 오퍼란 새롭게 이직할 회사에서 제안 받은 연봉이나 근무 조건을 근거로 현 재직 회사와 협상하는 것을 의미합니다. 보통은 직원이 회사에 제안하지만, 반대로 직원이 퇴사한다고 했을 때 회사가 역으로 먼저 제시하는 경우도 종종 있어요. 특히 해당 직원이 사내의 핵심 인재이거나, 갑작스럽게 공백이 생길 경우 비즈니스에 치명적인 영향이 있을 때 이를 막고자 제안하는 방식이기도 해요.

회사에 카운터 오퍼를 제시할 때는 신중한 접근이 필요합니다. 여러분이 이직을 결심했다면 연봉, 업무 관련, 인간 관계 등 다양한 이유가 있을 텐데요. 이 중 연봉으로 인한 퇴사 결심이 아닌 이상, 카운터 오퍼를 통해 기존의 퇴사 원인이 명확히 해소되진 않을 가능성이 큽니다. 따라서 카운터 오퍼를 수용한 뒤 회사에 남기로 결정했다면 책임감을 갖고 일정 기간 동안은 성실히 근무할 의지가 있어야 합니다. 회사에서 오퍼를 수락한 다음, 여러분이 다시 퇴사를 결심한다면 양측 모두 난감한 상활이 펼쳐질 수 있기 때문이에요. 따라서 '처우가 개선된다면 기존 회사에 다닐 의지가 있다'라는 확고한 결심이 있을 경우에만 카운터 오퍼 활용을 추천합니다.

마치며

8년간의 직장 생활을 마무리하고, 5년 넘게 취업 컨설턴트로 활동하며 다양한 사연을 가진 취준생분들을 만나왔습니다. 8년간 몸담았던 패션 업계를 떠나 새로운 분야에 도전하신 분, 서른 전에 대기업에 도전해보고 싶다며 과감히 퇴사하신 분, 계속되는 불합격에 눈물을 흘리며 찾아오신 분까지 각자의 상황도, 목표도 모두 달랐죠. 이처럼 서로 다른 스토리를 가진 분들과 한 팀이 되어 목표를 이뤄나가는 과정에서, 속도와 방향은 달라도 저마다의 커리어에는 모두 특별한 의미가 있다는 것을 깨달았습니다.

취업 준비는 누구에게나 쉽지 않은 도전입니다. '언제쯤 합격할 수 있을까?', '과연 내가 잘할 수 있을까?' 하는 불안함에 사로잡히기도 하고, 주변과 자신을 비교하며 힘들어질 때도 있죠. 하지만 분명한 건, 커리어에는 정해진 정답이 없고, 꾸준히 나아가다 보면 결국 자신만의 길을 찾게 된다는 사실이에요.

그 과정에서 막막함을 느끼는 분들에게 작은 지침서가 되길 바라는 마음으로 이 책을 썼습니다. 여러분이 이 책을 덮는 순간, 불확실했던 취업의 길이 조금 더 선명해지기를 진심으로 응원하겠습니다. 감사합니다.

여러분의 영원한 멘토

취업왕 이쌤